张之洞与广雅书院（局）暨
中国近代文化教育转型研讨会论文集

陈建华　主编

国家图书馆出版社

图书在版编目（CIP）数据

张之洞与广雅书院（局）暨中国近代文化教育转型研讨会论文集 / 陈建华主编 . — 北京 : 国家图书馆出版社 , 2020.11

ISBN 978-7-5013-7105-1

Ⅰ . ①张…　Ⅱ . ①陈…　Ⅲ . ①教育改革—教育史—中国—近代—文集　Ⅳ . ① G521

中国版本图书馆 CIP 数据核字（2020）第 217216 号

书　　名　张之洞与广雅书院（局）暨中国近代文化教育转型研讨会论文集
著　　者　陈建华　主编
责任编辑　陈　卓
封面设计　邢　毅

出版发行　国家图书馆出版社（北京市西城区文津街 7 号　100034）
（原书目文献出版社　北京图书馆出版社）
010-66114536　63802249　nlcpress@nlc.cn（邮购）
网　　址　http://www.nlcpress.com
排　　版　九章文化
印　　装　北京金康利印刷有限公司
版次印次　2020 年 11 月第 1 版　2020 年 11 月第 1 次印刷

开　　本　710 × 1000　1/16
印　　张　18
字　　数　303 千字
书　　号　ISBN 978-7-5013-7105-1
定　　价　88.00 元

时任广州市人大常委会主任、广州大典研究中心名誉主任、《广州大典》主编陈建华致开幕辞

参与会议领导、专家学者及工作人员合影

广雅书院著名生徒汪鸾翔后人汪端伟教授发言

张之洞玄孙张家粤先生发言

广州大典研究中心常务副主任、广州图书馆副馆长刘平清作主题发言

广雅中学校友、《广雅书院长卷》系列编著者戴国雄先生发言

广雅中学校长叶丽琳演讲

与会专家学者听取报告

原广雅书院藏书楼冠冕楼，为张之洞创立广雅书院时命名且题匾，
取“冠冕通南极，文章落上台”之意，现址位于广雅中学内，作博物馆使用

现广雅中学山长楼，为原广雅书院中轴线建筑之一

目录

CONTENTS

特稿

论文

附　录

特稿

文襄开广雅，遗泽百载长

——在“张之洞与广雅书院（局）暨中国近代文化教育转型”研讨会上的致辞

陈建华
（时任广州市人大常委会主任、广州大典研究中心名誉主任、《广州大典》主编）

“张之洞与广雅书院（局）暨中国近代文化教育转型”研讨会，是我国学术界、出版界的一件盛事。习近平总书记提出：文化自信是更基础、更广泛、更深厚的自信，是更基本、更深沉、更持久的力量。上下五千年，中华民族创造了灿烂的文化，历史文献亦浩如烟海。对各类文献的保护、整理和出版，是我们延续历史文脉、弘扬传统文化、增强文化自信的重要方式和必然途径，也是惠及子孙后代的极其重要的工作。

千百年来，在广东这片热土上，勤劳智慧的先民们创造了具有开放、包容、创新、务实等特点的岭南文化，也积累了浩瀚的岭南地方文献。广州古代刻书肇始于宋元时期，而汇辑刊印古籍地方文献，则兴起于明代中后期。降及清代，由于朴学兴盛，整理文献进入鼎盛时期，广州刻书蔚然成风。

张之洞与曾国藩、李鸿章、左宗棠并称晚清“四大名臣”，长期担任封疆大吏，后又入枢拜相，在中国近代化历程中起到了不可磨灭的作用。其督粤五年时期（1884—1889）举措甚多，尤以创办广雅书院、广雅书局最为后人称道，对近代广东文化、教育发展影响深巨，泽被至今。

自嘉庆、道光年间两广总督阮元创建学海堂，提倡实学，刊刻《皇清经解》《通典》《续通典》《皇朝通典》《学海堂集》《学海堂丛刻》等经史子集类书籍，刊刻书籍数量30余种、3000余卷。广东学风为之一变，造就了许多学者，开创了广东大规模刻书的风气。

光绪十三年（1887），在两广总督任上的张之洞为培养精于洋务的干练人才，自筹经费，亲自选址，正式创办广雅书院。广雅书院几经变迁，文脉延续至今，成为现今广东省内著名中学广雅中学（广东省中学中唯一的省级文物保护单位），被称为“中国近现代教育史活的见证”。

在同一年，张之洞将广州城南南园附近旧机器局量加修葺，以为广雅书局。广者，大也；雅者，正也。是为书院、书局名称之所出。

广雅书局为中国近代著名官办书局，所刊刻的《广雅丛书》汇辑清代史学著述，总结一代学术成就，“治史学者诚不可不读也”，为中国近代著名丛刻。《广雅丛书》以其个性鲜明、校勘精审、质量上乘，代表了晚清广州版刻丛书的水平和特色。张之洞本人在《劝刻书说》一文中提出过：“刻书必须不惜重费，延聘通人，甄择秘籍，详校精雕”，“其书终古不废，则刻书之人终古不泯，如歙之鲍、吴之黄、南海之伍、金山之钱，可决其五百年中必不泯灭。”验诸历史事实，张氏可谓知行合一。广雅书局刻书以刊刻清人经史著作居多，尤以史学著作最具特色。特别值得一提的是，广雅书局刊刻了陈澧、何若瑶、侯康等本土学者的著作，对传承广州历史文化颇有裨益。广雅书局先后刊印典籍362种6254卷，数量质量均居全国官书局的前茅。

广雅书局刻书之举，余绪不断，在广东文化史上影响至深。民国初年广东省立图书馆附设广雅版片印行所汇印《广雅丛书》《海山仙馆丛书》《太平御览》《全唐文》《粤十三家集》《古经解汇函》《通志堂经解》《四书集注》《广东通志》等典籍，名重一时。印行所后更名为广东省立编印局，继续印行大批古籍地方文献。抗战时期，李汉魂、叶恭绰、简又文策划整理《广东丛书》，以保存珍贵广东地方文献。1941年至1948年，《广东丛书》编印委员会辑印《广东丛书》三集，收载珍稀古籍24种。1949年后，特别是20世纪八九十年代以来，广东先后编辑出版《广东地方文献丛书》《岭南丛书》《广东历代方志集成》《全粤诗》等比较大型的古籍地方文献丛书，为整理广东古籍文献、传承岭南历史文化发挥了重要作用。

《广州大典》是继阮元主持学海堂刊印书籍、张之洞主持广雅书局刊印书籍之后，广州地区第三次大规模纂修典籍的文化盛举。2005年广东省文化厅、广州市委宣传部着手开展《广州大典》编纂工作，当年5月29日开机扫描影印《广雅丛书》原书底本，将《广雅丛书》作为综合性丛书列入《广州大典·丛部》，《广州大典》编纂工程由此正式开工。历经此后十年努力，2015年《广州大典》第一期工程520册全面完成编纂出版工作。《广州大典》第一期工程赓续明清以来广东辑印乡邦文献的优良传统，对广州古籍历史文献进行全面系统的疏理，搜罗之广、汇集之富为以往所罕见，堪称广东文献学史上的鸿篇巨制，也为全省乃至全国兄弟省市加强历史文献挖掘和保护工作提供了一种样板，发挥了一定的示范作用。具有《广州大典》第一期补遗性质的43册曲类文献，历经几年努力的编纂工作，刚刚新鲜出炉，目前正陈列展示在会场，供大家观览。

张之洞《书目答问》在四部之外别立“丛书目”，这本质上是四部分类法的延续，并多为后世书目所沿袭。如《中国古籍善本书目》《中国古籍总目》即分经、史、子、集、丛五部。《广州大典》的编纂亦沿用此分类方式。张之洞本人与广州相关的著述，也被收入《广州大典》。

广州是岭南文化的中心城市，也是广东全省的文化中心。在新的征程中，广州要继续发挥文化底蕴深厚的优势，在进一步推动全省文化建设、加强历史文化保护传承方面，发挥新的更大作用。同时，还要服务于粤港澳大湾区建设的国家战略部署，充分利用作为粤港澳大湾区文化中心城市的区位优势，加强岭南地方文献保护和整理出版，带动大湾区其他城市文化建设，夯实大湾区发展的共性文化基础，共建人文湾区。

《广雅书院长卷》系列的编著

——兼及对张之洞与广雅书院的认识

戴国雄
（广雅中学校友，《广雅书院长卷》系列编著者）

本人是广东广雅中学1955届初中、1958届高中校友，《广雅书院长卷》系列编著者戴国雄，今年80周岁。从幼时开始，在父母言传身教之下，一步一印地学着他们在家乡从事公益活动。及后从事文史教学及研究工作，持之以恒，一以贯之，在家乡、广州等地，历时数十年，老而弥坚。

此次是我国近代教育发展史上著名书院——广雅书院，创办131周年具里程碑意义的首创性研讨会，对广州市教育改革的传承与发展，对广州市孕育成为世界一流的文化教育强市，将会起到积极的促进作用。

广雅人的光荣感、自豪感的核心，源自本人在初一时成为广雅人，母校奠定了人生品德与事业的基础，所以本人立志在日后绝不忘记母校精心栽培大恩，并希望有所回馈。

历史使命感与责任感的核心，源自张之洞建设广雅书院的丰功伟绩与深远影响。由于种种原因，广雅书院历史资料支离破碎，以致高等学府与省市级、国家级出版社所出版论文、专著、专编，对广雅书院历史资料误记、误传，一定程度上误导了读者与引用者。广雅书院自开院至2018年历时130周年，其历史尚未得到全面深入的研讨。本人必须尽一己之力，对张之洞与广雅书院的历史资料深入发掘、梳理、校核、研究、整合，编成张之洞与广雅书院大全式作品，永留广雅青史，供学兄姐、学弟妹研读，从中吸取教益，供世人研究与开发。

基于上述原因，本人从60周岁起步，完成了回报家乡、填补家乡历史空白之作《戴氏岭南乾公天则世系番禺赤山房史考》，广泛赠阅相关单位；继而完成了回报母校、填补我国近代教育发展史著名书院历史资料空白之作《广雅书院长卷》系列。值此广州市解放70周年、广州市军管会接管母校70周年大庆年之际，在各方单位的支持下，本次研讨会得以召开。记得在2018年1月17日，广州市人大常委会陈建华主任，为我赠阅《广雅书院长卷》之事到我家调研。我有幸向陈建华主任汇报此事，得到陈建华主任高度重视与支持。之后，我向陈建华主任呈送了以有关筹办研讨会建议、汇报我在张之洞与广雅书院真迹珍稀资料检索与收辑方面较前人有所突破为主要内容的两封信件。陈建华主任在繁忙的工作之外，仍然以最快速度一一批复，分送主办单位、承办单位以及我本人，从而促成了本次研讨会成功召开，给我以莫大的鼓舞。

张之洞就教育方面而言，是晚清敢于创新、与时俱进、致力办学第一要人。据周汉光教授统计，从同治八年（1869）到光绪三十三年（1907）间，张之洞合共创办、改建了学堂41所。其中典范之作，就是当年我国四大最著名书院其中三所，即广州广雅书院、湖北两湖书院与自强学堂。加上以前所创建的湖北经心书院、四川经尊书院、山西令德堂，足以让当年我国教育事业在落后保守、举步维艰的情况下，特别是两广与湖北，看到了求进前行的方向与动力。其中，尤以广州的学海堂、菊坡精舍，肇庆的端溪书院得益为最。仅此一项，张之洞已经足以功盖全国。

广雅书院是当年张之洞为广东广西生员所创办。它敢于创新、与时俱进，上承阮元浙江诂经精舍、阮元广州学海堂、陈澧广州菊坡精舍余绪，下启湖北两湖书院新篇，是具有里程碑意义的公办民助的两广最高学府，也是张之洞一生丰功伟绩中的一座丰碑，更是张之洞工业救国强国、教育救国强国两大伟大战略中的重要一环。为日后张之洞再于湖北创立影响更大的两湖书院，写就光绪御览、影响深远的《劝学篇》，兼管学部引领全国教育改革，积累了丰富经验，奠定了深厚基础。

至于广雅书院的重要作用和深远影响，只举二例为证：

（一）广雅书院东西两省生员，合共460名。在460名生员中，共成就了77名五贡，占460名生员16.7%。在两省8科乡试中，共成就了88名举人，占460名生员19.1%。88名举人中，成就了4名解元，占88名举人4.5%。辛卯科，更是两省同时出解元。88名举人中，共成就了20名进士，占88名举人22.7%，占460名生员4.3%。所有7科会试，每科都有举人中进士。其中榜眼一名、二甲五名进士一名，占20名进士10%。在20名进士中，成就了7名翰林，占20名进士35%，占全院460名生员1.5%。所有一切，成就之高，实在惊人。这批生员，均先后成为国家与地方栋梁之才，从事教育方面的，则更为突出。他们的姓名、出身、生平、业绩，都已经全部入载于《广雅书院长卷》印刷版与校正卷电子版本中，所占页数，连按语在内印刷版本多达7600多页，校正卷电子版本则多达8000多页。其中广西生员作品专卷正卷第十四卷（校正卷）电子版本，连按语在内，就有840多页，为两省生员作品专卷中具有较高历史文献研究价值者。其中第七篇至第九篇，亦足可填补张之洞与广雅书院方方面面珍稀记录的空白。这些资料分别由广西省桂林府临桂籍生员汪鸾翔长孙、北京师范大学物理系教授汪端伟教授，中山大学古文献研究所博士、香港中文大学道教研究中心梁基永副研究员所提供。在此致以最衷心的感谢。

（二）当年广雅书院藏书楼冠冕楼藏书丰富，精刻细勘。广雅书院制订了在生员学成时，都会百分之百赠阅生员们重要典籍的至为优待之策，成就了诸多在各自领域卓有贡献的学者。

《广雅书院长卷》系列合共21420多页。四十一卷的《广雅书院长卷》系列，由10020多页正附卷二十卷赠阅专用精装版印专卷、10420多页正附卷二十卷《〈广雅书院长卷〉（校正卷）》电子版本与700多页一卷《〈广雅书院长卷〉（校正卷）中的广雅书院资料检索指引》组成。印刷版本已出版，电子版本正在筹备出版。印刷版本是基础，电子版本是印刷版本“量与质”方面的突破与完善。本人从60周岁起步，抱残病之躯，凭一己之力，即使生活水平一般，却耗费了一生积蓄，以及继承相依为命独身姐姐全部遗款合共80多万元人民币作为前期投入，克服了家庭与个人重大病变等难以言状伤痛，用时19年出版了印刷版本；再用时1年10个月，完成了《〈广雅书院长卷〉（校正卷）》电子版本与《〈广雅书院长卷〉（校正卷）中的广雅书院资料检索指引》电子版本。《广雅书院长卷》系列，经过我的助手们长期反复检索与专家印证证明，在我国近代教育发展史最著名书院历史资料收辑与编著方面、评点与校核方面、统计与检索方面、赠阅与普及方面，有其独特价值。中国书法家协会副主席、中山大学古文献研究所资深研究员陈永正学长在赠阅专用精装《广雅书院长卷》印刷本首发式中，寄以“前无古人、后无来者”一语，是对本人工作的莫大肯定。

本次会议本人计划将全套精装《广雅书院长卷》印刷本，送赠给全部参与本次研讨会所有尚未获得印刷本存档之全部单位，包括传媒单位在内。此后亦希望把家中所藏的珍稀甚至绝版图书，二十余年来为编修《广雅书院长卷》而搜集整理的名胜古迹、典籍、族谱图像，工作中的手抄资料与手写底稿，全套的《广雅书院长卷》印刷卷、校正卷稿本文件及其余研究中保存的所有文献资料，全部赠送给母校博物馆。人生有涯，希望这些工作能为将来更多研究者乃至社会各界所用，并有所助益。

传承文脉，立德树人

——在“张之洞与广雅书院（局）暨中国近代文化教育转型”研讨会上的讲话

华山鹰

（广州市教育局党组成员、副局长）

时光荏苒，沧桑巨变。广州是一座有着2200多年悠久历史的文化名城。1887年，正在广东担任两广总督的张之洞，为培养精于洋务的干练人才，自行筹措经费，亲自选定书院院址，正式创办广雅书院，此为广东广雅中学前身。

1899年，广雅书院率先附设西学堂；1901年，清政府颁布诏令“废书院，设学堂，改良私塾”，广雅书院遂改为两广大学堂；1903年再改为两广高等学堂；辛亥革命后，临时政府再度颁令改学堂为学校，继续改良私塾，于是原广雅书院又改名广东省立第一中学；1935年改名广雅中学，实行“六二三”学科制。此后，广雅中学的校名一直沿用至今天。

广雅中学的百年历史表明，只有与民族共命运，与时代同进步，坚持立德树人，坚持正确的办学方向，遵循教育规律，不断改革创新，才能获得事业发展的强大动力，才能源源不断培养出德才兼备的优秀人才。

一、坚持办学正确政治方向

方向决定成败。习近平总书记在对教育的论述中对教育的定位有五个关键词：一是途径。传承文明和知识、促进人类进步、创造美好生活，教育是根本途径、重要途径。二是基石。提高人民素质、促进人的全面发展、推动民族振兴和社会进步，教育是基石。三是决定。从人类社会发展的角度讲，教育决定着人类的今天和未来；从国家发展的角度讲，教育是对中华民族伟大复兴具有决定性意义的事业。四是依靠。“两个一百年”目标的实现、中华民族伟大复兴中国梦的实现，从根本上讲靠人才、靠教育。五是基础。党的十九大报告第一次明确指出：“建设教育强国是中华民族伟大复兴的基础工程。”这是依据中国特色社会主义进入新时代、我国社会主要矛盾发生变化的重大历史性判断，充分显示出我国优先发展教育事业的总方位、加快教育现代化的总方向、建设教育强国的总要求。对于广州教育而言，要把国家战略、广东要求、广州任务和教育发展结合起来，服务和服从这个方向和大局。

——国家战略。新时代教育要回答好培养什么样的人、怎样培养人、为谁培养人的问题，坚持为人民服务、为中国共产党治国理政服务、为巩固和发展中国特色社会主义制度服务、为改革开放和社会主义现代化建设服务的方针。

——广东要求。习近平总书记参加全国两会时对广东发表重要讲话，嘱咐我们“四个走在全国前列”、当好“两个重要窗口”，并在亲临广东视察时提出四个方面重要指示要求。广州教育系统把学习贯彻习近平总书记对广东重要讲话和重要指示批示精神作为头等大事和首要政治任务，以全球视野，对标先进国家和地区，努力打造全省教育高地，引领带动全省教育向更高发展水平迈进。

——广州任务。2017年11月，省委李希书记在广州调研时指出，要发挥好国家重要中心城市的引领带动作用，以新时代的新气象、新作为，在加快建设社会主义现代化新征程上走在前列。广州教育必须服务这个大局，找准在经济建设、政治建设、文化建设、社会建设、生态文明建设等领域的贡献点和服务点。

——教育发展。党的十九大报告对全党、全社会、全教育战线提出，建设教育强国，优先发展教育，深化教育改革，加快教育现代化，办好人民满意的教育。从国家发展、国际竞争、现代化和人民中心这四个战略维度把教育的地位、作用和使命提升到前所未有的高度，为教育发展明确了新的历史坐标。广州教育要认识新坐标、担负新使命、实干新征程。

二、坚持教育自信

习近平总书记指出，中国共产党人要坚持“四个自信”。其中，“文化自信，是更基础、更广泛、更深厚的自信”。悠久的文化、深厚的历史、丰富的资源、良好的氛围，是办好广州教育的优势所在、基础所在、希望所在、信心所在。

——古代，广州崇文重教、教育源远流长。广州的学校教育最早可追溯到西汉（距今约2100年），南宋时广州书院林立、学风浓郁，明代有番禺学宫、从化学宫（今从化中学内）、应元书院（今广州二中的前身），晚清有广雅书院（今广雅中学前身）等。广州文脉长兴、教育绵长，具有持续发展的厚重底蕴和乐教兴教的良好风尚。

——近代，广州成为西学东渐的重要窗口。随着近代以来“十三行”一口通商，广州教育得风气之先，较早建立和完善近代教育制度。民国初期，广州是教育部规定的全国五个学区之一。“20世纪30年代全国高等教育最发达的地方，首推北平，次为上海，三为广州”。洋务派创办的广雅书院成为全国四大新式学堂之一（广雅中学前身）。广州是全国学术思想传播的重要窗口。

——新世纪以来，广州创强争先取得积极成效。新中国成立后，广州教育逐渐恢复。1990年在全国较早普及九年义务教育。2000年全地区普及高中阶段教育。围绕硬件提升这一重点，先后实施薄弱学校改造工程、义务教育规范化标准化学校建设，示范性高中建设等，学校办学条件极大提升。2008年创建省教育强市，2015年100%区创建全国义务教育发展基本均衡区，2016年100%区创建省推进教育现代化先进区，2017年我市成为广东省推进教育现代化先进市，为率先基本实现教育现代化奠定了扎实基础。

三、坚持立德树人

习近平总书记强调：要坚持立德树人、以文化人，建设社会主义精神文明、培育和践行社会主义核心价值观，提高人民思想觉悟、道德水准、文明素养，培养能够担当民族复兴大任的时代新人。

（一）高举旗帜，不断增强思想自觉和行动自觉。习近平新时代中国特色社会主义思想是我们做好一切工作的根本遵循。高举习近平新时代中国特色社会主义思想伟大旗帜，坚持以时不我待、只争朝夕的精神状态全方位抓好德育工作落实，坚持社会主义办学方向，遵循教育规律，把立德树人成效作为检验学校一切工作的根本标准，自觉肩负起新形势下德育建设的使命任务，为教育事业改革发展提供坚强思想保证和强大精神力量。

（二）育人为本，不断加强和改进学校德育工作。深入推动习近平新时代中国特色社会主义思想进教材进课堂进头脑，推进大中小幼一体化德育体系建设。一是拓展课堂主渠道，推进课程育人。把学习贯彻习近平新时代中国特色社会主义思想作为学校思想政治教育和课堂教学的重要内容，融入教育教学全过程，充分发掘各门课程中的德育内涵，注重培养学生发展的人文素养和关键能力，创新方式方法，突出理论与实践相结合、育德与育心相结合、课内与课外相结合、线上与线下相结合、解决思想问题与解决实际问题相结合，不断增强课堂教学的亲和力和针对性。二是加强氛围营造，推进文化育人。积极推进校园功能微改造，将优秀文化元素有机融入，充分利用板报、橱窗、走廊、墙壁、地面等进行文化建设，使校园内一草一木、一砖一石都体现思想引导和教育熏陶，让校园成为孩子们爱智求知的学园、陶冶情操的乐园、净化心灵的家园。实施中华经典诵读工程，通过开展经典诵读、书写、讲解等文化实践活动，引领广大学生亲近中华经典、传承中华传统美德、弘扬中华人文精神。广泛开展先进模范学习宣传活动，营造崇尚英雄、学习英雄、捍卫英雄、关爱英雄的浓厚氛围。三是讲好广州故事，推进实践育人。将培育和践行社会主义核心价值观与增强师生本土文化自信结合起来，进一步传承发扬广州厚重的历史文化和人文气息，坚持活动趣味化、研究课题化、实践社会化。切实加强劳动教育，推进市中学生劳动技术学校等基地建设，逐步构建资源丰富、模式多样、机制健全的劳动教育体系，培养学生劳动兴趣、磨练学生意志品质。

（三）弘扬师道，全面加强教师思想政治教育和师德建设。创新学习载体，灵活教育形式，拓展教育阵地，以社会主义核心价值观教育应对思想观念多元化问题，以优秀传统文化教育解决文化自信不足问题，以道德素养和心理健康教育解决德行困惑问题，增强教师思想政治工作的针对性和实效性。坚持学术研究无禁区、课堂讲授有纪律，主动承载好传播知识、传播思想、传播真理，塑造灵魂、塑造生命、塑造新人的时代重任。加大高层次人才引育力度、推进建设各类名家工作室，实施广州教育家培养工程等品牌项目，打造一支素质优、业务精、理念新的教育领军团队，提升教师专业化水平。

我们将以更高站位、更大担当促进教育改革发展，努力办出与城市发展定位相匹配的一流教育。旗帜鲜明地把推进党的建设、加强党对教育工作的全面领导，树牢“四个意识”，坚定“四个自信”，坚决做到“两个维护”，聚焦加快实现老城市新活力、“四个出新出彩”总目标，以仁爱之姿教书育人，以弘毅之态负重前行，坚守为党育人为国育才的初心使命，在广州教育改革创新上大胆探索，继续走在全国前列，努力培养出更多拔尖创新人才。

广博雅正，培育英才

——在“张之洞与广雅书院（局）暨中国近代文化教育转型”研讨会上的发言

张家粤

（张之洞嫡玄孙）

先高祖父张文襄公讳之洞，诗书传家，清流名门，于国家将倾、外敌环伺、民族存亡之际，以书生意气、满腔热忱，兴实业、练新军、办教育，督楚鄂运筹帷幄、参军机两袖清风，在三千年未有之大变局中，励精图治，岁月峥嵘，位至太子太保、体仁阁大学士，为立德、立言、立功“三不朽”的一代名臣，为不言革命之大革命家。

天山脚下流传着“改俄约、索伊犁”的清流传说；中越边境回荡着“克复凉山”的香帅美名；如今的宝武钢屹然崛起于当年“汉阳铁厂”的奠基；今天的京广线依然沿袭着“卢汉铁路”“粤汉铁路”的蓝图；百年来我们亿万学子，受益于《奏定学堂章程》中的近现代中国教育体制，为中华之崛起而读书。他当年主持兴办的“经心书院”“令德堂书院”“广雅书院”“三江师范学堂”“自强学堂”“湖北工艺学堂”等，如今已成为山西大学、南京大学、东南大学、武汉大学、华中科技大学、武汉科技大学等国家双一流高校，为中华民族不断培养继往开来的新时代大学生，并在新世纪的高科技经济贸易战场上为国争光；他于晴川阁上闭门七日撰写的《劝学篇》，让无数华夏儿女睁眼看世界，立志图强国！他当年力挽狂澜干预下的《中葡和好通商协议》保留了中国对澳门的主权，今年已是澳门回归祖国二十周年；他当年精练的“湖北新军”，打响了武昌起义的第一声惊雷；他当年呕心沥血兴建的汉阳兵工厂，从辛亥革命、抗日战争、解放战争一直到抗美援朝，都为我们国家民族的独立自强提供了源源不断的枪支和弹药！抱冰握火，驰骋华夏，功德永为神州颂！

高祖的实业兴国之路正是自广州启始。广州是中国对外开放的南大门，从公元三世纪开始，就是海上丝绸之路的重要港口，唐宋时是中国第一大港，明清时是中国唯一对外贸易大港，更是世界唯一两千多年长盛不衰的大港。高祖自任两广总督之后，在广州大兴实业，扩建了广州机器局，筹办了广州炼铁厂、织布局、机械制造厂、船舶修造厂、火柴厂、电灯厂等大量新式工业，并在中法战争中坐镇广州指挥，通过镇南关大捷，遏制了法帝国主义的侵略步伐。但是，从高祖本心而言，在广州所立的最大功业，却是以清流之身家，自筹经费，亲自选定院址，创办广雅书院，以“培养广博雅正之人”为宗旨，开启了中国新式学堂的探索之路。广雅书院是当时全国最有名的书院之一，高祖亦被世人称为张广雅。逾百年风雨如晦，广雅始终屹立在西关这块风土清旷的宝地上，默默注视着时代变迁。今日踏入广雅中学，如同走进了闹市中的一片桃花源。但见古榕葱郁，亭园优雅，书香馥郁，步步是景致，处处皆文化。高祖亲手所植老樟树，依然苍劲挺拔；百岁山长楼、冠冕楼、百岁桥、湖心亭，一如往昔，守望着一季一季成长的青禾幼苗，照壁上的“广博雅正”四字，更是历百年沧桑而不倒，令人无限感怀油然而生。如今，广雅已被誉为“中国近现代教育史活的见证”，走出了杨匏安、李耀先、宋维静等爱国志士，孕育了郭仲衡、薛社普、李衍达等中科院和工程院院士。这里也是当代素质教育的一面旗帜。今日之广雅早已如高祖所愿，实现了培养“国家桢干之材”的使命。

今日借高祖名联，为广雅作诗一首，在下才疏学浅，仓促成文，请各位专家老师雅正：

通经救时储桢干，轩窗弦诵育英才；

屹立西关两甲子，广博雅正传千年！

2018年5月2日，习近平总书记在北京大学师生座谈会上，引用了高祖“国势之强由于人，人才之成出于学”的典故，强调了中国教育的使命。“智以救亡，学以益智”，以教育兴国救邦是高祖的毕生夙愿。1904年，在高祖主持修订下，清政府颁布了中国近现代教育体制基础的“癸卯学制”。在晚清最后时期，全国各省府州县，在“癸卯学制”的指导下，全力推行新式学制、兴建新式学堂，让更多的国人接受教育，接受新式教育。民国后，这一学制得到延续并发扬，才让我中华民族在军阀混战、日寇入侵的至暗时刻，依然有足够数量的新式知识分子前赴后继、呕心沥血，从五四运动到中华书局，从长沙第一师范到西南联大，从李四光到杨振宁，从红船会议到政治协商会议，让文明的旗帜在中华大地飘扬。新中国成立之后，正是在遍及全国的新式学校的基础上，党和政府开启了一场史无前例、世界最大的文化扫盲运动，让中国的文盲率从80%下降到不到5%！而正是这受到教育的亿万国民，在改革开放的四十年间，让中国成为世界第二大经济体，重新屹立于世界强国之林！以教育为本心的高祖，可告慰于地下！

高祖“生平精神所寄，尤在振兴教育，储育人才”。今日之我，有幸继高祖教育遗志，自十年前留学归来，开始从事学前教育工作。我常思考，在近代中西文化的冲突中，人们对教育的价值与道路进行了新的反思与选择。而今日之中国教育，是否亦面临着新的转型？以我所在的学前教育行业为例，蒙台梭利、华德福、瑞吉欧、福禄贝尔等西方教育理念虽各领风骚，但历史的难题也重现眼前：舶来的这些教育体系是否能真正适应中国本土文化环境中成长起来的幼儿？在新一轮国际形势下，今天的我们又该如何在传统文化与西方文化再一次的冲突中寻求更适合中国幼儿的发展之路？我们今天学前教育所讲的家园共育、保教结合，以游戏为基础，去小学化倾向，突出儿童个性化，用孩子通晓、自己感兴趣的方法，循次渐进去学习。所有这些，高祖早在100多年前就已经提出来，并在1904年“癸卯学制”的《蒙养院与家庭教育奏定章程》中作为国家制度颁布施行。中国特色学前教育理念的形成并用国家制度方式推行，比现在世界主流的学前教育理论奠基的意大利蒙台梭利学派正式提出还要早了三年。我坚信“中学为体，西学为用”之理念，十年拱地深耕，不求闻达显贵，终于在去年，融合中国特色的学本教育理念与国际先进的人本教育理念，创立了符合中国儿童学习与发展规律，并经过常年本土化实践，以“为孩子的一生奠定基础”为核心，以情感、乐学与体验为特色的“德睿3E活教育”学前教育课程体系，注册了知识产权，通过德睿科教集团线上线下的全产业链渠道，带领两千德睿幼教人，服务上万幼儿与家庭。

赫赫高祖，功业千古，后辈承高祖遗泽，必将毕生求索教育之本真，践行“为每个孩子创造健康快乐的品质童年”的教育使命，只期以绵薄之力为中国幼儿塑造幸福，为中华民族的伟大复兴贡献力量。

论文

张之洞与中国教育的近代转型

何晓明
（湖北大学）

张之洞是中国传统教育培养出来的知识精英、文化精英、政治精英。他宦宦一生，位极人臣，行政治理涉及国计民生的各个方面，但终其一生，最注重的，一是振军兴武，一是兴学育才。光绪二十四年（1898），张之洞完成了体现自己思想纲领的重要著作《劝学篇》。《劝学篇》分为内、外篇，“内篇正人心，外篇开风气”。外篇共十五篇，头五篇“益知”“游学”“设学”“学制”“广译”“变科举”“农工商学”“兵学”“矿学”，五分之三的篇幅，讲的全是教育。就全书内容重心看，《劝学篇》实际上讲的就是“教育救国论”。几年后的光绪二十七年（1901），清廷颁布《变法诏》，要求群臣就变法方略各抒己见。张之洞会同刘坤一，呈上著名的“变法三疏”，第一折提出的就是“兴学育才”四大端：“一曰设文武学堂，二曰酌改文科，三曰停罢武科，四曰奖励游学。”

张之洞对于中国传统教育的本质、优长和根本缺陷，有着深刻的体验、认知和批判自觉。宦海沉浮数十年，更锻炼了他洞悉弊端、鼎革制度、切实行政的胸怀、眼光和手段。因此，在国家教育思想、教育制度的改革创新方面，功绩卓著，堪称推进中国教育近代转型的头号功臣。

一

从同治六年（1867）到光绪二年（1876），张之洞历任浙江乡试副考官、湖北学政、四川乡试副考官、四川学政。十年学官的经历，使他对延续千年的中国教育的现状，有了更加明晰透彻的观察与思考。他撰写《輶轩语》《书目答问》，为科举学子指明求学津梁。

如果说十年学官期间，张之洞还只是就教育谈教育，那么在他出任封疆大吏之后，全面负责省级地方事务，他开始从地方社会经济发展的全方位，考虑传统教育的改造、转型问题，并努力探索，走出新路。抚晋、督粤尤其是调任湖广之后极力推行“洋务”事业的现实需要，促使他对于中国传统教育如何适应“三千年一大变局”之下的人才需求、产业调整、经济发展、社会进步、民族振兴，必须作出分析、判断与抉择，并且以适当的、可能的方式逐步实施。

光绪十三年（1887）六月，两广总督任上，张之洞在筹建广雅书院的奏折里，提出课程设置的构想：“经学以能通大义为主，不取琐细。史学以贯通古今为主，不取空论。性理之学，以践履笃实为主，不取矫伪。经济之学，以知今切用为主，不取泛滥。词章之学，以翔实尔雅为主，不取浮靡。”[①]这时的张之洞已经认识到教育必须“知今切用”，但还没有将其与开办“洋务”（实质就是中国近代化的启动）的总体谋划联系起来。

二

光绪十五年（1889），张之洞调任湖广总督。此后，他全面铺开区域近代化建设的格局，并开始将教育问题与地方社会经济发展联系起来，通盘考虑。光绪十九年（1893）十月，张之洞在《设立自强学堂片》里论道：“治术以培植人才为本，经济以通达时务为先……湖北地处上游，南北冲要，汉口、宜昌均为通商口岸，洋务日繁，动关大局，造就人才似不可缓。”[②]

洋务事业逐步开展，迫切需要大量的农工商实业人才，而这正是传统科举教育的最大短板。光绪二十一年（1895）十二月，暂署两江的张之洞在《创设储才学堂折》里论道：“古者四民并重，各有相传学业。晚近来，惟士有学，若农、若工、若商，无专门之学，遂无专门之才，转不如西洋各国之事事设学，处处设学。”[③]因此在江宁省城创设储才学堂，分立交涉、农政、工艺、商务四大纲。

张之洞与张百熙、荣庆等人曾比较科举与新式学堂的优劣时称：“科举文

---

① 赵德馨主编：《张之洞全集》，第一卷，武汉出版社，2008 年，第 557 页。

② 同上引，第三卷，第 135 页。

③ 同上引，第三卷，第 320 页。

字，每多剽窃；学堂功课，务在实修。科举止凭一日之短长，学堂则必尽累年之研究；科举但取词章，其品谊无从考见；学堂兼重行检，其心术尤可灼知……凡科举之所讲习者，学堂无不优为。学堂之所兼通者，科举皆所未备。是则取材于科举，不如取材于学堂彰明矣。"①

在兴办"洋务"的二十余年间，张之洞经手创办了数十所各级各类新式学堂。

同治八年（1869），湖北学政任上，张之洞创办经心书院。光绪二十四年（1898年），令书院仿行学校办法，分设外文、天文、格致、制造四门，另设经史一门。

光绪十六年（1890），创立两湖书院。设立经学、史学、理学、文学、算学、经济学六门。后改制为文高等学堂。

光绪十九年（1893），创立湖北自强学堂（今武汉大学前身），"先选两湖人士，肄业其中，讲求时务，融贯中西，研精器数，以期教育成才，上备国家任使"②。学堂设方言、格致、算学、商务四门。后改为文普通学堂。

光绪二十四年（1898），创立湖北方言学堂，学生分习英、法、德、俄、日语，学习历史、地理、公法、交涉等课程。

同年，设立湖北农务学堂，分农桑、畜牧、森林等科，学制四年。又设立湖北工艺学堂，分理化、机器、制造、纺织、建筑各门。

在普通教育方面，张之洞更是精心谋划，规范布局。在武昌城内设立初等小学堂43所，高等小学堂5所。以上有文普通中学堂，学生年龄在15岁至24岁，开设伦理、温经、中文、外语、教学、博物、理化、法制、历史、地理等科目。中学以上，有文高等学堂，又名两湖大学堂，光绪二十九年（1903）由两湖书院改建，设立中西公共学四门，即经学、史学、地理学、算术，聘请本国教习讲授；西学四门，即理化学、法律学、财政学、军事学，聘请外国教习讲授。

新式学堂开办后，师资问题日益突显。张之洞又着力推进师范教育。先后开办了湖北师范学堂（1902）、两湖师范总学堂（1904）、湖北师范传习所（1904）与支郡师范学堂（1906）。

张之洞还极力推行留学教育。他认为"出洋一年，胜于读西书五年"，"入

① 张百熙：《张百熙集》卷一，《时文、奏议、书信》，岳麓书社，2008年，第61页。

② 前引赵德馨主编：《张之洞全集》，第三卷，第135页。

外国学堂一年，胜于中国学堂三年”。在留学方向上，他认为“西洋不如东洋”。光绪二十二年（1896），他派出湖北第一名公费留日学生戢翼翚。以后又陆续派出大批学生赴日，学习实业、师范、法律、警察、军事。根据光绪三十三年（1907）的统计，全国留日学生共计5400名，湖北派出的即有1360名，约占1/4。著名革命党人黄兴、吴禄贞、李书城等即为其中的佼佼者。

三

19、20世纪之交，清政府意识到时局危难，开启“新政”，内容涉及包括教育在内的国计民生各项事业。光绪二十七年（1901）五月，张之洞在《变通政治人才为先遵旨筹议折》里，就“兴学育才之大端”提出建议，其中包括学有定程，循序渐进，教科书官定颁发，全国统一学制等重要内容。他分学校为蒙学、小学、中学、高等学堂与京师大学堂五级，各级入学年龄、修业年限等都有明确规定。在这一构想未能全国推行之前，张之洞已经率先在他治下的湖北地区基本建立起新的区域教育体系。

光绪二十八年（1902）十月，张之洞与湖北巡抚端方会衔上《筹定学堂规模次第兴办折》[①]。这是他根据多年在鄂兴办新式教育实践，总结教育思想、教育制度设计的系统表述。奏折报告了学堂办法15条：第一，师范学；第二，小学；第三，文普通中学；第四，武普通中学；第五，文高等学；第六，武高等学；第七，方言学；第八，农学；第九，工学；第十，勤成学堂；第十一，仕学院第；第十二，学堂经费；第十三，省外中小学；第十四，蒙学；第十五，学务处。奏折还报告了筹办学堂要指8条：第一，小学为急，初等小学为义务教育，或曰国民教育，教法大指一在修身，一在爱国，一在资生；第二，日课专加读经、温经时刻，以存根本；第三，教科书宜慎，中国旧籍繁富，但按切今日时势，堪应世变者甚少，因此有必须另行编纂者，有不得不译用外国书者；第四，学堂规制必宜合法，一在便于卫生，一在便于教授，一在便于管理；第五，文武相资，学堂开设体操、兵操；第六，教员不迁就，皆择究心学务之员，务令各举其职；第七，求实效，一曰不惜费，一曰不嫌缓，一曰不靳赏；第八，防流弊，一曰幼学不可废经书，一曰不必早习洋文，一曰不可讲泰西哲

① 前引赵德馨主编:《张之洞全集》，第四卷，第87–95页。

学。奏折最后报告道："所有湖北文、武、大、中、小学各事宜，自去冬今春以来，汲汲经营。兹已将学等、学门、学规、学期、学额、学师、学地、学费等事筹定规模，具有纲领、等差，分投兴办，按期讲授。"

此前两个月，光绪二十八年（1902）八月，清廷管学大臣张百熙主持制订的《钦定学堂章程》（史称壬寅学制）颁布。此学制制订仓促，颁布之后反对意见汹汹，只得暂缓施行。在此情形下，张百熙提请朝廷增派"当今第一通晓学务之人"张之洞参与新学制的修订。光绪二十九年（1903）闰五月初三，上谕称："京师大学堂为学术人才根本，关系重要，着即派张之洞会同张百熙、荣庆将现办大学堂章程一切事宜，再行切实商订，并将各省学堂章程一律厘订。务期推行无弊，造就通才。"张之洞进京后，立即着手此项重任，辛苦至极。他给友人的信札中披露道："惟此事繁难已极，关系甚重，改定不止十次。两月以来，昼夜赶办此事，困惫已极，寒天病躯，十分心急，而无可如何。近来头痛目眩，咳嗽无时，肩臂痛楚之旧症又发，饮食颇减。实系力疾从公。本拟请假五六日，稍加休息，又恐旁人诧异"①，只得勉力坚持。

半年之后，光绪二十九年（1903）十一月二十六日，张之洞、张百熙、荣庆联衔上《厘订学堂章程折》（史称癸卯学制），报告工作成绩，计有《初等小学章程》《高等小学章程》《中学堂章程》《高等学堂章程》《大学堂附通儒院章程》《蒙养院及家庭教育章程》《初级师范学堂章程》《优级师范学堂章程》《任用教员章程》《仕学馆章程》《初等农工商实业学堂附实业补习普通学堂及艺徒学堂章程》《中等农工商实业学堂章程》《高等农工商实业学堂章程》《实业教员讲习所章程》《各学堂考试奖励章程》《译学馆章程》《实业学堂通则》《各学堂管理通则》《学务纲要通则》等22种国家教育法规文件。根据这些法规文件，不同于传统教育的全新学制体系已经建构完成。光绪皇帝随即批准："着即次第推行。"

从纵向看，新学制分三段七级。第一段为初等教育，含蒙养院、初等小学、高等小学三级；第二段为中等教育，含中等学堂一级；第三段为高等教育，含高等学堂或大学预备科、分科大学、通儒院三级。学习年限，初小5年，高小4年，中学5年，高等学堂3年，大学3到4年，总计20年或21年。

从横向看，以上普通教育之外，另有师范教育和实业教育两大系统。师范

---

① 前引赵德馨主编：《张之洞全集》，第十二卷，第98页。

教育分初级和优级，初级师范与中学堂平级，优级师范与大学平级。实业学堂分艺徒、初等、中等、高等四级，分别与初小、高小、中学、大学平级。

四

新学制的全面推行，必须处理好与传统科举改造的关系。

进入清代，“书院取代官学成为培养人才的主要机构，而科举制度则几乎完全成为知识阶层仕进的唯一阶梯，书院自然也不可能独立于科举制度之外，成为与世隔绝的象牙塔。因此，绝大多数书院的教学目标、教学内容和课程设置都围绕科举制度进行，书院几乎成为科举育才机构”[①]。因此，改革科举的基础是改革书院。

关于改革书院，光绪二十四年（1898）闰三月，张之洞在《两湖经心两书院改照学堂办法片》里论道：“兹将两书院，均酌照学堂办法，严立学规，改定课程，一洗帖括词章之习，惟以造真才济时用为要归。”两湖书院分习经学、史学、地舆学、算学四门，经心书院分习外政、天文、格致、制造四门。“大指皆以中国为体，西学为用。既免迂陋无用之讥，亦杜离经畔道之弊”[②]。这样的书院，已经与新式学堂非常接近了。

科举改造，是关系国家教育系统、人才选拔机制以及千百万读书人切身利益的大事，必须慎之又慎。

光绪二十四年（1898）三月，张之洞在著名的《劝学篇》里认为：“救时必自变法始，变法必自变科举始。”实行千年的科举制度“文胜而实衰，法久而弊起，主司取便而藏拙，举子因陋以侥幸……近今数十年，文体日益佻薄，非惟不通古今，不切经济，并所谓时文之法度、文笔而俱亡之”[③]。科举改革，已刻不容缓。

两个月后，光绪二十四年（1898）五月十六日，张之洞在《妥议科举新章折》里再次强调：“救时必自求人才始，求人才必自变科举始……科举一事，天下学术所系，即为国家治本所关，若一切考试节目未能详酌妥善，则恐未必

---

① 邓洪波：《中国书院史》，武汉大学出版社，2012 年，第 538 页。

② 前引赵德馨主编：《张之洞全集》，第三卷，第 480 页。

③ 苑书义等主编：《张之洞全集》，第二百七十一卷，河北人民出版社，1998 年，第 9749—9750 页。

能遽收实效，而流弊亦不可不防。”他提出当详议者有五：一曰正名，二曰定题，三曰正体，四曰徵实，五曰闲邪。张之洞的具体建议是：科举试策分为三场，“第一场试以中国史事、国朝政治论五道”，“第二场试以时务策五道，专问五洲各国之政，专门之艺”，“第三场试四书义两篇，五经义一篇”，“大抵首场先取博学，二场于博学中求通才，三场于通才中求纯正。先博后约，先粗后精，既无迂暗庸陋之才，亦无偏颇狂妄之弊”，“且分场发榜，则下第者先归，二、三场卷数愈少，校阅亦易”。对此奏折，上谕批复是：“一切考试，均以讲求实学、实政为主。不得凭楷法之优劣为高下，以励硕学而黜浮华。”①

经过几年准备，在举国上下改革教育、改革科举的普遍舆论形成后，光绪三十一年（1905）七月，张之洞与袁世凯、赵尔巽、端方、岑春煊、周馥联衔奏请立停科举，大兴学堂。奏折称“科举一日不停，士人皆有侥幸得第之心，以分其砥砺实修之志。民间更相率观望，私立学堂者绝少，非公家财力所能普及，学堂决无大兴之望”。因此，朝廷应“雷厉风行，立沛纶音，停罢科举。庶几广学育才，化民成俗，内定国是，外服强邻，转危为安，胥基于此”②。奏折特别对如何处理科举制度之下士人进退的历史遗留问题做出了合情合理的细致安排，最大限度地排除来自社会各方面的阻力，具有切实的可操作性，因此很快获得朝廷的批准：“自丙午（1906）科为始，所有乡、会试一律停止，各省岁科考试，亦即停止。”延续1300多年的科举制度，至此终结。十二月，朝廷宣布设立学部，作为专管全国学堂教育的职能机构。据学部统计资料，1904年，全国学堂总数为4222所，学生9万2千余人；1909年，学堂总数猛增至52000所，学生达156万余人。

五

张之洞之所以能在制度建设方面成为中国近代教育改革的第一人，是因为他的教育思想、教育理念走在时代的前列。

张之洞办教育，具有世界眼光。光绪二十二年（1896），他在《选派学生出洋肄业折》里，列举了这样一组数据：“学校之盛，近推泰西。合计英、法、

① 前引赵德馨主编:《张之洞全集》，第三卷，第493页。

② 《大清新法令》，第四卷，商务印书馆，2011年，第499页。

德三国，幅员不及中国之半，而所设初学、中学、大学三等学堂，凡二十余万区。所收学生，在堂有额可稽者，共一千七百八十余万人之多。所习则史册、地志、富国、交涉、格致、农事、商务、武备、工作各学。其专门小学堂尚不在此数。”[①]张之洞特别注意东邻日本的教育发展状况，认为其成功经验是中国兴办近代新式教育的绝佳范本。光绪二十四年（1898），他派姚锡光等赴日考察，“将政治学、法律学、武学、航海学、农学、工学、山林学、医学、矿学、电学、铁道学、理化学、测量学、商学各种学校选材授课之法，以及武备学分枪、炮、图绘、乘马各种课程，或随时笔记，或购取章程赍归，务详勿略，藉之考镜”。三年后，张之洞再次派遣罗振玉、刘洪烈考察日本学校，让罗振玉负责“考求中小学普通学校应用新出教科书本，总理编译事宜”，刘洪烈负责“考究教法、管学两事暨访购书籍”。罗振玉细心搜集了有关日本教育制度的各种章程110份，并撰写《学制私议》《日本教育大旨》等文，发表于光绪二十七年（1901）创刊的《教育世界》上，介绍日本教育法规条例等，以为国内借鉴。

张之洞清醒认识到“学术造人才，人才维国势”[②]。在近代中国，他率先提出德、智、体全面发展的人才培养目标。光绪二十八年（1902）十二月，他在《筹定学堂规模次第兴办折》里论道：“考日本教育，总义以德育、智育、体育为三大端，洵可谓体用兼赅，先后有序。礼失求野，诚足为我前事之师。”

光绪三十年（1904），张之洞亲撰《学堂歌》，刊印15000份，颁发至各学堂。“天地泰，日月光，听我唱歌赞学堂。圣天子，图自强，除去兴学别无方。教体育，第一桩，卫生先使民强壮。教德育，先蒙养，人人爱国民善良。孝父母，尊君上，更须公德联四方。教智育，开愚氓，普通知识破天荒。物理透，技艺长，方知谋生并保邦”[③]。

张之洞的德育思想，“惟以激发忠爱、讲求富强、尊朝廷、卫社稷为第一义”[④]。其中守旧的政治倾向，当然应当批判。但他同时强调的一般道德品行方面的若干规则，如《輶轩语·语行》中论列的德行谨厚、人品高峻、立志远大、砺历气节、习尚俭朴等，在今天仍为德育方面不可忽略的要律。

---

① 前引赵德馨主编:《张之洞全集》，第三卷，第358页。

② 前引苑书义等主编:《张之洞全集》，第二百七十卷，第9708页。

③ 张之洞:《张文襄公全集》，第一〇六卷，公牍二十一，1928年北京文华斋刻本。

④ 前引苑书义等主编:《张之洞全集》，第二百七十卷，第9709页。

张之洞智育思想的根本要义，在于注重“经济之学”，“知今切用”。他早年强调“通经致用”，“真汉学未尝不穷理，真宋学亦未尝不读书”；大办“洋务”新政后，更突破传统“修齐治平”的经学藩篱，反对空疏、浮靡之学，倡导农工商实业之学，主张国民教育首先要解决民众的“资生”问题，“使人人谋生有具”[①]。这一认识，实在有助于纠正今日“奥数热”“高考热”等不正常的教育弊端，让智育回归到根本地位上来。

张之洞的体育思想，强调健康的体魄是人才培养的“第一桩”。他拟定的《学务纲要》规定“各学堂一体练习兵式体操以肄武事，并于各高等学堂中讲授军制、战史、战术等要义”。对此，张之洞的好友、军机大臣瞿鸿禨表示异议。张之洞特别致信瞿鸿禨，强调“学堂兵操万不可少”，“此乃环球各国办学者第一注意之事，在中国今日学堂尤为自强要端”，“似不宜删除也”[②]。

张之洞德育、智育、体育思想的具体内容，许多今天已经失去了付诸实施的意义；但是其与时俱进，从国家民族长远进步的需要，培养各方面全面发展人才的教育理念，无疑是一笔珍贵的历史遗产，值得我们认真对待，继承发展。

---

① 前引赵德馨主编：《张之洞全集》，第四卷，第 91 页。

② 前引赵德馨主编：《张之洞全集》，第十二卷，第 99 页。

汪鸾翔与广雅书院

汪端伟
（北京师范大学）

入（广雅书）院之后，才知道八股之外尚有许多的学问，把我从前的言论思想一切改变，居然是换了一个人了。

我在这院住了数年，所有平生的学问知识，皆是从这院里来的。

（汪鸾翔:《我对于中文改良之意见》,《清华周刊》第186期，1920年）

和平慎默，志节清廉，于格致理化之学覃精研思，多有冥悟。

的的奇才，可为世用。

（张之洞对汪鸾翔的评语）

巩庵学人，目光所烛，心力所胜，峥嵘萧瑟，荡漾渺冥，不能知其所到，乌能知其所成。

道学衰微，风教大颓，吾徒当以死自担。

展卷要存千古想，立身无使一身乖。

（梁鼎芬书赠汪鸾翔语）

汪鸾翔（1871—1962），出生于广西临桂县（现桂林市），字巩庵，一字公严。自幼接受双亲的家教，父亲授以经书，母亲教读毛诗，外祖母口授唐诗三百首。1885年15岁时童子试考取为县学附生。其后，父亲携带他到广州游学。1887年张之洞在广州创办广雅书院，汪鸾翔以广西第一名考取。汪鸾翔在广雅书院师从梁鼎芬、朱一新等名士，从此学到了真才实学，为一生的国学造诣打下了坚实的基础。1891年汪鸾翔在广西乡试中得中举人第四名，辞院。以后又在国子监南学学习数年。1897年到武昌协助张之洞编写《劝学篇》。1898年至1907年在武昌各校教授理化、博物等课程十年。1909年到京都学部任职，兼在各校教授理化、地理课程约十年。1918年至1928年在清华学校教授国文、中国文学史、中国哲学史等课程，是清华大学校歌的词作者。以后又在保定河北大学教授国学数年。退休后，以诗画自娱。1952年被聘为中央文史馆馆员。1962年以92岁高龄辞世。

汪鸾翔能诗善画。现在留存的有诗集34册，经整理后，存有诗作2000多首。其中多为纪事感怀诗，诗中常有几十字甚至上百字的注释（自注），记载了大量有价值的史料。本文主要是连缀这些自注文字，以及汪鸾翔自撰的其他文字，藉以生动地展现汪鸾翔在广雅书院时的学习与生活情景，以及与广雅书院师生一生的交往。

一、书院生活

（一）新天地

1888年汪鸾翔入广雅书院读书，在书院的学习使他发现了新天地，他认为所有平生的学问知识都是从这里学到的。在《清华周刊》第186期（1920年4月30日）中，载有汪鸾翔的《我对于中文改良之意见》一文，其中叙述了他自己学习国学的过程，摘录部分原文如下：

> 恰巧那个时节，两广的总督在广东地方起了一座广雅书院，出示招生投考。我一听见这个消息，喜得眉飞色舞。一来此地去我家甚近，不过一水之便；二来藉此游历，添点历史、地理上的知识。我就连夜赶紧报名，把寄来的题目满皆作上，足足写了一大本，如法寄去。试官一看喜欢，把我高高的取上。从此我就搬入这个书院肄业。入院之后，才知道八股之外尚有许多的学问，把我从前的言论思想一切改变，居然是换了一个人了。我在这个院中，其乐非常，仿佛哥伦布寻得美洲新地一样，种种物产是取用不竭的了。此院章程分经、史、理、文为四大课。还有什么时务，也算一门，但当时一般人的心理，不过看他作附属品，

随意科罢了。我在这院住了数年，所有平生的学问知识，皆是从这院里来的。直待后来中式了乡试，必须进京会试，不得已才离了这院。

（二）入学

1950年，在汪鸾翔《八十初度述怀》诗第五首的自注中，揭示了很多广雅书院生活的细节，如入学试题、谒见张之洞、院长梁鼎芬赐书等：

入学试题——“余既熟读《朱子近思录集注》，适丁亥冬日广雅书院落成招生。命题中有读此书后一题。余诸题全作。”

谒见张之洞——“南皮师阅卷至此题，以为必系老师宿儒之作，拔置第一。及戊子八月入院后谒见，乃童子耳，尤大讶之。以后值余课必详阅，亲自批解。”

院长赐书——“时院长梁文忠公鼎芬，谒见后，赐以《东塾读书记》一部，《朱子语类日抄》一部。讲做人立身之道尤切。”

汪鸾翔的胞弟汪凤翔也是广雅书院的生员，他是1889年末入院的。1925年汪凤翔的《读张茂先励志诗感赋》诗注，记载了他入学时朱一新院长的命题：

> 余年十四，投考广雅书院，复试之日，院长朱鼎甫先生以《拟张茂先励志诗》命题。时在腊杪，风严晷短，继烛乃出。此生学业之进退，系此一日之得失，未易忘也。

（三）课程

1956年10月29日汪鸾翔日记有诗《霜降后二日同人祭张文襄于楚学祠》，自注中记述了广雅书院的学习情况，尤其是张之洞《四川尊经书院记》对自己的启发：

> 光绪戊子秋八月，余考取入广东广雅书院肄业，院例每生给书十部，以《毛诗注疏》为第一部。余初得《书目答问》及《輶轩》读之，以为所习不过经史词章而已。既而得光绪元年四川初刻《书目答问》读之，末附《四川尊经书院记》一篇，凡十则，详论设学之旨为造人才，并言拟创立经学、小学、史学、经济、算学五科，惜经济未能观成，并言算学不易得师，可向韩紫洲请业，云云。读后乃知公之建学宗旨。时举世方溺于白折小楷，而公创言兴学，其远见为何如哉！其

后于广雅添时务科，于湖北大兴新学，早于此记见之。《重刻书目答问》不载此记，殊可惜也。

1890年朱一新继任为院长，改革了教学方式，以书面形式回答生员的问题，汪鸾翔认为这种方式效果很好，朱一新对汪鸾翔也非常垂爱。朱一新把对生员的书面答问汇集成《无邪堂答问》，共五卷，其中第四卷都是对汪鸾翔的答问。在汪鸾翔《八十初度述怀》诗的自注中提到：

次年朱鼎甫先生（一新）改为以笔问答，收效尤多。积有《无邪堂答问》五卷，余所问独占一卷。

在汪鸾翔的诗作中也记载了一些广雅书院课程的信息，例如，1961年作《题画黄柑》诗，引用了柳宗权《柳州城西北隅种柑树》诗，自注中便提及，“张文襄课广雅诸生，曾以仿柳诗命题”。

汪凤翔《庚午日记》庚午（1930）正月二十四日，记有汪鸾翔在广雅书院读书时草稿册内的一些内容：

检旧书丛，得公严兄昔肄业广雅书院时草稿三本。（笔者按：该草稿本已遗失。）

草稿中崇篇巨制甚繁，他日吾兄自订诗文集时，多可采录。其中拟李端《水国叶黄时》五古一首，情调清美，为余当日所熟诵，因日久而遗忘者。今录于下：

水国叶黄时，江关秋到初。行舟系枫树，征人辞比闾。
万里秋欲别，欲别还搴裾。风池走萍叶，一散两何如。
依依江上云，茫茫云边道。剑关雁到稀，洞庭霜落早。
白蘋满汀洲，望眼为君老。人生爱朱颜，能见几回好。
葭苇长江湄，凄凄愁别离。引领望天末，江风搅鬓丝。
于公严兄草稿本中检得一联云：
楚粤之交，北为湘，南为漓，望通里匪遥，上隔伊人二千里；
天地之化，往者过，来者续，愧仔肩莫继，后生我公六十年。
记此联当日似为题曾文正公画像而作。

（四）课余

1930年，汪凤翔在祝汪鸾翔六十大寿的《公严大兄六十寿序》中，记有很多汪鸾翔在广雅书院的生活详情：

忆吾少时与兄同肄业于院。宿舍相联。每饭后必闻吾兄绕室高诵曰“文周孔孟班马左庄”以至“三十三人俎豆馨香”云云。当时吾虽与兄同学，程度相差实远。于所谓三十三人之派别，尚未能尽详。但觉吾兄之音琅然可听。兄每一诵，辄隔壁击案和之，亦如今老而乐听人之赞唱佛名。迨后诵览稍博，乃知吾兄所唱之诸佛宏名出自曾氏之《圣哲画像记》。于是而识其追向湘乡之深。

汪鸾翔入院后，住在西斋西字斋一号，就是西字斋的斋长。1959年，因住在清华大学的西院四十一号，有“西”又有“一”，遂写了一首诗，题为《光绪十四年戊子余初入广雅书院肄业居西字斋第一号，十八年壬辰计偕入都，别去以后往来南北者凡数十年，解放后于一千九百五一年辛卯五月重居清华大学西院四十一号，距余居西字斋读书时七十二年矣，院仍称西，数仍占一，而人已老苍，物都非故，追维往事作诗纪之》。

（五）自学西学

汪鸾翔在广雅书院学习期间，对西方科学知识很感兴趣，常到广州的圣教书楼购买有关的书籍阅读，而且自学英文，可以阅读英文书籍。在书楼购书时，常可以见到书楼主人的好友孙中山先生。在1956年，汪鸾翔的《题画菊纪念孙中山先生诞生九十周年》诗的自注中有：“余时游学广州，常至书楼购书，往往遇之。”

在汪凤翔的《汪公严先生六十寿序》中有更详细的描述：

吾兄以值世较晚之故，知仅治国学不足以救时。因发奋博研泰西格致政治诸书。时与之商量新知者仅洪洞近墨老人，及其嗣佩吉刘君。此外同调绝寡。或且见吾兄仪器、标本、电池、药瓶、天文、地质光怪满室，甚至怵目之人体解剖图亦以补壁。辄腹诽为进教。时广州城中售西学新书者独基督徒所设之圣教书楼一所。吾兄以书院月课所获奖金，今日过其楼挟一册以归，明日过其楼又挟一册以归。如蚁衔花片然。久之楼中珍异衔运殆尽，而吾兄之学术遂不觉而溢出于湘乡三十三人之外。尤其难能者，当日广州城中仅官立之同文馆教授外国文字，外间欲求师傅极非易事。而吾兄竟能如吴子登先生之据字典强记，虽音读不甚准确，而观文能达其意。

二、书院建置

汪鸾翔遗墨中有很多有关的记载，可为研究广雅书院建置提供有价值的参考资料。

（一）讲学之所与治事之所

图1为汪鸾翔于1920年前后书写的单页资料。

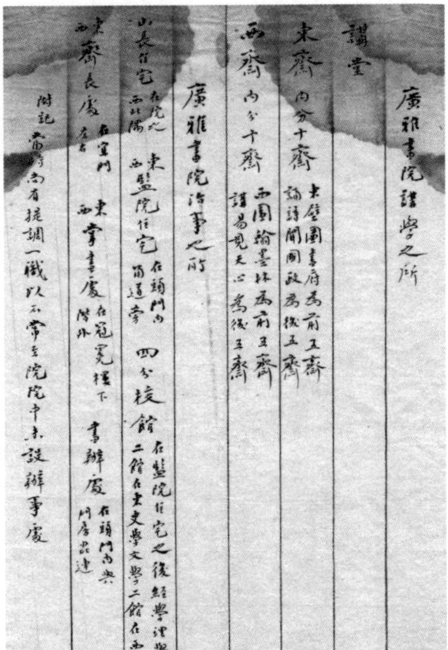
廣雅書院講學之所
講堂
東齋 內分十齋 東壁圖書府為前五齋 論詩聞同政為後五齋
西齋 內分十齋 西園翰墨林為前五齋 講易見天心為後五齋
廣雅書院治事之所
山長住宅 在院之西北隅
東西監院住宅 在頭門內甬道旁
四分校館 在監院住宅之後 經學理學二館在東 史學文學二館在西
東西齋長處 在宣門左右
東西掌書處 在冠冕樓下
書辦處 在頭門內與門房共連
附記 當時尚有提調一職以不常至院院中未設辦事處

图1　书院治学之所

值得注意的是在本资料中显示的“东壁图书府为前五斋，诵诗闻国政为后五斋”，“西园翰墨林为前五斋，讲易见天心为后五斋”，记述了生员宿舍斋名的排列顺序，可以理解为如图2所示：

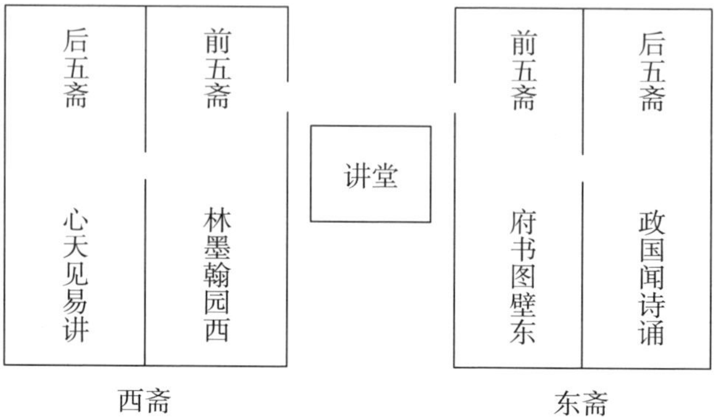

图2　斋名的排列顺序

戴国雄编著的《广雅书院长卷》中的广雅书院平面示意图，如图3所示，其中斋名的排列顺序与汪鸾翔的记载有差异，这个问题有待研究。

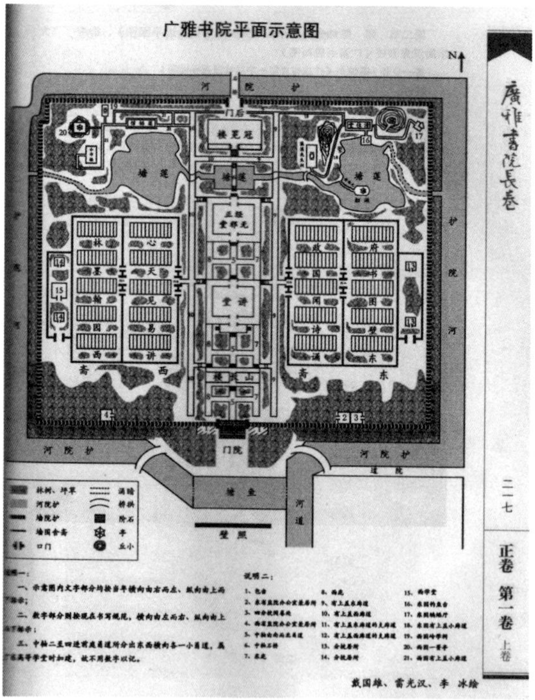

图3　广雅书院平面示意图

此外，值得注意的是本资料显示的“东西监院住宅在头门内甬道旁”，“四分校馆在监院住宅之后，经学、理学二馆在东，史学、文学二馆在西”，可以理解为四分校馆在头门内甬道两旁，监院住宅之北，东、西斋之南。四分校馆的位置与戴国雄编著的《广雅书院长卷》中“平面示意图”所示的“在东、西斋两侧”有差异。这个问题也有待研究。

本资料还显示了“东西掌书处在冠冕楼下阶外”。其中“楼下”应理解为冠冕楼的一层，“阶”指楼梯。在曾文鸿《广雅书院记略》中写冠冕楼有“楼架一层，梯分左右”，似应有东西两梯。“阶外”即楼梯外侧，则东、西掌书处分别在东梯之东和西梯之西。汪鸾翔的记载与《广雅书院记略》中写的“楼下两厢房为管书生住所”相符。

（二）广雅书院八景

汪鸾翔诗集稿中有《广雅八景诗》（1890），但有题无诗。有一单页手稿书有“广雅八景图目次”（似为1944年左右书写）。似拟绘或已绘《广雅八景图》，因未见绘图实物，已不可考。“目次”列出的广雅书院八景如下：

横舍授经——讲堂及无邪堂
南楼纵目——冠冕楼
濂溪霁月——濂溪祠
岭学芳风——岭学祠
湖舫剪波——湖舫
清佳听雨——清佳堂
莲韬结夏——莲韬馆
一篑望春——一篑亭

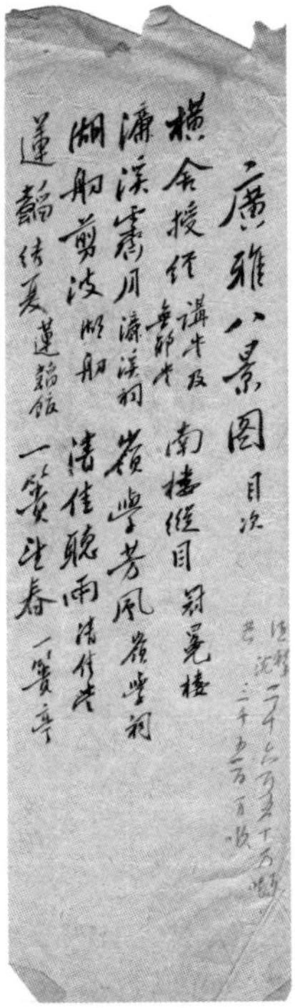

图4　广雅八景图目次

（三）广雅书院的楹联

汪鸾翔的诗作中有多处记录了广雅书院的楹联。

其中最值得注意的，是汪鸾翔对冠冕楼楹联词语的记载。这在其他文献中还没有发现。

戴国雄编著的《广雅书院长卷》中，对各资料进行了综合分析。他发现，关振东在所编的《中国对联集成·广东卷》中录载了陶浚宣撰的一副楹联，并认为就是冠冕楼的楹联。这副楹联为：

地接南园，看苍翠成林，疑身到六桥三竺；
天开东壁，聚丹黄满架，此间有百宋千元。

但在梁秋发表于《一中丛录》中的《冠冕楼之过去谭》一文却写有：

当时楼上有大扁一方，题“冠冕楼”三字，乃张文襄公手笔者。又有竹卜长联一对，乃吴公大澂手篆者。

戴国雄据此确认，冠冕楼悬挂的应是吴大澂撰写的竹雕联。他认为，陶浚宣联中有“地接南园”之语，所悬之处应该是坐落于南园附近之广雅书局中一座校经堂的正门。“书局”与“书楼”一字之差，很容易混淆，戴国雄的判断应该是比较可信的，因此冠冕楼的楹联词语曾经是一个谜。

现在这个谜可以解开了。在汪鸾翔的诗作中对此有一个很明确的记载。

1931年，在汪鸾翔的《今年三月舍弟千仞自西湖北上来京为余祝嘏，五月南旋至广州省墓，重返西湖，来书亟言戚友之凋零与故迹之摧毁，抚时感旧，纪之以诗》一诗注释中，记有：

（冠冕）楼之上层篆书联云：越舍诂经闽堂正谊；范阁天一毕馆灵岩。

前述汪凤翔《读张茂先励志诗感赋》组诗注中也记有：

冠冕楼为院中藏书之所，楼联曰“越舍诂经闽堂正谊；范阁天一毕馆灵岩”。

汪凤翔的六首诗都是回忆广雅书院的，注释中有很多关于广雅书院的记载。关于冠冕楼联的记载就是其中之一。

汪鸾翔的诗是在与汪凤翔见面后写的。兄弟二人对于冠冕楼的楹联有相同的记忆，而且汪鸾翔还指出楹联是篆书，悬于上层，这与梁秋的记载是完全相同的。

楹联的词语内容，“越舍诂经”指的是杭州阮元的诂经精舍，“闽堂正谊”指的是福建张伯行的鳌峰书院正谊堂，“范阁天一”指的是宁波范氏的天一阁，“毕馆灵岩”指的是苏州毕沅的灵岩山馆。这四点比喻与冠冕楼作为藏书楼的地位都非常贴切。

综上所述，可以断言，冠冕楼的楹联就是吴大澂撰写篆书的：

越舍诂经闽堂正谊；范阁天一毕馆灵岩。

关于广雅书院的楹联，在汪鸾翔的诗作中还有很多的记载，可以与其他资料中的记载相印证。例如：

在《今年三月舍弟千仞自西湖北上来京为余祝嘏，五月南旋至广州省墓，重返西湖，来书亟言戚友之凋零与故迹之摧毁，抚时感旧，纪之以诗》诗稿注释中，有“文襄手书额‘船舠’今亦全圮”，“（清佳堂联为）张文襄手书”，“张文襄集朱子诗为联云：‘故作轩窗挹苍翠，要将弦诵答潺湲’”。

1946年，在汪鸾翔的《关康介先生挼生百龄纪念》诗稿的注释中，有“莲韬馆馆额为张文襄师手书。旁有联曰：‘听诸生春诵夏弦声出户外如金石，借此地吟风弄月花落水面皆文章。’吴愙斋中丞大澂撰书也”。

1955年，在汪鸾翔的《寄桂南屏学兄香港》诗稿中，有“其（清佳堂）东南小亭联云：‘青竹时默钓，白云日幽寻。’则袁思韠书也”。

《八十初度述怀》诗第五首的自注中还提到院中的碑碣：“辛未后，余弟千仞再往游之，书楼全圮，其余惟剩断瓦颓垣，呜呼痛矣。院中讲堂有《弟子职》《说文序》《白鹿洞学规》《程子四箴》四石碑尚在。”

（四）诗情画意寄深情

汪鸾翔曾多次咏诗作画以怀念在广雅书院的生活。1890年有：

咏一篑亭梅花　二首

细雨山亭度几春，亭中常驻苦吟身。循栏试索梅花笑，可唤琼枝作故人。

曾记飞香满砚池，短榻频写落梅诗。试寻点点残英问，为爱新词爱旧词。

1916年有：

题《一篑亭春望图》

亭在广雅书院西北隅，南皮张文襄师所命名也。番禺梁节庵师尝有一篑亭春望诗，今将三十年矣，丙辰之冬先生来京，回忆其事，因写此图，并媵以诗。

沧海尘飞万瓦移，承平谁忆旧游嬉。卅年何限纷更事，最好禊期是此时。

1919年汪鸾翔又绘《一篑亭图》，题诗并序。此图绘赠梁鼎芬。

题《一篑亭图》

一篑亭在广雅书院西斋最北，乃南皮张文襄师所命之名。余于光绪己丑、庚寅之岁读书亭侧。回忆旧游，不觉已三十年矣。梁节庵师曾书一篑亭春望诗见贻。世变沧桑，院址多夷为平地，斯亭摧败，亦或不可复识矣。追维旧事，感喟不已，暇时因作是图以进，以志一时踪迹，即赠梁节庵师。纸有余幅，用媵以诗。

林庙于今草又荒，山亭何足算沧桑。
木枯究有心难死，穴溃空怜蚁更忙。
物外未防长濩落，劫余益复慎行藏。
人间何事真依旧，且画乔柯挂夕阳。

1930年汪鸾翔作词记广雅书院的生活。

感事　忆广雅书院冠冕楼作《凤凰台上忆吹箫》用漱玉调

铙吹横江，旌旗耀日，卅年旧迹都收。仅渊明三径，也憩风流。说甚春弦夏诵，都付与、婉转歌喉。人间事，浮云扰扰，流水悠悠。　凝眸。风云变也，怆华表、归来每怕登楼。剩魂锁南浦，肠断西州。何处灵岩毕馆，空啼遍、杜宇春愁。愁再认，河桥灯火，卷上帘钩。

三、书院师生

汪鸾翔与一些广雅书院的老师及同窗有终身的交往，分述如下。

（一）张之洞

汪鸾翔一生的几次重要转折，都与张之洞有密切的关系，他后来的人生道路和学术思想也受到了张之洞极大的影响。

1. 在广雅书院

1887年张之洞在广州创办广雅书院。此前汪鸾翔接受了家教和私塾教育，主要以应试教育为主，学习做八股文，背诵唐诗等。1885年考取童子试后，由父亲携至广州游学，在南海署衙内师从欧阳霭臣先生。先生教他熟读朱熹的《近思录集注》及刘菽云的《孟子要略》钞本，要他每日讲解，身体力行。从而得知应试之外另有天地。

1887年冬广雅书院开始招生，汪鸾翔回广西报考。恰巧试题中有一题是“读《近思录集注》书后”，汪鸾翔以广西第一名录取为广雅书院第一批生员，开学后受到张之洞的特别关爱。1950年，在汪鸾翔的《八十初度述怀》诗的自注中是这么写的：

余既熟读朱子《近思录集注》，适丁亥冬日广雅书院落成招生，命题中有读此书后一题，余诸题全作。南皮师阅卷至此题，以为必系老师宿儒之作，拔置第一。及戊子（1888）八月入院后谒见，乃童子耳，尤大讶之。以后值余课作必详阅，亲自批解。

1930年在汪凤翔写的《汪公严先生六十寿序》一文中记述：

当（汪鸾翔）肄业广雅书院时，张文襄亲批其课卷，有“的的奇才，可为世用”之语。

从学广雅书院是汪鸾翔一生中的第一次重要转折。

2. 协助编写《劝学篇》

张之洞的著名著作《劝学篇》是其“中学为体，西学为用”思想的集中体现。这种“中学为体，西学为用”的思想在20世纪前期影响很大。很多研究张之洞的学者都感觉到，《劝学篇》的写作过程中一定曾有幕僚加以协助，但都没有确切的证据。最近整理汪鸾翔遗物时发现其遗墨中有相关的记载，可以肯定地说协助编写《劝学篇》的人有汪鸾翔和周家禄等。

《八十初度感怀》第九首诗末自注：

丁酉三月乃游金陵。时文襄师督两湖，适欲著《劝学篇》，电调赴鄂，九月十九日抵鄂，张文襄师命余留居署中，并命余与海门周彦升（家禄）同采摘古人言论之有益时政者，供作材料，阅三月而事毕。复由公闭门谢客七日，自纂成篇。书分上下篇，以正人心、开风气为宗旨。上于朝，命各省重刻之。余因遂留鄂，以博物、理化、地理诸学在鄂教授凡十年。

汪鸾翔于1891年乡试中举，次年进京会试不中，留北京国子监南学学习。1896年因父丧，返回广西。1897年春到南京任家塾教席。由上述诗的自注，可以很确切地看到，汪鸾翔是在1897年被张之洞从南京电召到武昌的。抵达武昌的时间是九月十九日（农历，展重阳日），召他去的目的就是协助编写《劝学篇》。还可看到，同时协助编写《劝学篇》的还有周彦升（名家禄）。二人采集资料的准备工作用了三个月，在1898年春，由张之洞闭门七天，完成了全书的编订。

汪鸾翔还有其他文字记录了他初到武昌时的情形。在其《庚寅日录》1950年10月29日（农历九月十九日）记载有：

丁酉九月十九日（光绪）余初至鄂，是夕与张文襄师、梁节庵师、纪泊居师、黄仲韬等同宴于黄鹤楼作展重阳诗，此事距今五十四年，上列诸人无一存者，而余亦垂垂老矣。

在1961年时写的一首诗，题为《辛丑展重阳节斋中独坐，回忆光绪二十三年丁酉展重阳节余初至鄂，张文襄师于黄鹤楼故址置酒高会作展重阳诗，余幸陪末座，距今六十五年，在座者无一人存，楼址亦复迁徙，怀贤感旧，纪之以诗》。而在《张之洞诗文集》中则有《九月十九日八旗馆露台登高赋呈节庵孝通伯严斗垣叔峤诸君子》诗，在《节庵先生遗诗》中有《孝达尚书招同陈三立陈维垣杨锐江逢辰集八旗馆露台展重阳作》诗，都记载了这次张之洞招集宴会的事实。

《中国近现代人物名号大辞典》中有“周家禄”条：

> 周家禄（1846—1909），江苏海门人，字彦昇（升）。号蕙修、奥簃，晚号奥簃老人，室名蕙修盦、寿恺堂（有《寿恺堂诗编·文编·杂著》）。优贡生。官训导。曾客吴长庆、张广雅幕。工诗文。有《朝鲜乐府·载记·世表》《晋书校勘记》及上例，合称《寿恺堂集》。

由此可以看到周家禄确曾为张广雅（之洞）的幕僚，也佐证了汪鸾翔关于与周家禄一起协助编写《劝学篇》的记载。

汪鸾翔在《辛丑日录》1949年4月6日有一条记载：

> 寿恺堂集诗　赠汪巩庵　武昌　丁酉冬日　周家禄　彦升

这首诗可以在周家禄的诗集中找到，题为《武昌留别汪巩庵》，记述了他与汪鸾翔共事的情谊：

> 横议千家互倡酬，微言六籍恣冥搜。
> 坐看白日真成暝，不为苍生亦自忧。
> 风柳过墙堪受月，露葵临砌易当秋。
> 高谈向尽离愁始，对此茫茫江汉流。

从所标的留别日期“丁酉冬日”，还可以确定他们同在武昌的时间是丁酉九月十九日至冬日（当年十一月二十八日），前后两个多月。1913年汪鸾翔还曾有诗《海门周蕙修家禄十七年前同游鄂渚，其后杜门不出，顷闻已逝，感赋》（题存诗佚），也证明了他们的这一段交游。

汪鸾翔到湖北参加编写《劝学篇》时年仅27岁，而周家禄已51岁，或许在辅助编写《劝学篇》方面，周家禄经验更为丰富。但从另一方面看，召汪鸾翔来协助编写《劝学篇》，是因为他在广雅书院和国子监南学学习时就自学了各科西学，对西学有一定的了解，这种了解对编写以"中学为体，西学为用"为主题思想的《劝学篇》很有裨益。此外，《劝学篇》的最后成书，时在1898年春，而周家禄在1897年冬就离开了武昌。因此，如果说汪鸾翔在协助编写《劝学篇》的过程中起了更重要的作用，也是有一定道理的。

因为汪鸾翔的诗作多未发表，他与周家禄协助张之洞编写《劝学篇》的事迹鲜为人知。

应召到武昌，协助编写《劝学篇》，又留武昌进行教学工作，是汪鸾翔一生中的第二次重要转折。

3. 两次被推荐应试经济特科

1898年汪鸾翔协助编写《劝学篇》工作告一段落后，适将举办经济特科会试，张之洞推荐了16个人参加，其中就包括了汪鸾翔。汪鸾翔到北京后参加了康有为等人组织的"保国会"。但由于发生了戊戌政变，这次会试停办。汪鸾翔目睹了戊戌六君子的就义惨状和民众的消极反应，从而下决心以启迪民智为己任，返回武昌后在工艺学校、文普通中学堂等校教授物理、化学、博物等课程。

1903年再次举办经济特科会试，张之洞又督促汪鸾翔参与，推荐评语是：

> 和平慎默，志节清廉，于格致理化之学覃精研思，多有冥悟。

汪鸾翔在试卷中绘有一图，主考官认为犯规而不录取。他当时有《八月出都归武昌感作》诗记述其事，在注文中记载了此次会试的详细过程，并列举了同期被推荐者的名单：

> 光绪戊戌诏举经济特科，南皮张孝达师曾列举十六人，以余名列入荐牍，因政变未行。今年又诏举行，师于去年十二月十五日又列举凡三十人，自余以外为翰林院编修缪荃荪，翰林院修撰张謇，记名御史刘奉璋，候选郎中李维格，内阁中书曹元忠，内阁中书徐振清，署

太原府知府吴廷燮，候选同知张焕纶，举人王季烈，江浦县训导陈庆年，拔贡华世芳，布政使理问职衔贾文浩，江苏候补道蒯光典，翰林院编修刘廷琛，翰林院编修沈曾桐，庶吉士陈骧，刑部主事孙诒让、李希圣、华学涑，候选光禄李署正、罗振玉，候选道魏瀚，知府王咏霓，知县邹代钧，(余名)，举人陈衍，拔贡姚丙奎，廪贡生马贞榆，廪生左全孝、罗照沧、汤金铸等人。余之考语为“和平慎默，志节清廉，于格致理化之学覃精研思，多有冥悟”等语，余自问愧不敢当，师必强余一行。既试，余卷曾绘一图，卷在某阅卷大臣手中，误以为犯规，置不复阅。南皮师不知其底细，不敢置问，遂报罢。八月出都还鄂，教授如常。

4. 调职学部

汪鸾翔有《(丁未)十二月奉学部电调赴部三十日至京寓虎坊桥高升店》和《(戊申)正月十七日奉学部堂谕派在总务司审定科行走并奏请以七品小京官留部任用》两首诗，记载了他于1908年初被急召至京都学部的情况。到京后，他奉派在总务司审定科行走，负责教科书的审定工作，同时还兼任了北京第一师范学堂理化教师和直隶顺天高等学堂教务长的职务。

在吴剑杰编著的《张之洞年谱长篇》(上海交通大学出版社出版)中有下列记载：

丁未七月初二(1907年8月10日)“奉旨：着张之洞迅速来京陛见，有面询事件。”

八月初五(9月12日)“至京，寓畿辅先哲祠。”

八月初七(9月14日)“宫门谢恩，召对。即日入值军机处。”

八月十四日(9月21日)“奉旨管理学部事务，上谢折。”

八月二十日(9月27日)“致电武昌梁署臬台(鼎芬)、黄学台(绍箕)，略谓：到京十余日，喘息甫定，时局日艰，积习如故，毫无补救，惟有俟冬春间乞骸骨也。两公意中如有素知贤才，祈举数十人见示，以待机会。以多为贵，官阶内外大小不拘。感祷。”

张之洞在1907年秋被调到北京后，即致电武昌梁鼎芬等人，要求推荐人才入京。在中国传统的年节之际，汪鸾翔匆匆忙忙地奉召从武昌赶到北京，显然与张之洞有密切的关系。从此之后，汪鸾翔举家迁到北京，又一直在北京从事教育工作。这是汪鸾翔一生中的第三次重要转折。三次转折都与张之洞相关。

5. 追悼与怀念

（1）追悼

1909年张之洞在北京逝世。汪鸾翔写了挽诗、挽联，记录在手稿中的有题为《张文襄师薨于位诗以哭之》的挽诗一首：

> 謇謇难忘邃密言，未妨狂论日相喧。
> 论诗评我如韩直，说教惟公胜佛圆。
> 环海亦知吊温国，后堂宁止恸彭宣。
> 风流一尽群纲绝，独乐何方更有园。

还有挽联多副，可完整录出的有两副：

> 抱公夫子大人千古　光绪戊子鸾始以文字之学见知于公，时公初入粤试士，其命题为《金在镕赋》，其所限韵即“愿为轩鉴，请就干将”八字也，今二十年矣，低回往事辄用怆恻。谨记于此以补抱公弟子记中之遗。
>
> 轩鉴干将，愁向师门思往事；
> 泰山梁木，蓦为孱国哭斯人。
>
> 受业弟子汪□□拜挽

> 抱公夫子大人千古
>
> 是中邦教育大家，新知本，旧知通，古今学派洽济以平，斟酌群言，东国英才思北面；
>
> 忆岭海薪传故事，博以文，约以礼，汉宋相攻痛湔厥习，追领遗教，南园老柳亦西州。
>
> 受业弟子□□□再挽

（2）回忆

40多年后，汪鸾翔仍然怀念着张之洞。1956年，北京友人祭张之洞于楚学祠，汪鸾翔有诗《霜降后二日同人祭张文襄于楚学祠（与祭者十二人，余以足疾未与。䂬园有诗，余亦和韵）》。诗中有大量的自注，其中记述了张之洞的事迹：

光绪戊子秋八月，余考取入广东广雅书院肄业，院例每生给书十部，以《毛诗注疏》为第一部。余初得《书目答问》及《輶轩》读之，乙未所习不过经史词章而已。既而得光绪元年四川初刻《书目答问》读之，末附《四川尊经书院记》一篇，凡十则，详论设学之旨为造人才，并言拟创立经学、小学、史学、经济、算学五科，惜经济未能观成，并言算学不易得师，可向韩紫洲请业，云云。读后乃知公之建学宗旨。时举世方溺于白折小楷，而公创言兴学，其远见为何如哉！其后于广雅添时务科，于湖北大兴新学，早于此记见之。《重刻书目答问》不载此记，殊可惜也。

公在鄂大兴新学，同时又设存古学堂，不知者或谓其自相矛盾及变法不彻底，而不知公于此实有深意存乎其间。盖知旧不知新，不过迂疏寡用，或者尚不失为正人君子。若知新不知旧，则才足济奸，其弱者不惜奴颜婢膝，身任洋行买办，甘为无耻之小人；其强者则且拥有官僚资本，剥削小民，仗洋势以欺国人。公之设考古者，正欲使知人间尚有羞耻，稍戢其焰耳。果也废经不及数年而此等现象毕露，公之预防之策岂虚设哉！

余于光绪丁酉九月十九日蒙公电召至鄂，命与海门周家禄同采集古书中案与新学相近者，以备著《劝学篇》之采用，越三月而事毕。公尝谓自著此书，一以正人心，一以开风气。此六字为公一生学术所在。公欲开风气，而又不敢言新学，必托诸古人以出之，其忧谗畏讥，委曲求全之苦心，亦大可见矣。

1957年汪鸾翔有诗《题张文襄公遗像》：

从来开物仗鸿儒，远瞩高瞻迩代无。一世尽情传考据，谁知格致有衣珠。

并有自注：

南皮张文襄师光绪初年提督四川学政，刻《輶轩语》及《书目答问》，又立尊经书院以训蜀人。所著《尊经书院记》内有欲设经学（小学属焉）、史学（舆地属焉）、经济（国朝掌故属焉）、算学（天算属焉）及词章五门，各延一师，各习一门，而有志未逮。又于《书目答问》中不废西法，生存人不录而录李善兰一人，兵家类采新译西洋兵书五种，可见近人于学术中兼采西学实自公始，并将西学列入课程亦自公始。其后于广东建广雅书院，于湖北建两湘书院，并奏定各种学堂章程，皆本此宗旨而行，而以蜀为之先。实具规模宏远，有开辟东亚新天地之气概。世之读公书者，仅以考据词章家目之，盖亦浅矣。

1957年，汪鸾翔阅读了《百花诗讯》（当年成立的一个四川的诗词社团）后，写下了《读〈百花诗讯〉后有怀张文襄公建设尊经书院事，感书一律》，并在自注中再次记述了张之洞建设尊经书院的事。

（3）怀念

张之洞在北京什刹海南岸有故居，汪鸾翔多次重游什刹海，每次纪游诗中都要提起张之洞故居。1911年，有诗《六月十八日重游什刹海》，其中一首为：

西涯无复传幽事，讽谕空闻写旧诗。肠断招贤门馆近，夕阳红罩柳参差。

自注为：

访李西涯故宅，已不可考。其南白米斜街张文襄故宅尚存。“泪洒香山讽谕诗”，公绝笔句也。

1954年汪鸾翔有诗《婴园禊饮后重游什刹海访张文襄故宅感赋》，其中有句“稻田宁止西涯变，独乐芳园也化烟”，自注曰：

“西涯变稻田”，《广雅堂集》中语，张文襄尝以“独乐园中迂叟”自况，宅在白米斜街，今亦易主。

（4）引用

汪鸾翔对张之洞的诗作和警句熟记在胸，在自己的诗作中常常引用。

汪鸾翔1892年《游陶然亭》诗中有“麋鹿故难驯野性，花枝聊与说飘零”句，自注：“广雅堂《携家游江亭诗》有‘馆职调驯十七载，野性仍难变麋鹿’之句。”当时张之洞还在世。

1917年《画松歌》诗中有“崇效牡丹亦殊绝，感时溅泪徒殷红。丁香海棠故堪画，玉壶冰涣悲从中”句，自注：“南皮张文襄师自号壶公，有《题秦子衡画崇效寺丁香梅棠卷》诗。”

1923年与友人游潭柘寺，寺门前看松月，就想起了张之洞的《偕张绳庵看松月诗》，因有诗作《夜坐潭柘寺门前看松月，诵张文襄〈偕张绳庵看松月诗〉偶作》，其中有句：“壶公潭柘诗，冷耀群龙吐。吟诵三十年，始证山门路。”注中引用了张之洞的原句：“潭柘门前月照松，骊珠吐耀舞群龙。”

1931年重阳，九一八事变刚过，有诗《辛未重阳潜园书事》，其中有“邻热久因宁上策，兵家能补即真强”句，自注：“张文襄师书座有‘兵家尽补能康世，经义咸明乃著书’二语。”

1934年有诗《秋日过什刹海，昔日藕荡多成稻田，霜老荷枯，因用张文襄公〈政务处诸公招同樊茗楼按察游积水潭〉诗韵口占一绝》，有“老柳疏疏挂晚烟，出山泉浊最堪怜。谁言不是沧桑感，确见西涯变稻田”句，自注：“原诗云：‘明知不是沧桑事，但惜西涯变稻田。’其时海已渐淤，然不如今日之甚也。”

1935年为同年松如作画，诗中有“黄鹄矶头路几经，开襟重话酒杯停。当前莫感风流尽，犹画龙蛇雨洗青”句，跋中说：“以高房山法写张文襄师‘山势龙蛇雨洗青’诗意。”

1950年前后，汪鸾翔在日记中多次录写了张之洞的“三不争”座右铭：“不与文人争名，不与俗人争利，不与无谓之人争闲气。”

6.珍藏遗墨

汪鸾翔很注重收集有关张之洞的遗物。现在存留的有张之洞亲笔的《九日宝通寺塔登高坐中梁兵备将行》和《送梁节庵之官襄阳道》诗稿等。

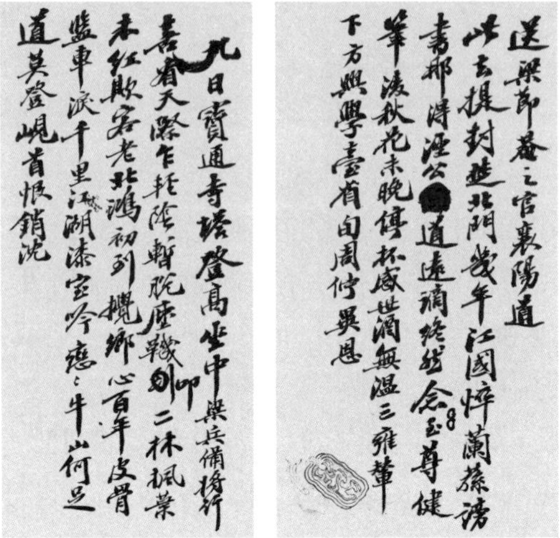

图5　张之洞诗稿手迹

还有两封张之洞签发的电报稿，一封电报是给中国驻美大使梁钦差（梁诚）和使馆内学生监督周道的。内容是：一、通知已汇款一万元的事。二、留学生郭泰祺暑期回籍营葬的事。另一封电报是给中国大使馆参赞张权的，内容也是关于郭泰祺的事。

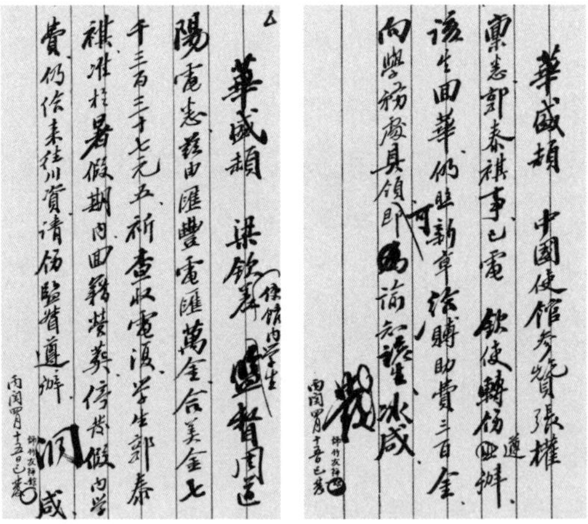

图6　张之洞签发电报稿手迹

两封电报的发出日期是“丙闰四月十五日”，查日历可知1906年（丙午）有闰四月，因此可以断定这两封电报都是1906年6月6日发出的。

这两封电报的签署，一封为“洞”，另一封为“冰”，全文似是张之洞的笔迹。

电报中提到的留学生郭泰祺（1888—1952），字复初、葆东，湖北广济（今武穴）人，民国时期著名政治家、外交家。1902年，郭泰祺考入张之洞创办的新式学堂——武昌南路高等小学堂。1904年，他被选送美国留学，最后获政治学博士学位。1912年他回到国内，经推荐担任湖北军政府的外交股长。其后任总统黎元洪的英文秘书与总统府顾问兼外交部参事。1946年2月，郭泰祺被任命为中国第一任驻联合国首席代表兼出席安理会常任代表。按照各国国名字母顺序，郭泰祺代表中国政府担任安理会第一次会议第一任主席。1952年2月29日因病去世，终年63岁。

汪鸾翔还留存了11通张之洞写给梁节庵的信札照片，是汪鸾翔自己拍摄并自己洗印的。现披露四通，供读者欣赏。

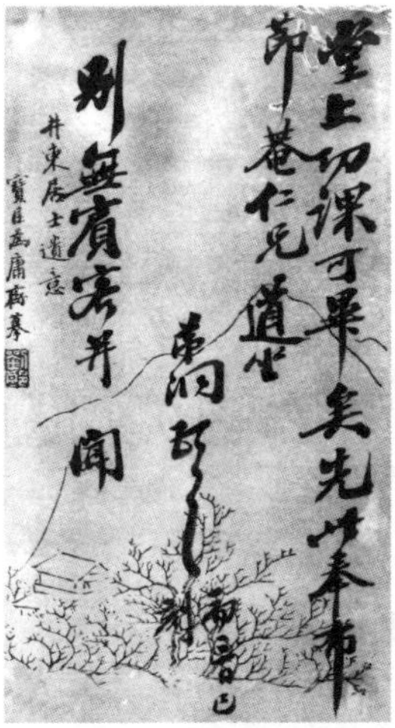
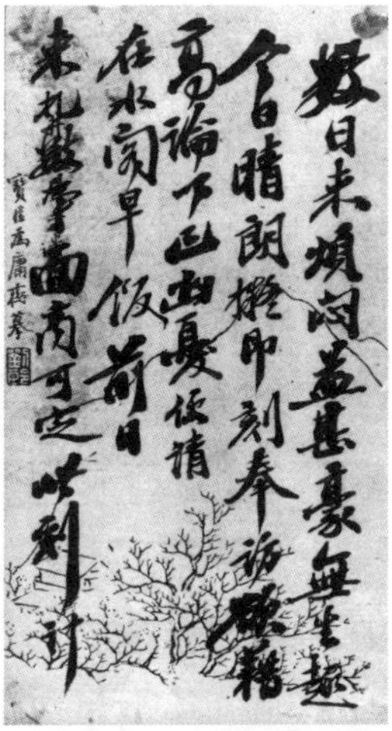
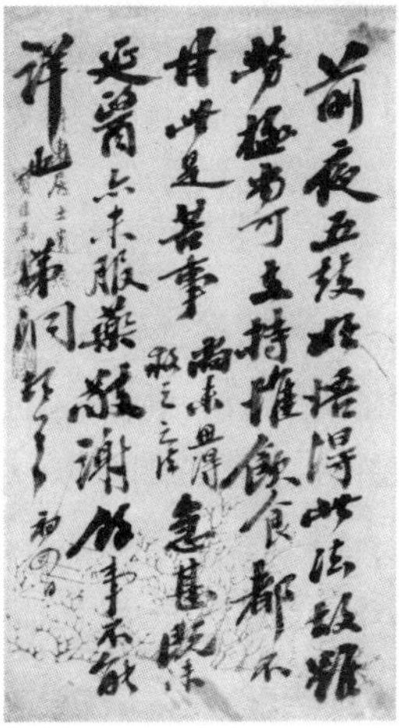
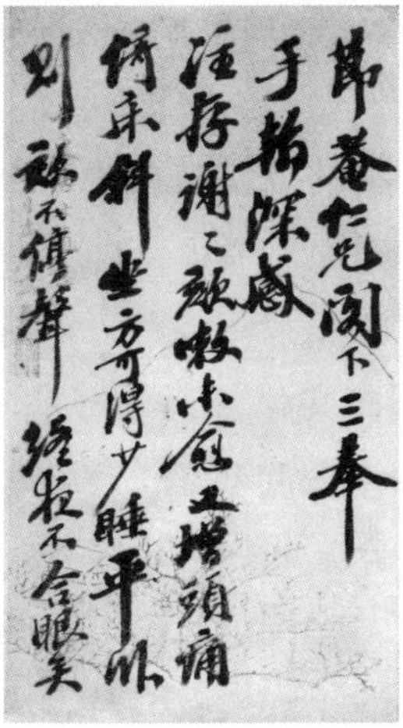

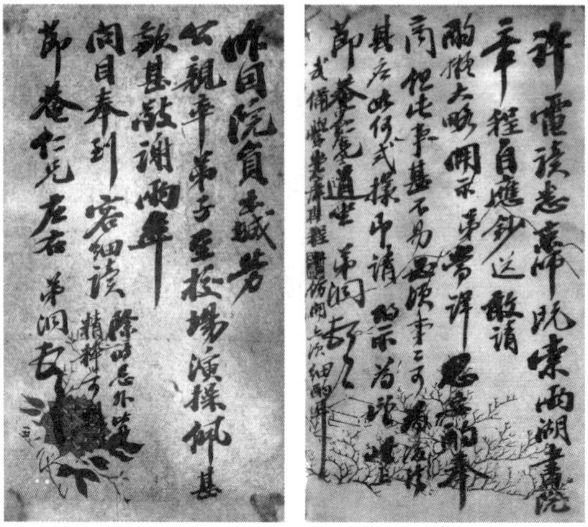

图7　张之洞致梁鼎芬信札手迹（照片）

7.继承与实践“中学为体，西学为用”的为学理念

在协助张之洞编写《劝学篇》后，“中学为体，西学为用”也就成为了汪鸾翔的为学理念。他对于张之洞不但怀念和崇敬，而且对张之洞的这一理念身体力行，贯彻在他一生的实践中。

汪鸾翔在广雅书院读书时，即思想超前，自学西方科学知识，不仅广读译书，更自修外语，到清华后坚持业余跟年轻同事蔡竞平学英文，达到可以阅读原文书籍的程度。

20世纪初，中国人能教授西方科学的人才非常缺乏，大多数学校都是聘请外国人任教。汪鸾翔则能在1898年开始在武昌各校教授物理、化学、博物等西方科学课程，并自己编写教科书，是国人教授西学的先驱。而1916年后，由于留学归国人员渐多，而国学日渐衰落，汪鸾翔又以他在广雅书院打下的坚实国学基础，投身于国学的教授，在清华大学、河北大学等校教授国文、中国哲学史、中国文学史等课程十余年，直至退休。

1924年左右，北京清华学校（清华大学的前身）征集中文校歌，汪鸾翔撰写的歌词中有“东西文化，荟萃一堂，大同爰跻，祖国以光”“器识为先，文艺其从，立德立言，无问西东”等语，既坚持了中国的为人道德和思想体系，又主张积极吸取西方文明的优良之处，这样的理念符合历史潮流，也符合清华学校的办学主旨，因此被正式选用。此校歌一直传唱了九十多年，2014年再次被确认为清华大学的正式校歌，其魅力不减当年。此校歌中也体现了“中学为体，西学为用”的精神。

汪鸾翔能诗善画，工于中国山水。汪鸾翔还把“中学为体，西学为用”的理念运用于绘画。他一贯主张要坚持国画的笔法，而又采纳西法的设色优点。他的绘画作品也一直在探索这样一条改良的路线。

张之洞与汪鸾翔均已作古，他们之间的际遇超出一般的师生和僚属关系，有共同的“忧国忧民”情怀维系其间，所留下的这些痕迹，在今天仍应有一定的审视思考价值。

（二）梁鼎芬（节庵）

梁鼎芬（节庵）是广雅书院的第一任山长，1898年后汪鸾翔在湖北任教，而梁鼎芬正是湖北办学的总管，因此与汪鸾翔有很多工作上的接触。同时，汪鸾翔也喜欢作诗、作画，也常参加一些在武昌的文人聚会。1911年以后，梁鼎芬居住在北京，汪鸾翔也在北京工作，有很多接触的机会，直至1919年梁鼎芬在北京逝世。因此梁鼎芬是与汪鸾翔往来最多、联系时间最长的广雅书院老师。后期二人可以说是亦师亦友，而汪鸾翔始终以师礼待之。在汪鸾翔的诗作中也留下了很多与梁鼎芬往来的记录。

1.梁鼎芬赠联

汪凤翔的《汪公严先生六十寿序》中记载了梁鼎芬赠汪鸾翔对联和题壁其书斋的事。

> （汪鸾翔）月试名辄列首。院长梁节庵先生奇之，待如骨肉。尝书联赠曰：“展卷要存千古想，立身无使一身乖。”又书象山语于其斋壁曰：“要当轩昂奋发，莫恁地沉埋在卑陋凡下处。”

2.为梁鼎芬摄影

1898年后汪鸾翔在武昌各校教授理化课程，掌握了摄影技术，并自己拥有一台摄影机，常为学校的各种活动摄影。在汪鸾翔存留的旧照片中，有一张梁鼎芬与蒯光典的照片，照片背面写有：

> 长髯者梁节庵先生，其左侧持扇者蒯礼卿先生也。影于湖北臬署，其后隐约可见有亭，即浮沤亭。　十一月　公严

1897年，蒯光典应张之洞之约，任两湖书院西监督，梁鼎芬为东监督。1898年蒯光典即离开了湖北。此照片应摄于1897年或1898年。1897年九月汪鸾翔到达湖北，此照片应该是汪鸾翔手摄的。

图8 汪鸾翔手摄梁鼎芬与蒯光典的照片

3.题字

1904年梁鼎芬将其1888年诗作《一篑亭春望》题于团扇上，赠与汪鸾翔。并题写：

甲辰五月病中得闲写示巩庵吾贤，亭前风物吾二人如在目也。 鼎芬记

图9 梁鼎芬题字赠汪鸾翔的团扇

1910年汪洛年绘团扇赠汪鸾翔，梁鼎芬（病翁）题字：

志士临危，有如此石，万物纳虚，有如此亭。巩庵学人，目光所烛，心力所胜，峥嵘萧瑟，荡漾渺冥，不能知其所到，乌能知其所成。　庚戌六月洛年画　病翁题

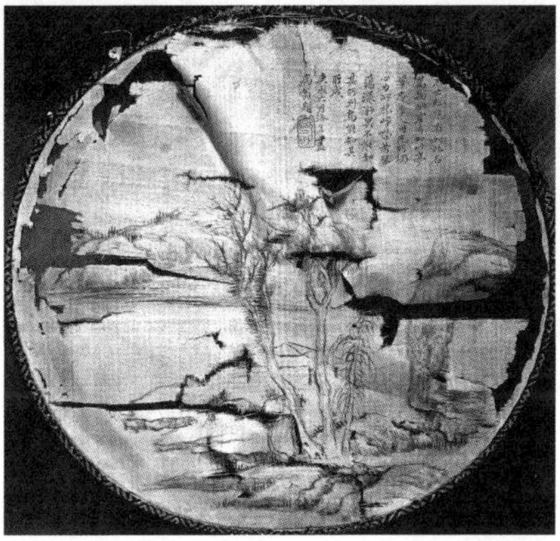

图10　汪洛年画、梁鼎芬题词赠汪鸾翔的团扇

1916年，汪鸾翔曾写信给梁鼎芬，请为其室题额。信中有：

近署所居曰读我书斋，又曰秋实轩。已乞泊居老人书之。近又增数名曰尚耻堂，曰有不为斋，曰自赏庵，曰秋英馆。先生能摘书以赠之否。他人不足污此壁也。

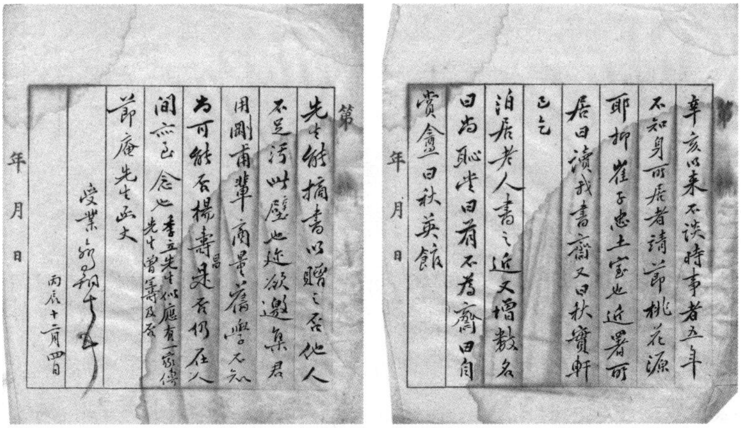
辛亥以來不談時事者五年
不知身所居者請節桃花源
耶抑崔子忠土室也近署所
居曰讀我書齋又曰秋實軒
已乞
泊居老人書之近又增數名
曰尚恥堂曰有不為齋曰自
賞盦曰秋英館
第
先生能摘書以贈之否他人
不足污此壁也近欲邀集君
用剛甫輩商量舊學
尚可能否楊壽昌是否仍在人
間亦念也
節庵先生函丈
受業鸞翔頓首
丙辰十一月四日

图11　1916年汪鸾翔写给梁鼎芬的信稿

4. 推荐

1887年汪鸾翔被召到武昌协助张之洞编写《劝学篇》，当时梁鼎芬是张之洞最倚重的幕僚，因此汪鸾翔的被召应与梁鼎芬的推荐有关。

1907年张之洞进京任军机大臣兼管学部，致电梁鼎芬和黄绍箕，要求推荐人才入京，这时汪鸾翔被学部电召入京，在审定科行走，显然是梁鼎芬推荐的。

1918年又是梁鼎芬推荐汪鸾翔到清华学校任教。在汪鸾翔《自编年谱》中记有：

> 1918年，九月由梁节庵介绍入清华学校教授国文、修身、伦理。

5. 题赠、请益与感怀

1918年汪鸾翔曾绘《独行图》赠梁鼎芬，并有题诗：

题《独行图》

> 三十年来道不成，画图犹照眼中明。山楼野寺依稀在，踽踽何人更独行。
>
> 己丑之岁于梁节庵师案见一木刻小笺，画一人背面而行，上有小诗云："纷纷桃李竞芳春，野寺山楼景物新。古道独行何踽踽，肯将面目对时人。"距今三十年矣。夏日偶仿其意作图，并系以诗。

又三十年过去了，1948年，友人张次溪（仲锐）来访，说在毛姓厨师家见过《独行图》，而且还有其他多人题识，据说该画得自谭篆卿家（谭篆卿就是著名的"北京谭家菜"的主人，谭家本是官宦人家，以私家菜著名。谭篆卿在家里为名流人士举行聚会提供场地和餐饮，来聚会的多是文人墨客，谭篆卿也精于文墨）。汪鸾翔听到这个消息后，联想到梁鼎芬的师恩，感怀往事，又写了一首诗，记述此事。

怀梁文忠师

> 光绪己丑之春，余在广州初谒梁文忠师于榨粉街之寓斋，案头见木刻小笺印一人负手而行，上题诗云："纷纷桃李竞芳春，野寺山楼景物新。古道独行何踽踽，肯将面目对时人。"余爱而诵之。越三十

年，国变后复谒师于京师后门外福祥寺一醆轩中，酒间重语此事，悲不能仰。因仿绘一纸呈之，复题诗其上曰：“三十年间道不成，画图犹照眼中明。山桥野寺依稀在，踽踽何人更独行。”未几师于己未冬十一月十四日遽归道山，迄今又三十年矣。戊子秋日张君仲锐来谒，云于一厨役毛姓家曾见此画，据云得自谭篆卿家者，已有多人题识，并录余所题诗为证。嗟乎！六经马矢，罪且及于线装；举世羊膻，癖乃成夫痂嗜。楼台圮尽，只余江上青峰；故垒都非，遑问梁间燕子。毛厨独宝此片纸，珍逾球琳，亦可号称多事矣。感怀往事，仍用前韵纪之以诗。

六十年间鬓雪成，世间何事不重更。林泉那得称高隐，诗卷聊堪记独行。无复登车瞻孟博（师平日最尊范孟博之为人，尝语人曰：“吾人立身须学伯夷，其结果不过成为孟博。若立志便学柳下惠，其结果必成乡愿”），且容卖饼说邠卿（用赵岐事）。名山绝学真须继，莫效彭宣滥窃名（师尝谓：“为举世所不为，乃是绝学。”又尝书扇以赠曰：“道学衰微，风教大颓，吾徒当以死自担。”又录朱子语曰：“书不记熟读可记，义不精细思可精，惟有志不立直是无着力地步，惟有反复思量，猛勇愧励，不复作此等人始得。”又书陆象山语云：“要当轩昂奋发，莫恁地沉埋在卑陋凡下处。”六十年来，此言犹在耳也）。

1918年梁鼎芬六十寿诞，汪鸾翔赠寿联：

先朝旧牍留金鉴；便殿新恩纪玉音。

梁鼎芬生前曾赞汪鸾翔的诗“神似放翁”。1929年汪鸾翔有诗，其序中有：

余于光绪戊子始以诗谒梁文忠师，时除夕郊行得句‘惨澹寒郊暮雪飞，冻云和雾晚还霏。趁年野老新增市，活火人家半掩扉。识字渐成忧患始，移家殊觉素心违。曹交食粟殊堪愧，愁对春风去复归’。师最赏扉字韵，谓其神似放翁。其后，师教之令学陈后山、黄庭坚，最后复令学王半山。前后四十年矣，今余于以上诸家诗一无所以，回思往事，纪之以诗。

在梁鼎芬生前，汪鸾翔呈送梁鼎芬请益的诗作还有：

《己酉九日呈梁节庵先生　时宣统元年》（1909）

《乱后敬谒梁节庵师于清爱之庭夜阑置酒作　乙卯》（1915）

《为葵园□□□□题四绝　丙辰》（1916）

《题画葵扇面呈葵霜先生》（1916）

《十一月二十七日夜梁节庵师招饮种树庐赋呈一首》（1916）

《冬日斋中读书呈梁节庵先生二首》（1917）

《冬日就葵霜先生种树庐中借书读并媵以诗》（1917）

《写松风涧泉图呈梁节庵师并题一首》（1917）

在梁鼎芬逝世后，汪鸾翔又用很多诗作怀念他：

《松庵为梁文忠师绘一醆轩图题六绝句余亦用松庵韵敬题》（1921）

《题陈弢庵师傅为梁节庵先生画松树纨扇》（1927）

《丙寅正月二日过梁松坨（学赟，又名劭）世兄宅，即祝其三十初度》（1929），诗中有“谁言礼乐尽寒灰，尚有新堂继六梅”句，自注曰：“六梅，梁节庵师官武昌时所署堂名。”梁松坨是梁鼎芬之子。

《友人家壁上观梁节庵师题罗四峰画松，感书二绝》（1939）

《胡元初先春以梁文忠师书诗扇见示因题一律》（1939），诗中注：“己丑年与师别，有清佳堂听雨诗。”

《彦超仁弟出黄绍宪仿陈白阳花卉册属题，漫成二绝》（1960），注中说明，花卉册为黄绍宪赠梁鼎芬，梁鼎芬又转赠王可庄者。王彦超是王可庄的季子，曾师从汪鸾翔学画。

6. 追悼

1920年1月4日梁鼎芬逝世，汪鸾翔感怀往事、思念恩师，作有挽诗和挽联多首：

梁节庵师挽诗　己未十一月十四

一醆悲春春竟阑，布衾重睹后山寒（先生尝举陈后山寒疾致死事示学者，今竟重睹之）。九原见海仍衔石，百感膺怀且盖棺。求士只期先爱国（先生尝谓：“新学非不可讲，但须忠义之士为之，乃能于国有益；今之所谓新学，只能造成洋奴肥己而已。”），救民遑恤屡休官。临歧牢记伤心语，立脚峥嵘首戒贪（先生尝谓：“如有周公之才之美，一着贪污便无足观。”又曰：“为人宜学伯夷，虽不能至伯夷，立身尚有崖岸；若借口善学柳下惠，便一生随人俯仰，毫无立脚之处。”数语应牢记之）。

挽梁文忠联

丹心照千古；余事作诗人。

不侮鳏寡，不畏强御，一息尚存请事斯语；可泣鬼神，可动天地，百世之下如见其人。

从游逾三十年，任事无如师果，爱世无如师深，卧疾到临歧，梦寐不忘惟慎独；阅人尽百千辈，脱略有时取狂，耿介有时取狷，燕居论微尚，生平深恶是多金。

没而犹温，料有丹忱真向日；心如不死，且留碧血待回天。

1920年左右，汪鸾翔与友人黄桂棻拟集股印刷梁鼎芬的日记和荣哀录。现存有《集股印刷梁文忠公日记及荣哀录简章》。

（三）朱一新（蓉生、鼎甫）

1.《无邪堂答问》

朱一新是广雅书院的第二任院长。汪鸾翔非常赞赏他改革教学方式为笔答，认为获益匪浅。前已述及，朱一新所著《无邪堂答问》五卷中，对汪鸾翔的答问就占据了第四卷整整一卷。

2.乡试卷评语

汪鸾翔于光绪十七年（1891）由广雅书院返桂参加乡试，中式第四名举人。广西省城西湖街福元堂刊印的《汪鸾翔广西乡试硃卷》中，有朱一新的评语，摘录如下：

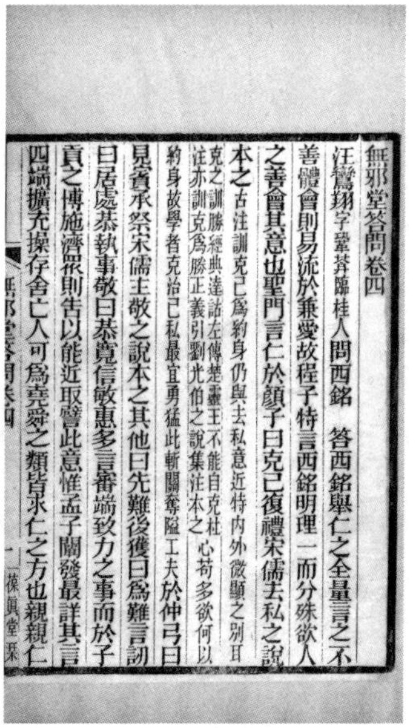
無邪堂答問卷四
汪鸞翔字鞏莽臨桂人問西銘　答西銘舉仁之全量言之不
善體會則易流於兼愛故程子特言西銘明理一而分殊欲人
之善會其意也聖門言仁於顏子曰克己復禮宋儒去私之說
本之古注訓克己爲約身仍與去私意近特内外微顯之別耳
克之訓勝經典達詁左傳楚靈王不能自克杜
注亦訓克爲勝正義引劉光伯之說集注本之　心苟多欲何以
約身故學者克治己私最宜勇猛此斬關奪隘工夫於仲弓曰
見賓承祭宋儒主敬之說本之其他曰先難後獲曰爲難言訒
曰居處恭執事敬曰恭寬信敏惠多言番端致力之事而於子
貢之博施濟衆則告以能近取譬此意惟孟子闡發最詳其言
四端擴充操存舍亡人可爲堯舜之類皆求仁之方也親親仁
無邪堂答問卷四　一　葆真堂

图12 《无邪堂答问》

试题一：“子曰事君敬其事而后其食，子曰有教无类。”

朱鼎甫先生评：前半议精词卓，高挹群言，中幅点题别具炉锤，非燥心人所能领取，后二眼高于顶，力大于身，恢恢乎，游刃有余，技进乎道矣。

试题二：“吾学周礼，今用之，吾从周。”

朱鼎甫先生评：起讲有兀奡不群之概，通体以意纬词，风骨高骞，不同雉窼文囿。

试题三：“善教得民心。”

朱鼎甫先生评：昔人论诗谓须有事外远致，吾于斯文亦云然。

3.朱一新家族世系表

在汪鸾翔离开广雅书院后三年，朱一新就去世了。后来汪鸾翔巧有机遇与朱一新的后代相联系。王蔼是朱一新的长孙媳，1918年前后在北京女子师范肄业。1919年与朱一新的长孙朱世芬结婚。1922年王蔼曾到汪鸾翔家中学画，每星期日一次。以后王蔼去了南方。1956年王蔼来北京住在清华大学园内的女儿家，汪鸾翔也住在清华大学园内，王蔼每月来看望汪鸾翔一二次，并继续学画。汪鸾翔还介绍王蔼参加了北京的中国画研究会。汪鸾翔根据王蔼的介绍写了一个《朱蓉生先生家族世系表》，为我们提供了一份朱一新后人情况的详细资料。

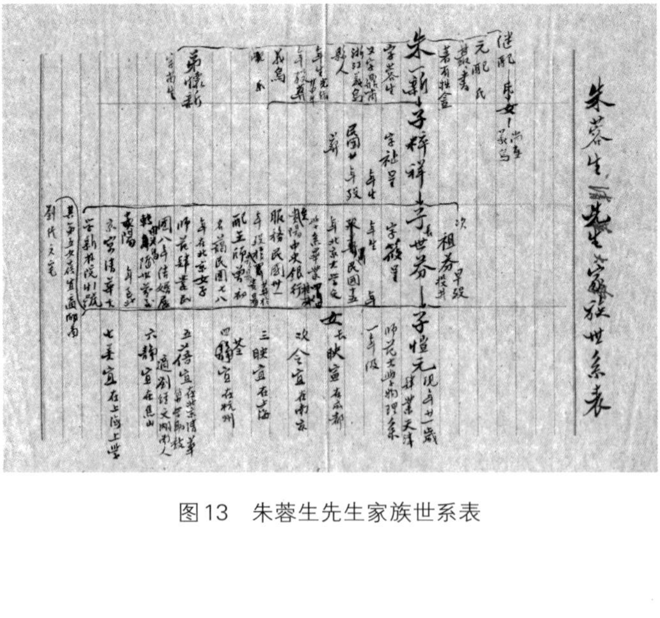

图13　朱蓉生先生家族世系表

（四）马贞榆（季立）

1889年冬广雅书院设立四分校，马贞榆任理学分校，是汪鸾翔的老师。1898年马贞榆赴湖北任两湖学院经学分校。汪鸾翔也在武昌任教，可以常常相见。1908年汪鸾翔调学部任职，不久马贞榆也来到北京，在京师大学堂和清华学校任教。师生二人在北京又得以相聚。

1. 为马贞榆摄影

汪鸾翔于光绪己亥（1899）为马贞榆摄影，时在武昌。己未（1919）将马贞榆照片送给梁鼎芬（岁寒）作纪念，此时汪鸾翔入清华不久，而马贞榆则已于1914年逝世于清华教学任上了。

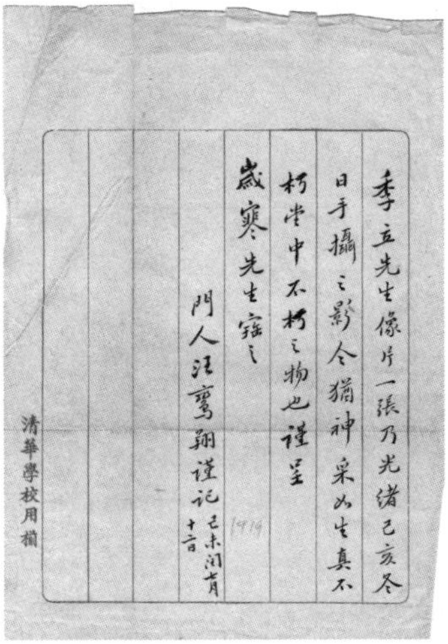

季立先生像片一張乃光緒己亥冬日手攝之影今猶神采如生真不朽中不朽之物也謹呈

歲寒先生鑒之

門人汪鸞翔謹記 己未閏七月十三日

1919

清華學校用稿

图14 汪鸾翔给梁鼎芬的信

2. 马贞榆的题署

1906年，汪鸾翔所著《动物学讲义》《物理学》《理化学》等教科书出版，马贞榆为其题署书名。

图15 马贞榆的手迹

3.作《三寿图》

1907年左右，马贞榆为车丕臣做寿，令汪鸾翔作《三寿图》以纪其事，汪鸾翔有诗《马收庵先生置酒吴文节公祠寿车君丕臣七十，坐中汤子寿、杨星梧诸先生皆寿者也，余因为作〈三寿图〉以纪事，并系以诗》。

4.通知购书

1909年，汪鸾翔订购了三套《大英各（百）科全书》，准备传给三个儿子，每人一套。同时把《大英百科全书》的广告单寄给了马贞榆。马贞榆有回信。

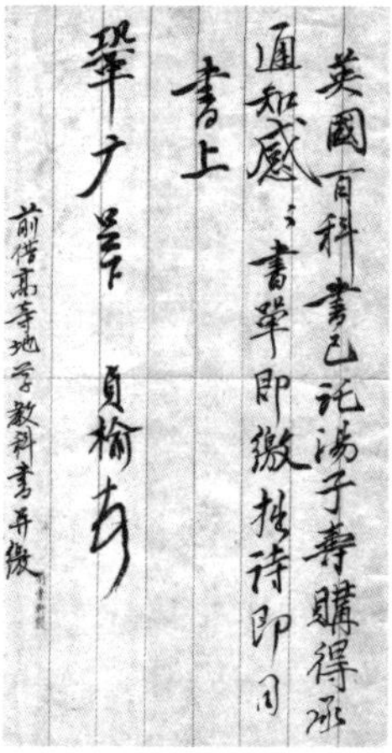

英國百科書已託湯子壽購得函
通知感感書舉即繳 挂詩即同
書上
舉广 貞榆 頓
前借高等地學教科書并繳

茲英京倫敦太晤士報館在中國發售
大英各科全書格外減價以廣招徠
實泰西著名之智識百寶箱也

本館一俟收到定銀五兩立即送交全部三十五本或連旋轉書架盡送亦可其天津北京上海等處概免運費

欲購者祈先寄定銀五兩並立字據言明每月分繳五兩六兩七兩或十兩以清全價幸勿延誤爲要

特製旋轉書架

本館擬向中國廣行發售特在英京重印該書三百部既經齊備以便趕速送交每部三十五本各裝精實木匣匣內鋪用洋鐵板故雖寄往遼遠毫無損壞之虞而裝包等費分文不收現定價値僅不過目錄實價之半且准按月分交所有中國官衙公署學堂以及有識諸公苟欲得泰西萬般智識之一大字林者莫失此好機會也

图16 马贞榆给汪鸾翔的信

5.赠条幅

1909年马贞榆赠给汪鸾翔的条幅，写了孟浩然的两首诗。

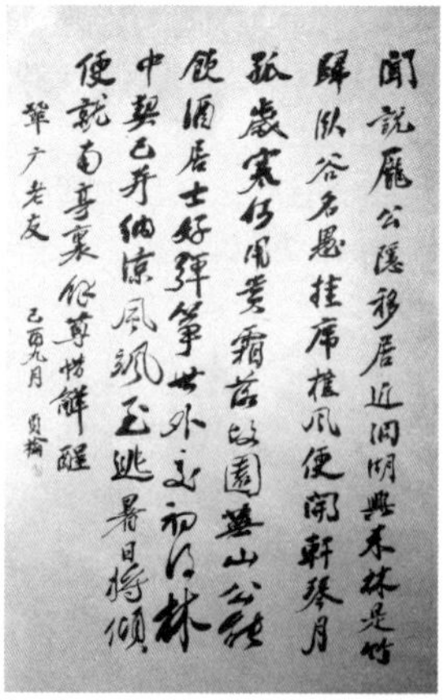

图17 马贞榆赠汪鸾翔的条幅

（五）漆葆熙（荫宗）

漆葆熙（1848—？），字荫宗、少台，广东番禺人。1888年入广雅书院，次年辞院。1895年任广雅书院第三任经学分校。

漆葆熙入学时已年41岁，与汪鸾翔只同学了一年，却很欣赏汪鸾翔的才干，并将女儿许配给了汪鸾翔。1891年漆葆熙和汪鸾翔分别在广东和广西中举，同时漆葆熙的门人双寿在京兆中举，漆葆熙自书门联曰“舅甥济美东西榜；师弟齐名南北闱”，一时传为广雅佳话。1893年汪鸾翔迎娶漆氏，漆氏入门后即撄疾，数年后逝世。

（六）顾臧（君用）

顾臧（1872—1926），字子洪、君用。广东番禺人。1888年入广雅书院。顾臧为梁鼎芬的中表昆弟。1889年顾臧随梁鼎芬到了湖北，为张之洞首次派出留学日本学习军事的学员之一。回国后曾在四川、东北、两江等地任军事官员。辛亥革命时为镇江象山炮台主官。1917年与汪鸾翔相遇于北京，常有诗信往来。下列是从汪鸾翔诗集中摘录的有关诗作目录：

《燕市逢顾君用（臧） 丁巳冬日》（1917）

《丁巳冬至燕市遇君用即送之南旋》（1917）

《得顾君用（臧）自苍梧来书却寄一首 丁巳》（1917）

《得君用苍梧舟中杂诗即和原韵二首》（1917）

《近诗四首录清君用学兄吟正》（1917）

《赠顾君用 戊午七夕前三日》（1918）

《燕市逢顾君用，用前韵再赠一首》（1919）

《八月二十四日和顾君用〈中秋独游沈阳城外〉原韵》（1922）

《顾君用以雪夜怀姜观察文程长歌见示，奉寄一首》（1922）

《顾君用自辽阳以沈阳谒陵诗见寄，奉答一律》（1922）

1926年顾臧病逝于天津，汪鸾翔写了挽诗和挽联。

闻顾君用（臧）客死津门，哭之以诗 五月

年来已觉生死忙，未觉如君死可伤。才大何曾片时用，书成空剩万言长（君昔留学日本成城学校，归国后著《治旅述闻》三卷）。谈兵尚欲偕鹰隼，贳酒频闻典鹔鹴。照眼火云惊一哭，只今笙磬更微茫。

挽顾君用

治旅溯当年，学就未为天下用；
高风振颓俗，名成不惜此身捐。

顾臧逝世后，汪鸾翔见到了他遗留的信札也感慨地写了一首诗，《燕市得亡友顾君用遗扎感书一律　庚午四月》（1930）。

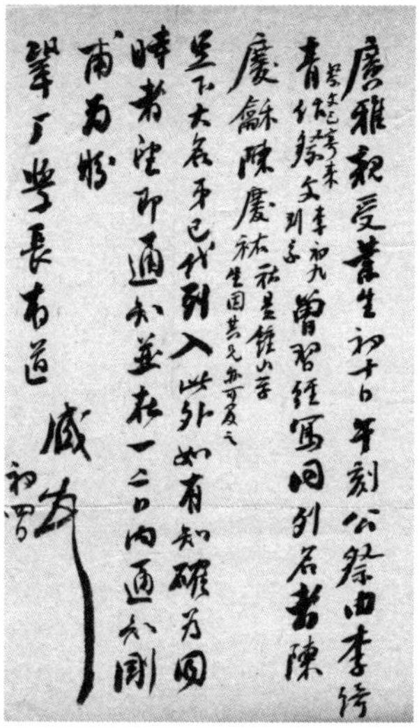

图18　顾臧给汪鸾翔的信

汪鸾翔还留存了两封顾臧的来信。其一为广雅亲受业生公祭之事写给汪鸾翔的信。信中将陈庆佑（“佑”写作“祐”）也列为亲受生，并注明“祐是钟山学生，因其兄亦可及之”。1894—1895年梁鼎芬曾是南京钟山书院山长，陈庆佑是钟山书院学生，虽不是梁鼎芬的广雅亲受生，也能算是梁鼎芬的亲受生，所以列入名单。由此证明了信中所写的被公祭人是梁鼎芬，写信的时间是1920年初。

另一封信写的主要是为竹根亭夫子做寿之事。信中并未明确署明时间。从汪鸾翔与顾臧再次相逢是在1917年，而信中所涉及到的人名都是广雅书院同窗，竹根亭夫子则是梁鼎芬（竹根亭为梁鼎芬名号之一，其它还有耻堂、病翁、鹿亭等），梁鼎芬将于戊午（1918）六月六日六十大寿，信中提到顾臧将于五月底到京，综合几方面的信息，写信的日期就应该是1918年。

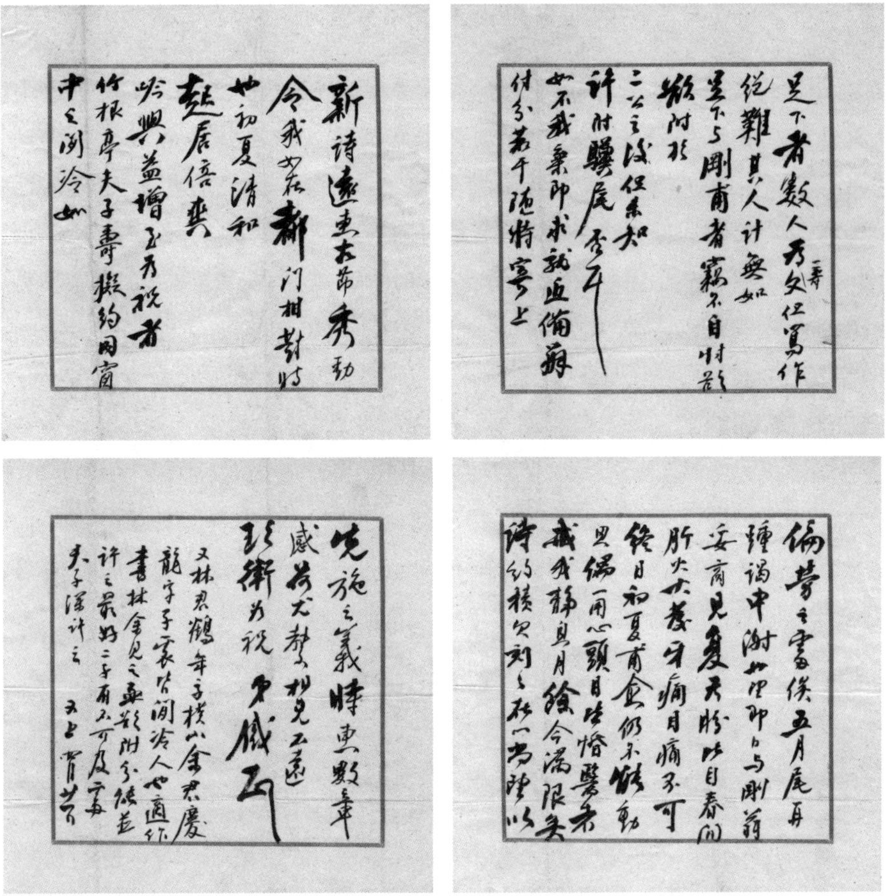

图19 顾臧的信四封

（七）桂坫（南屏）

桂坫（1867—1958），字南屏，南海人。早年入读广雅书院和学海堂。1891年中举人。1894年举进士，入翰林院，授检讨，曾任国史馆撰修官、浙江严州知府。1915年任广东通志馆总纂，先后参加撰修《南海县志》《恩平县志》《西宁县志》《广东通志》和《广州人物志》等，并著有《晋砖宋瓦室类稿》《科学韵语》《说文简易释例》等。

后来桂坫去了香港，与汪鸾翔长期失去联系。1954年底，汪鸾翔从友人刘棨园处得到了桂坫的消息，便于1955年2月写了《寄桂南屏坫同学香港　乙未》诗，托刘棨园转寄香港。诗中回忆了广雅书院生活。

寄桂南屏学兄香港

早岁驰驱翰墨场，晚年真似鲁灵光。惯谈瀛海神州小，频对青山夏日长。多暇偶勤笺草木，避烦常懒露文章。回思弦管潺湲处，默钓幽寻可暂忘（广雅书院清佳堂前联曰：“故作轩窗挹苍翠，要将弦诵答潺湲。”张文襄手书。其东南小亭联云：“青竹时默钓，白云日幽寻。”袁思韡书。辛未夏日，吾弟千仞重游，堂与亭皆圮址，二联更不可寻。书之以志慨）。

桂南屏有和韵。

和公严兄原韵　乙未春　南屏

早岁平城翰墨场，雁行飞舞有辉光。新吟朗诵欢无极，旧句回思味正长（前在粤得贤昆仲唱和诗）。行道救时凭后杰，通经学古即文章。八千边路吟风雨，北辙南辕两不忘。

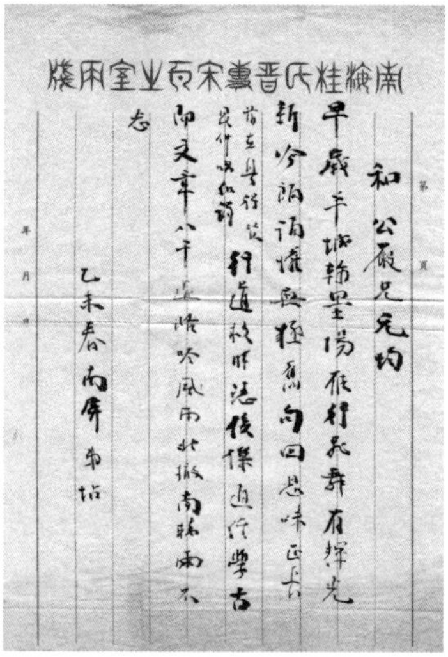

图20　桂坫和汪鸾翔的诗

1956年4月汪鸾翔收到桂坫寄来的《自题画兰》诗，也有和韵。

自题画兰　桂坫　南屏

荒寒骨相不能移，空谷无人寄一枝。

寥落数行传画稿，孤花长与共襟期。
荃化为茅事可知，美人迟暮已如斯。
高风千古称知己，除却灵均更有谁。

和南屏学长《自题画兰》原韵

年年物换与星移，老却天南树几枝。
闲采芳兰供画本，伯牙真喜遇钟期。
幽芳常恐世情知，宁要逢人说项斯。
不惜霜毫工写照，所南而后更称谁。

在汪鸾翔的日记中还记载了多次与桂南屏的唱和。
1955年2月26日日记中有《答桂南屏学兄坫香港见忆之作　乙未》。
1956年4月6日日记中有《和南屏学长丙申春日感旧原韵》。
1956年5月31日日记中有《和南屏学长立夏原韵》诗。

（八）陈庆龢（公睦）

陈庆龢（1869—1958），字公睦、公穆，广东番禺人，陈澧之孙。1888年入院，后乡试得广东副贡，继续在院学习。1893年升任广雅书院第二任文学分校。

汪鸾翔与陈公睦多年失联后，于1943年在北京相遇，作诗庆贺。

谭篆卿兄席上喜晤陈公睦学长　庆龢，兼呈在座诸君子

岭树回看五十秋（余自光绪戊子秋入广雅书院，辛卯冬日离院，距今已五十三年），滔滔人世怅沉浮（余自光绪十八年壬辰入都，丁酉入鄂，丁未以后又挈家来燕，甲戌渡辽，辛巳回京。前后凡五十二年）。偶寻渤海山千叠（自甲戌渡辽至今，已客居九年，辽阳有千山峰峦耸秀），重对长安月一钩（是夕为阴历四月初三，檐月初上），梁木可能无感喟（朱蓉生师逝于甲午，距今已五十年。张文襄师逝于己酉，距今已三十五年。梁文忠师逝于己未，距今已二十五年。当日请业之师今无一存），酒杯聊与暂勾留（篆卿制菜极佳，有名于时，谓之谭菜）。狂言且让吾徒放，各把青灯照白头（座中客多六十以上者，

皆饱经世变，今日犹能以文史相娱，真幸事也）。

1958年陈庆龢九十大寿，汪鸾翔写《寿陈公穆学兄同年九十》为祝。1959年初收到了陈庆龢的自寿诗，就又和了一首贺诗。

《九十感怀》自寿诗　陈公睦

身历人间已耄期，躄孱足蹇叹吾衰。无奇况是成垂老，有病惟求得善医。扫地焚香元好净，浇书拥饭却随宜。岭梅十月花如雪，疏影幽香尚系思（十一月三日生）。

寿陈公穆学兄同年九十，即用其九十感怀原韵

饥溺关怀想旧期，一夫未拯敢言衰。余生有责仍匡国，宿疾能瘳且仗医。书缺尚饶闲可读，饴甘差觉老相宜。年来悟彻安心法，除却哦诗总弗思。

汪鸾翔根据收集的资料，整理了一个陈氏世系图，表明桂坫是陈庆龢的舅舅。

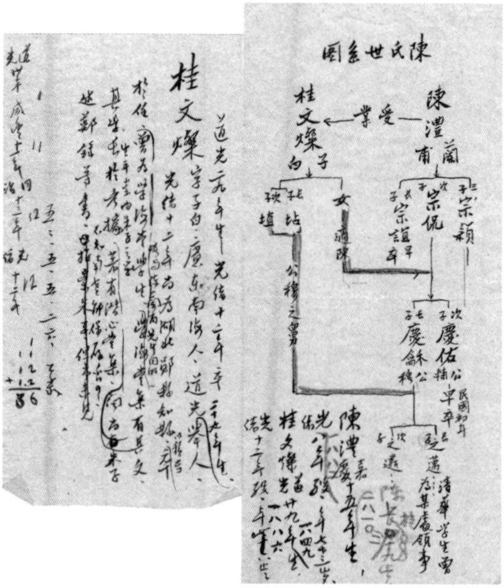

图21　陈氏世系图

（九）陈庆佑

陈庆佑（1877—？），字公辅，广东番禺人。陈庆龢的胞弟。1893年入院，次年参加广东乡试考取副贡。1897年尚未辞院。

汪鸾翔存留有陈庆佑的信件，时间待考。信文曰：

节师所谈广雅同人照像兹送一览，览毕掷去手带返为荷。敬请

巩庵学长撰安　弟庆佑顿首　双云精舍

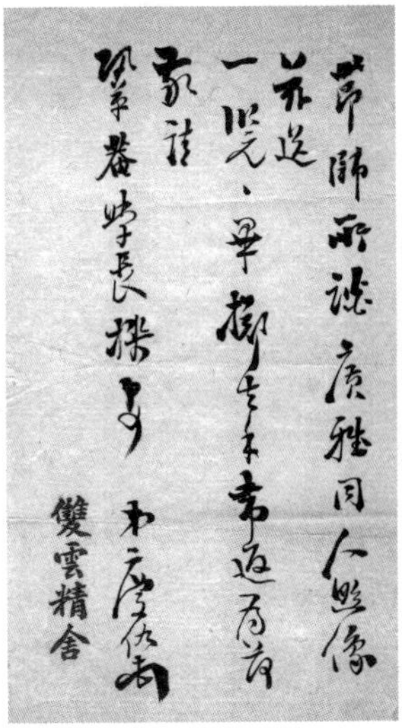
節師所談廣雅同人照像兹送一覽、覽畢擲去手帶返為荷　敬請

鞏庵學長撰安　弟慶佑頓首

雙雲精舍

图22　陈庆佑给汪鸾翔的信

（十）伍铨萃

伍铨萃（1864—1933），字叔保，广东新会人，广雅书院生员。1889年已丑恩科考取广东乡试第二十九名举人，辞院。1892年会试中二甲第十二名进士。曾任国史馆协修官，广西、云南主考官等。

汪鸾翔留存有一件伍铨萃致刘世骥（铭伯）的信。写信时（1903年）伍铨萃任广西乡试主考官，试后返回广州。收信人刘世骥，字铭伯，广东人，在广西为学政，乡试时为陪考官。信中伍铨萃请刘世骥代购桂林皮蛋，并托人带回广州，交西关光雅里东头伍太史第。这一份很普通的信件对汪鸾翔来说是很有意义的，所以收藏了，因为要托带物的人是汪幼芸，即汪凤翔。汪鸾翔、汪凤翔兄弟全家先已移居广州，是年汪凤翔回广西参加乡试，试后仍返回广州，因此可托其带物。这封信的意义还在于：一直以来，只见汪凤翔用字千仞。而在《广雅书院同舍录》中则记有："汪凤翔字幼芸，又字千仞。"可见在其早年曾字幼芸，但以后不再用了。此信是见证了汪凤翔曾用字幼芸的唯一证物。

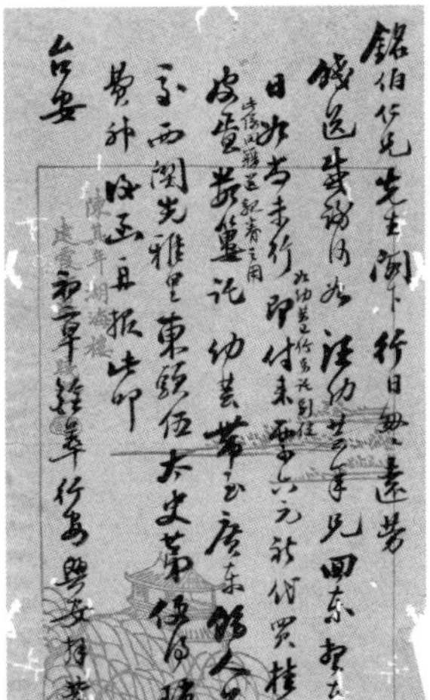

图23　伍铨萃给刘世骥的信

以上从汪鸾翔《秋实轩诗词集》及遗物中摘录出的点点滴滴，雪泥鸿爪，连缀成一幅广雅书院师生、同窗间的终身交往图景，其中浓厚的情谊经久不衰，感人至深。

论广雅书院首任院长梁鼎芬

李吉奎
（中山大学）

清光绪十四年六月初八（1888年7月16日），两广总督张之洞创办的广雅书院正式成立，行开学典礼。梁鼎芬被聘为广雅书院院长，有关著作都有记述，但张之洞何以看上他，在院长任内有什么作为，与继任院长朱一新二人之间关系怎么样，凡此，均未见记载。首任院长角色非同一般，他在张之洞领导下起开山作用。作为晚清洋务运动殿军的张之洞，是总督群体中的政治强人，不论是在两广还是后来的湖广，他都积极推动教育事业，但在两广，亟亟于创办广雅书院，除了作育人才之外，他还有别的意图吗？这也值得讨论的问题。

一

两广总督阮元在任时，为广东的文化教育办了四件大事：创办学海堂，拓修贡院，纂修《广东通志》与编刻《皇清经解》。为办成这些事，他集结了省内外一批学者，也通过这些设施，将岭外的学术水平大为提高，迅速与内地接轨。但是，经过数十年内忧外患的冲击，到中法战争之际，昔日发达的气象，已不复再现。故当中法战争结束之后，张之洞腾出手来，一方面筹设枪弹厂、造币厂、铁厂与纺织厂等企业，另一方面设广雅书局，创办海陆师学堂，整治学海堂、端溪、金山等原有书院，并于1887年8月5日，奏陈创建广雅书院[①]。

① 奏折内称："善俗之道，以士为先。致用之方，以学为本。欲端民俗，盖必自厚士始。士风既善，人才因之……臣以文学侍从之臣，过蒙圣恩，滥忝兼圻之寄，才识迂绌，无所建明。至善俗，储才之端，职所当为不敢不勉。因于广东省城西北五里源头乡地方择地一区，（转下页）

奏折明确陈述创办书院目的、选址、规模、图书设备、办学指导思想、原则，以及创办后运作的常年经费来源。两广督署原辖的最高学府端溪书院、学海堂的维持，也予以具体保证。

新创办的书院之所以称之为广雅，据《抱冰堂弟子记》所载梁鼎芬的说法，张开府两广，设书院书局，皆以广雅名，又以自名其堂，广者大也，雅者正也，大而能正，公（张）无愧焉。梁氏的说辞是否张之本意，无从了解。不过，张之洞是办实业的人，他立身行事应有一个参照数，新的时期督粤，其设施当较阮元而过之。阮元拓修贡院，张也办了此事。阮元编刻经解，张则办书局出书。张未能如阮元纂修通志，但他办了新式企业与军事学堂。至于他创设广雅书院，则不无与学海堂有先后辉映之意，其规模固不待言，即办学宗旨，他认为学海堂，"以通经学古之方，训迪多士"。而广雅书院，"在讲求经义史事，身心经济之学"，其院内功课，包括经学、史学、性理之学、经济之学与词章之学，皆各有要求，"其大旨总以博约兼资，文行并美为要

（接上页）其地山川秀杰，风土清旷，建造书院一所，名曰广雅书院。考江西白鹿洞书院、湖南岳麓书院，皆远在山泽，不近城市，盖亦取避远嚣杂、收摄身心之意。广州省会，地狭人哤，尤以城外为宜。计斋舍二百间，分为东省十斋，西省十斋，讲堂、书库一切具备。延聘品行谨严、学术雅正之儒，以为主讲，常年住院，定议立案，不拘籍隶本省、外省，总以士论翕服为主，不得徇情滥荐。调集两省诸生才志出众者，每省百名肄业其中，讲求经义、史事、身心、经济之学，广置书籍以备诵习……丰其膏火，每月两课，校其等差，优给奖赏。道远各府州，分别远近加给来往盘费。总令其负笈住院，静以读书，可以自给，免致内顾为忧，纷心外务。院内课程，经学以能通大义为主，不取琐屑；史学以贯通古今为主，不取空论；性理之学以践履笃实为主，不取矫伪；经济之学，以知今切用为主，不取泛滥；词章之学，以翔实尔雅为主，不取浮靡；士习以廉谨厚重为主，不取嚣张。其大旨总以博约兼资、文行并美为要归……严立规条，责成监院考察约束，违者即行屏黜。欲其不分门户，不染积习，上者效用国家，次者仪型乡里，以仰副圣天子作育人才之至意。其书院常年经费甚钜，臣以多年积存廉俸、公费等项捐置其中，并顺德县沙田充公之款，南海绅士候选道孔广镛等捐款，发商生息，岁共得息银七千一百五十两。查黄江税厂羡余历年即以提充端溪书院经费，自改章后征收较旺。上年臣奏定三六平余一项除支销外尚有赢余，即于此款内每年拨银五千两。又于红蓝变价充公项下每年拨银五千两。拨款、息款共岁得一万七千一百五十两，以充书院师生膏火、监院薪水、人役工食、一切祭祀、岁修杂费……其旧有端溪书院，臣已檄饬道府酌提书院本款，就原有规模休葺完整……以存旧观。学海堂年久未修，亦经饬司量为葺治，于原设专课生十名之外增设十名，会课改为每月一次，责成学长申明旧日章程，以期无废前规。"见高时良编：《中国近代教育史资料汇编·洋务运动时期教育》，上海教育出版社，1992 年，第 771–773 页。

归”。他不用学海堂八学长制，而是例设院长，后又以院长事繁未必能事事顾及，11月12日又札行，改为提调设立分校四人，襄助院长阅卷讲授，相应对前述五类课程定为四门（经学、史学、理学、文学）[①]。为何取消“经济”一类呢？经济之学，原拟要求是“以知今切用为主，不取泛滥”。用现在的话语，经济之学是研究当前问题以筹解决方案的学问。这是国家的迫切需要，是有现实性又有前瞻性的学科，是中国近代社会转型的产物。自1861年洋务运动启动以来，早期维新派已经做了不少工作，张之洞不会无动于衷。他经历了中法战争，虽未积极参与海防塞防之争，但身膺疆寄，不能不努力筹防，从基本做起，他还纠集力量包括指示中法越南划界，坚持主权谈判底线，如维护白龙尾岛主权，在沿海（含海南岛）开辟港口，增设炮位，制造军舰，还实施朝廷要求，编制《粤海图说》。但是整个社会浑浑噩噩，尚谈不到改革政治的问题，而书院学生若围绕社会种种弊端放言高论，或形诸笔墨，流入社会，贻人口舌，岂非自讨苦吃？张之洞作为曾经的清流领袖之一，这点政治灵敏性还是有的，与其设置可能造成“泛滥”的经济之学，不如做实际工作，所以，退了回来，很快改变方案，由五类改为四门，这大概可以视作张之洞早期“中体西用”的方略构思。

---

① 张之洞于光绪十五年十月廿一日札饬书院，称“广雅书院一切学规章程，皆经手自裁定，极费筹维。两年以来，规模虽已大定，而其中尚有应增应改之处。查书院额设二百人，原分经学、史学、理学、经济四类，又兼习词章专门之学，各擅其长。且院地极广，事务极繁，仅掌以院长一人，几至日不暇给……未免过于劳瘁……本部堂详加酌量，应于院长之下，另设分校四人……以分其勤劳……今定为经学、史学、理学、文学四门，分设四馆，经济学附于史学馆内，各设分校一人……诸生平时讲习一切，院长间有未暇，即可请益于分校，并专取诸举贡生员，不选通籍之人，庶与院长名位有所区别维系，于诸生言语可以相通，讲解较易为力……至四学分校，本应在院中诸生内择其力学出群、年龄稍长者为之。第开院未久，诸生中未能各学均有胜任愉快之人，应俟三年之后，诸生……学问日进，嗣后著为定章，分校均在肄业诸生内升拔延订，不另延院外之人……每馆每月支送修金银四十两，伙食银十两，共五十两”。见前引高时良编：《中国近代教育史资料汇编·洋务运动时期教育》，第805–806页。又亲定学规二十七条，后续增十条。如第八条“敦行”：入院诸生，先行后文，务须检束身心，激发志气，砥砺品节，率循礼法。理求心得，学求致用，力戒浮薄，归于笃厚。谦抑谨饬，尽心受教。由院长及监院随时考核，察其行检是否修饬，分别劝惩。第二十三条“正习”：院内诸生不得恃才傲物，夸诞诡异，诋毁先儒，轻慢官师，忌嫉同学，党同伐异，以及嬉荒堕废。如有不遵，即行屏斥院外。”见前引高时良编：《中国近代教育史资料汇编·洋务运动时期教育》，第777–780页。

二

岭南学风的特点是汉宋兼治，无明显的门户之见。阮元继承了这个传统，培养大批通儒。张之洞事实上也维护了这种传统，梁鼎芬的办学思想，至少从表面上看，与主官别无二致。张梁二人的最初交往，可能是在1884—1885年间，据传是经张氏门人杨锐介绍。1884年5月，翰林院编修梁鼎芬弹劾直督北洋大臣李鸿章在中法战争中骄横奸恣，罪恶昭彰，有可杀之罪六。同月，张之洞由晋抚擢署督两广（8月实授）。张梁订交，可能即在张陛辞时。梁非清流派，而所行近之，故张梁相得。10月间，梁南归省墓，次年初始返京。其间，梁曾代张督代拟了八份奏折和一份附片，涉及到中法越南战事及政治弊端多方面，则此时梁氏当在督署充幕客也。

梁鼎芬返京后，仍在翰林院供职。1885年7月间，清廷追究上年他参劾李鸿章之事，以“污谤大臣，予以严议”，寻降五级调用，实际是被罢黜了。这年鼎芬27岁（虚龄）。11月间，他回到广州故里。虽说此后“无官一身轻”，但对自己以言贾祸，仍是心中积郁不平。在抵家（榨粉街）后所写的答谢亲旧的诗中写道：“归来正及梅花日，行李双囊剑与琴。里巷各惊臣貌少，亲知同叹主恩深。敢言先辈追郑智，长奉遗书学蔡沈。风雨闭关勤自省，慎言节食是良箴。”“玉堂清昼五年余，棲凤闲坊仕隐居。亲殁久应辞禄早，官卑不觉上书愚。移山填海古常有，制虎驱狼今已孤。万里修门今梦到，署名从此号‘菰庐’。”[①]事实上，对梁氏而言，除了妻子龚氏不在身边外，其他方面，并无不惬意之处，在广州老家，他有许多学术界的长辈和同学、朋友，时常文酒交会，或到母校菊坡精舍，或到学海堂与侪辈过从。更重要的，是督帅张之洞对他的信任。张氏本色是书生，爱才。既不能立即任梁鼎芬为行政官员，以招物议，只能用其所长，去书院当山长。1886年4月，鼎芬被任命主惠州丰湖书院讲席。一切布置方定，正欲有所展布，次年夏，又赴肇庆任端溪书院院长。他在端溪书院，刊刻先哲遗书二十种为《端溪丛书》。到院不过两个月，张督便奏陈创建广雅书院。或许张已私下向鼎芬打了招呼（10月间梁曾返省一行），故鼎芬心思并不全在端溪书院教务，1888年春，曾往长沙、武昌，回来后即被张督任命为广雅书院院长。

---

① 吴天任:《梁鼎芬年谱》，广东人民出版社，2018年，第41页。

梁鼎芬之被任新创建的广雅书院院长，于两广而言，可谓深庆得人。这所书院奏准开办，由督署料理，档次不低于已趋于衰落的学海堂。办学一定要选好校长，这是常理。张之洞对广雅书院人选的确定，除学术水平、办事能力，还需要考虑该人与自己的关系。如上所述，自1884—1885年以来张梁从认识到幕客再到主从关系，已有相当的了解和试用期。而且，张之洞于1863年（27岁）中进士、入翰林院，同一履历，梁鼎芬在1888年（22岁）中进士，在当时的官场中，梁称张为前辈。既有前后辈的等差，至少在行为形式上后辈对前辈应恭谨适度。现在加上主从关系，用梁，大体上便处于可控范围内了，此其一。梁鼎芬在翰林院呆了五年之后，不论处于何种动机，居然胆敢严词参劾当时汉员中权位最高的李鸿章，惊世骇俗，为当时在京的清流们所想发而不敢发，足以使张之洞引为同调或同志。梁既已成为入幕之宾，张并一再任为山长，便不顾及李氏集团的态度，继续用下去。包括梁的朋友在内的朝野人士，都不相信朝廷会长期冷落他，故心情平复之后的梁鼎芬，其热络的活动不稍杀于往昔。当然，谁也未能料到，直至庚子拳变，期间虽经保荐，朝廷格于李氏仍然存活，并未起用梁鼎芬，这是后话了。总之，由于志趣相投，张之洞不但任用梁氏在广东当书院山长，即使以后在湖广、在两江，仍然让他干这老本行，而且取得不俗的成绩。此其二。为官一方，虽至愚者亦不能不搞一些政绩工程。张之洞之刻书、办书院（他心目中当时的两广最高学府），慎造人才，自然是以本土俊彦为上选。在当时，可以说，广东本土的学者，功名、地位、影响力三项兼而有之者，除梁氏外，别无其人。梁未进学海堂，但他是晚清岭南两大儒（朱次琦、陈澧）之一陈澧的学生；陈澧又是梁氏外曾祖父张维屏（南山）的学生[①]。陈澧是学海堂八学长之一，同时又是广州菊坡精舍山长。陈澧对于自己的学术旨趣，态度较为明确，也即摆脱传统的门户之见，调和汉宋。严格说来，这也不是他的发明，他在接受主菊坡精舍讲席一职之后，便说："澧既应聘，请如学海堂法，课以经史文笔"。有韵为文，无韵为笔，文笔，即是词章。陈澧（也可代表学海堂与菊坡精舍）、梁鼎芬既有师承关系，梁对陈门弟子的吸引力，或引入书院任教，使广州士流认同张之洞广雅书院四门功课概念的方案成为顺理成章。广雅书

① 据载，张维屏为学不袭陈腐，不为穿凿之考据，不开门户之事。见刘玉才：《清代书院与学术变迁研究》，北京大学出版社，2008年，第163页。

院注重研习经书，但已不专讲考据之学。说学海堂、广雅书院课“经史文笔”“经史诗赋”“经史词章”，不专课时文（制艺、八股文），并不是让学生不研习时文，时文是科考必试，而科考又是书院成绩优劣的标志。除了四门功课，学生们有足够的时间去从事时文习作。此三也。有此三点，梁之可用至明矣。

三

梁鼎芬掌广雅院事后，率端溪书院经古诸生移居省城，其专课时文学生，则仍留肇庆。用今日行话，大致意思是，梁带走一部分学生，连同新选两广高才生进院，以经史词章课士，广雅书院将办成研究型的学院；留在端溪原校的部分学生，连同新招的学生，则专课时文，即习制艺，专研八股文作法，以应科考，博取科名，以争取早日进入仕途，端溪书院与全省大多数书院相同，仍为应试教育场所。应该指出，张、梁此举，并非不顾该院后续发展，此前的1886年4月，张之洞即札饬整顿端溪书院，修葺斋舍，改订课程，时文外兼课经史、古文之学。此固为分家做准备，但也是为改善学习、住宿条件，为时文专课生扩大修业的范围。梁鼎芬离开后，浙江义乌朱一新接长端溪书院；梁北上后朱又接掌广雅，可见张之洞对端溪书院是足够重视的。

据汪兆镛《棕窗杂记》称，梁氏主广雅书院后，“师徒亲若骨肉”，此说当是有据。在张之洞调迁两湖时，梁氏送至镇江焦山，写了一首长诗，题为《张尚书移节湖广送至焦山长歌赠别》（以下简称《焦山赠别》），诗中便写道，张因受朝议不实抨击他调后，梁随之亦去，“诸生流涕追送余，纷纷归去藏村墟”，有点退学抗议院长去职并担心惩罚之意。

梁鼎芬执掌广雅，书院属草创阶段，虽说院长“综理院务”，后又设四分校（教）以分劳；但张之洞并未放松对院务的处理，他在公务之余，间或到书院考业稽疑，时加劝勉。正如在奏设折中所指陈，对诸生考之以严辨义利，课之以博约兼资，期待能救汉宋两学之偏，以戒有文无行之弊。现在已经很难弄清梁氏在书院中设施有多少主导权，但可以认为，他掌院以后公布的有关院事的文件，如果不是他亲自起草，至少也是他认同的。但院事的最终决定权，仍操在张之洞手中。例如，对违规学生的处置，便是由张之洞批准的。当时两广学生200人，由各府州县报上来，取“宽收慎选”的原则，获选自是不易，入院后当严加矜束。广西贵县学生叶启彰以本乡有矿，居然径请矿政局招商开办。张督批示称：“至该生既在广雅书院肄业，辄敢具呈干预公事，无论所言是否，总属有犯学规，业已屏斥出院，仍饬该本籍地方官严加管束。”①广雅书院规模宏大，设施完善，“东壁图书府，西园翰墨林。读诗闻国政，讲易见天心”，学生200人，斋房200间。如此良好环境不潜心问学而遭革逐，实在可惜，何况广西贫瘠，出人才不易耶！

梁鼎芬从菊坡精舍陈澧处（实际也是家学）继承了调和汉宋，不与门户之争的学风，这一点，与广雅书院的精神也是完全契合。书院讲堂立有四块碑，分别镌刻汉许慎《说文解字序》、郑玄《六艺论》与宋程颐《四箴》、朱熹《白鹿洞条约》，明示书院汉宋兼采之至意。梁氏在记述东塾门生故旧时提及，“文孙如小同，不止解凡将”。他在注中写道：“师（按指陈澧）长孙庆龢从游端溪、广雅（书院）两三年，学有家法，品行温雅。”梁之此举，明含报恩提携的用心。他说“吾师接学海，成就难具详”②。不仅如此，梁氏对自己的师父，还利用自己的地位引导自己的学生去膜拜（此事不知是否向张之洞请示过），他上任不过三个多月（1888年12月8日，十一月初六），便率广雅书院弟子去祭陈澧，祭文叙及陈办菊坡精舍的事迹：“讲堂初开，群彦毕集，洞辟门径，变化气质。循逢知归，咸有所则。二十年间，岭学乃立。”③这种超标准彰显东塾学术地位的活动，从某种意义来说，也是向生徒显示自己的学术源头，并向世人宣示学海堂——菊坡精舍——广雅书院的“岭学”传统的承续关系。不过，过分强调这种“岭学”传统，也不见得是张之洞所乐见的，因为他创建广雅书院，有自己的设想，他要新的历史开篇，而不是勉附骥尾。

应当指出，梁氏虽作为一个正途出身的学者，熟悉经史词章，但他可说是“技术官僚”，而不是经师。有位学者指出：“（梁氏）工于为诗，清词丽句，机杼自秉，非近代摹宋诸家所及；骈文次之，散体多不入格；朴学亦非所长；故久主湖院，造就实鲜。”④这种评价准确、到位。所幸梁氏没有在书斋讲堂当

---

① 吴剑杰：《张之洞年谱长编》上卷，上海交通大学出版社，2009年，第241页。

② 梁鼎芬：《答杨模见赠之作》，见黄云尔校点：《节庵先生遗诗》，华东师范大学出版社，2012年，第173、175页。

③ 前引吴天任：《梁鼎芬年谱》，第74-75页。

④ 王森然：《近代名家评传（二集）》，三联书店，1998年，第143页。

经师，才有机会长期追随张之洞办教育，替两广、湖广、两江地区培养了大批人才，留名史册。张之洞是将广雅书院当做自己的一项重要事业来办的。他在接到调任湖广的上谕之后，仍在动身前的1889年11月12日札饬书院设四分校（教），并在到武昌后，仍要求书院将生徒三年内课卷寄湖北供阅示①，对书院常年经费（沙田纳租），与广东当局有所商议②，以确保书院的正常运作，可谓尽心尽力。11月14日，张之洞与新督李瀚章交接完毕，于27日离开广州北上。张氏在广东办了许多实事，自然也花了许多钱。为了办事筹款，便开放了连张本人也曾下令严禁的赌博，此举当然是奏准施行，但最招物议。开赌（以"闱姓"赌博最著）确实是一个极坏的政策，造成此后数十年间域内"广东赌风最盛"，盗贼亦最猖獗的局面。但话又说回来，不开赌，经费从哪里来？张走了，对他本人实际上也是一种解脱。

李瀚章（李鸿章的大哥）接任粤督，梁鼎芬无论从哪方面考量，都不便在广雅书院待下去了，故乘送张赴任，到镇江焦山待了一段时间。行前，他在8月25日率领广雅书院弟子致祭其父母，这事体似极罕见，但他做了。他为送别，写了前述"焦山赠别"的诗篇。全诗是感恩颂德，其中一段，写到他在张氏手下办学之事，有裨史事，引录如下："识公一面记厥初，清词竟日霏琼琚。飨军堂外事已徂，及时课士洵良模。端溪旧院补竹梧，广雅宅地惟番禺。千万间厦才俊储，宽收慎选不滥竽。自恨短浅迷津途，两点讲席无可书。间者论事所见殊，别后一一犹能摹。无端朝议夸纷铺，命公总制移荆湖。贪人视官甚樗蒲，南北万里惟我渔。马昭之心喧道途，且复辟地过须臾。诸生流涕追送余，纷纷归去藏村墟。"诗中表达了对初见即受张氏赏识的感受，支持他办学的反应，以及他对京中非议张氏的反感，归结起来，是二人间有了异样的好感，这也为

---

① 自光绪十六年起，每逢四季，命题封寄粤省，诸生课卷汇送武昌，亲加评阅，定榜寄回，藉觇诸生学业进展，行之凡三年。十九年两广乡试，广雅诸生中试者十八人，闻之而喜。二十年，广雅分校易人，李勤恪犹电询公意，得覆乃定。按广雅课题分经学、史学、理学、文学四门，与初议有经济、无理学者异，当是在粤时改定。见许同莘：《张文襄公年谱》卷四页七十一。

② "书院拨回事现已商妥，由善后局在存款内提银十万两代还田价，书院在田租内分年归还本利，明伦堂已换人管理，以后租息不致拖欠，本年已解上忙银八千余两。工本闱明经堂不敢再请，所欠之租，亦由书院按年分还。总之，不动书院存款，有租可收，办法似与宪谕相合，请纾廑注。"（光绪十六年七月二十八日　鄂督署收到粤藩王之春电）

后来重入张幕埋下伏笔。

四

仿佛曾有预案，梁鼎芬离开广雅书院后，朱一新（蓉生、鼎甫）立刻由肇庆前来广州接替，对此，李瀚章别无异议。梁、朱二人均是以直言被谴者（一新以奏预防寺宦流弊，由御史降为主事）。据梁氏所述："蓉生于鼎芬至厚，定交之日，在乙酉殿上，考差之时。逮其客授端州，往返尤密。乙丑避地数年之久，亦惟蓉生书札至多。老病之际，有电有函，有药费，方以后事为托，何乃至是，天乎人乎！"[①]这是梁于1894年夏朱一新在广雅书院长任上病逝后说的。梁氏为之作挽词[②]，并立即赴上海迎丧（一新浙江义乌人）。梁氏随后在致马贞榆（季立）函中说："蓉生之死，岂独吾粤学子之不幸，亦天下之不幸也。"又谓："蓉生有父母（按朱卒年49岁，父济美，梁氏刻《端溪丛书》时，收入《义乌朱济美先生集》，并为该诗集作"题词"五言诗三首），何可死？世变至此，又何可死？"[③]朱一新是经师，在书院就院内外讨论学术问题结集出版《无邪堂答问》。一新既死，广雅书院院长由东塾弟子、丰湖书院山长廖廷相继任。

从1890年5月开始，梁鼎芬多数时间在焦山海西庵读书。1891年起，张之洞欲聘梁氏主岳州书院，但他婉谢，并谓有四不可，一是病后体况欠佳。二是"无意于世"，此说是真是假不论，因为这年才33岁。他是这么说的："鼎芬无意于世久矣，往者广雅一席，特以南皮交谊，遂忘鄙陋，为之年余，究亦何补于学子？自前年浮海，日与世远，由兹以往，方欲愈深愈密，无知我姓名者，保遗体之清白，存此身于乱世。若复玷讲席，重与冠裳，非我初心。愧予夙役，君素爱我，当亦鉴之！"三是以后岁月得宽闲，当寻讽故书，刊落人事。四是明年想回广东谋事，以作薪火之计。他考虑的还是李瀚章在粤，深有顾忌，尝戏言："私计李瀚章享年七十一矣，一二年后，可以得谥赠官，届期当遄返故

① 《与马季立书》，见前引吴天任:《梁鼎芬年谱》，第111页。

② 挽朱一新："斯人甚贤，未报君父恩，如何瞑目；视吾犹弟，便倾江海泪，难罄伤心。"现在能看到的梁朱关系诗凡八首：《义乌朱济美先生集·题词》《对雨同朱蓉生作》《怀朱一新》《题朱鼎甫拙庵》《同鼎甫观剧》《上海酒楼与朱大（一新）别》《龙王庙问朱一新疾（二首）》《病中问鼎甫》。见前引黄云尔校点:《节庵先生遗诗》。

③ 《与马季立书》，见前引吴天任:《梁鼎芬年谱》，第112页。

乡，觅一静处，设馆授徒，为终老之计。此生便欲与官场隔绝，故万万不可为院长耳。”[①]梁不想出来做官是假，此时为生计正东奔西走应酬，终不是事；即使枯坐海西庵，还不是靠老友、时任苏州知府的王仁堪救济。他实在是在等待什么。终于李瀚章离开了广州，湖南人谭钟麟接任。1894年朱一新去世，广雅书院要任命新院长。鼎芬在丰湖书院时的弟子惠州江逢辰（进士，后与马贞榆等被张之洞聘到湖广任职）写信给梁，告诉一条消息，谭欲用先生重长广雅。鼎芬新进之士，年轻气盛，以劾合肥而受罢斥，名噪一时，正所谓天低吴楚，空洞无物，岂愿在老迈昏聩的谭钟麟手下做事？故他的反应是：“钟麟必要请我归主广雅书院”，“真可笑，昨友人书来亦如此书说，两字说及必悸，但能离开此间，此生永远不主讲席。钟麟昏而胆大，可恶。”[②]此件未押日期，当在甲午中日开战之前。梁氏不想出仕是假的，不想回广雅是真的。陈三立在1893年9月为鼎芬诗集作序便指出他“志极于天壤，谊关于国故”。梁以海西庵为住所，但也去了几次武昌。王仁堪亦鼓励他入张幕。11月，王病故，鼎芬只有向张之洞这边靠拢。11月张之洞署江督，即辟梁为幕府，梁坚辞（似作态），但即使不言大义之责，仅为家口疗饥故，亦不能不破其陈说。从张办事以后，他参与两江备战，并主钟山书院讲席。1899年初，补朱一新遗缺任广雅书院院长的廖廷相卒，鼎芬以东塾同门师弟暨广雅先后院长身份致挽：“礼堂肃穆，学守陈先生，弹指不存，欲觅案头初定本；讲舍凄凉，哀同朱侍御，此身独在，最惊江上未归人。”[③]两位经师、两位继任者，在五年之内相继撒手尘寰，闻此噩耗，遥念凄凉讲舍，能否薪尽火传，仍在未定之天，此身独存的未归人怎能不惊心动魄！此后梁氏言论中，再也找不到他议论广雅书院的话语了。嗣后的百余年间，书院的冠冕楼屹立南天，领袖群伦，人才辈出，这大概是斯时斯地梁鼎芬所未及料到的。

张之洞是在广东历史上大有作为的官员，近年被列入“南粤先贤馆”五十六位先贤之一。在湖广，张之洞锐行新政，他聘梁鼎芬主两湖书院讲席，并参其幕府。史载，湖广学堂林立，言学事，惟鼎芬是问。梁氏尝榜其门联有“楚材必有用，教成君子六千人”语，是与张之洞在粤任鼎芬创办广雅书院为

① 见前引吴天任：《梁鼎芬年谱》，第 88-89 页。

② 同上引，第 412 页。

③ 同上引，第 135 页。

院长，同一路数，即近代湖北办学之先声。书院学生中有包括黄兴在内的一批重要革命党人。有关梁氏主持广雅书院一事，洵属重要，但史料欠缺，以上与创建者并言之，不足之处，希读者指正。

为国家储桢干之才：张之洞督粤时期对梁鼎芬执掌书院的支持

冀满红　吕　霞
（暨南大学　广东第二师范学院）

著名藏书家徐信符在《广东藏书纪事诗》中点评梁鼎芬之于近代书院发展史的贡献时说道："掌教端溪，创设书库；掌教丰湖，创设书藏；掌教广雅，扩充冠冕楼；游镇江，又捐书焦山书藏。所至之地，均倡导藏书。宣统间，复于榨粉街梁氏府第设'梁祠图书馆'。"[①]这番话大致勾勒出梁鼎芬与书院"剪不断理还乱"的关系。梁鼎芬在广东先后执掌三所书院，为近代广东地方文化的流播发挥过重要作用。但需注意的是，梁鼎芬作用的发挥与晚清重臣张之洞密切相关。无论梁鼎芬是执掌丰湖书院或端溪书院，还是任广雅书院院长，都得到时任两广总督张之洞的鼎力支持。对这段时期张之洞与梁鼎芬关系做些探讨，有助于了解晚清知识分子的学术与教育思想历程、经世主义与实用主义精神，也有助于了解近代广东教育的发展演变。

一、慧眼识人：启用梁鼎芬主讲丰湖

梁鼎芬（1859—1919），晚近学者、诗人、书法家和藏书家，广东番禺人，字星海，号节庵。光绪六年（1880）进士。光绪十年，因痛恨李鸿章在中法战争中的主和态度，梁鼎芬上疏光绪帝，参劾李鸿章有六大可杀之罪，请"明正

① 徐信符：《广东藏书纪事诗》，沈云龙主编：《近代中国史料丛刊续辑》(200)，文海出版社，1975年，第197页。梁鼎芬创建"丰湖书藏"在"端溪书库"之前。

典刑，以伸国法而纾众愤”[①]。时梁鼎芬为翰林院编修，李鸿章为直隶总督兼北洋大臣，并身为慈禧太后最为倚重的枢密顾问，身份差距悬殊，梁鼎芬对李鸿章的弹劾无异于以卵击石。尽管当年梁鼎芬并未因此受到重罚，仅奉旨“留中”，但在光绪十一年（1885）追论御史吴峋弹劾阎敬铭之事时，梁鼎芬弹劾李鸿章的“故事”被重新提及，结果被“交部严议，降五级调用”[②]。虽然梁鼎芬弹劾李鸿章的原因与目的尚难确定，但有两点是显而易见的：第一，因弹劾李鸿章的勇气，梁鼎芬获得一定的社会知名度；第二，梁鼎芬断送了在京为官的前程，同年八月，辞官回到广东。

在梁鼎芬弹劾李鸿章的当年，张之洞由山西巡抚升任两广总督。张之洞（1837—1909），直隶南皮人，字孝达，号香涛，同治二年（1863）进士，晚清重臣，早年为清流派领袖，后为洋务派代表人物。同治六年（1867），张之洞被外放学政，所到之处皆重视地方教育事业的发展，创办或整顿书院，以引领地方文化发展为己任。在就任两广总督之前，张之洞在山西巡抚任上针对山西士气衰微、学风不振与人才不足的现实，仿照诂经精舍与学海堂的成例，创建令德堂以培养人才。到任两广总督后，张之洞对两广地区的教育状况表示失望。即便是位于广东省城的曾负盛名的粤秀书院、越华书院与学海堂等，或多或少都存在经费窘迫、后继乏力的状况。张之洞向来重视教育，故而有心整顿两广地区的教育。作为清流派的领袖之一，张之洞尽管在外放过程中已经淡出“清流”印记，但主张改革弊政、整肃纲纪的初衷并没有改变，恰逢梁鼎芬弃官回广东，“以鼎芬敢忤李鸿章，视为‘清流派’中初生之犊，有心罗为己用”[③]。光绪十二年（1886），张之洞聘梁鼎芬主讲惠州丰湖书院。

丰湖书院是广东知名学府，历经数个世纪，为惠州地方培养了大量人才。梁鼎芬执掌丰湖书院后，时任惠州知府的夏献铭前往拜访。夏献铭之所以专程拜访，一是因梁鼎芬弹劾李鸿章的“暴得大名”，再一就是因梁鼎芬是张之洞所推荐之人。可以说，因张之洞的赏识，梁鼎芬得以在广东安身立命，从事书

---

① 梁鼎芬：《参劾李鸿章骄横奸恣罪恶昭彰有六可杀请特旨明正典刑折》，《节庵先生遗稿》，暨南大学图书馆藏，第 1 页。

② 赵尔巽等：《清史稿》第 42 册，中华书局，1977 年，第 12822 页。

③ 智军等：《梁鼎芬参劾李鸿章、袁世凯及其在广东办学等活动》，《广州文史资料》第 10 辑，广州市政协文史资料研究委员会编印，1963 年，第 200 页。

院教育事业。担任丰湖书院院长后，梁鼎芬首先整顿书院的硬件设施，改变“学舍多朽坏，后山墙矮，天暑尤热不耐居”[①]的现状。对书院经费稀缺的问题，梁鼎芬与夏献铭商量，在统筹考虑经济状况和学子的实际情况后，诸生膏火每年以十个月发放，对不在书院居住的学生也给予一定支持。这些措施的实施有力地保障了学子的学习环境与经济待遇，丰湖书院的生额从10名增加到130名。不仅如此，梁鼎芬厘订学规，选定五经读本，重视对学子进行人性本善、事君以忠、理义养心等学说的介绍，更重要的是，梁鼎芬在丰湖书院创办丰湖书藏，对后世影响深远[②]。

梁鼎芬对创办丰湖书藏的热衷，一方面是因其深厚的家学渊源。梁鼎芬祖上有“玉山草堂”藏书，因此对藏书有着天然的亲近感，另一方面与其个人经历有关。无论是早年师从陈澧门下读书抑或是去京科考求仕，梁鼎芬常从师友处借书，他认为“生平稍知文学，皆得借书之力”，故而想“以知好相待之雅，转赠学生”[③]，创办丰湖书藏为学子提供读书、研究之所。在藏书楼建立之后，梁鼎芬大力邀请社会贤达捐赠书籍。梁鼎芬深知，“藏书一道，纵财力雄厚，非一骤可以成功”[④]，何况丰湖书院的经费实在有限。在给其好友缪荃孙的信中，梁鼎芬这样说道：“望广为传播，以冀口有济君之力也。凡同志故交，量力之大小，家藏之多少，随意捐出。”[⑤]对捐书数量，梁鼎芬不作要求，“凡捐书者，自一卷至十卷、百卷、千卷、万卷均可捐入”，对每样捐书，梁鼎芬都在“每书每本上盖某人捐置木印”[⑥]，以突出诸位同僚友朋对丰湖书藏的贡献。丰湖书院丰富的藏书为地方学子提供了可供阅读的书籍与文献，促进了地方文人学士研究风气的形成，“每当柳堤春暖，槐院昼长，野航在门，子衿盈室。或经生对案，证诸说之异同；或吟客摊床，手一编以哦咏”[⑦]，同时也启蒙了原先学风

① 梁鼎芬：《至丰湖书院日记》，前引《节庵先生遗稿》，第54页。

② 冀满红、吕霞：《传统与经世：梁鼎芬与丰湖书院》，《惠州学院学报（社会科学版）》2015年第1期。

③ 梁鼎芬：《梁祠图书馆章程》，前引《节庵先生遗稿》，第93页。

④ 叶德辉辑：《经解单行本之不易得》，《书林清话》卷九，1920年长沙观古堂刻本。

⑤ 顾廷龙校：《艺风堂友朋书札》，上海古籍出版社1980年版，第157页。

⑥ 梁鼎芬：《丰湖书藏四约》，广东省立中山图书馆藏清光绪十四年刻本。

⑦ 李绮青：《番禺梁文忠公配享丰湖苏祠记》，张友仁编：《惠州西湖志》，广东高等教育出版社，1989年，第83页。

未开的地方民众，给惠州带来新的气象。

丰湖书藏之所以能够成功创建，离不开梁鼎芬的鞠躬尽瘁，但也离不开张之洞的支持。如前文所述，梁鼎芬担任丰湖书院的院长，本即源于张之洞对他的赏识。这种赏识不仅是在思想学识层面的共鸣，还有实际行动的支持，建丰湖书院藏书楼时，张之洞捐助了1000两白银用于建设，在藏书楼建好之后，又捐书261种，成为藏书楼的主要捐助者。作为两广总督，张之洞对梁鼎芬的无私支持在客观上也具有名人效应，由此带动广东省属行政官员、惠州地方官员以及邻近知府对丰湖书藏的支持。但值得注意的是，时张之洞与梁鼎芬并未正式会面，相互之间的联络仅通过信件往来。可以说，丰湖书院是在张之洞的支持下，梁鼎芬对广东地方教育文化的初次实践，奠定了此后双方在地方教育文化事业中再度合作的基础。

二、再委重任：调任梁鼎芬主讲端溪

光绪十三年（1887）秋，应张之洞再次聘请，梁鼎芬调任端溪书院主讲。而调动原因，据梁鼎芬在《癸丑浴佛日伯严于樊园招饯林侍郎游泰山题诗何诗孙图上》诗中自注所言，乃是因为杨锐的推荐："余与朱、林两前辈皆不识南皮，三人相继主讲端溪书院，皆叔峤言之也。"[①]"朱"即朱一新，"林"即林绍年，"叔峤"即杨锐。张之洞之所以赞同杨锐的推荐，也是因为张之洞对梁鼎芬主讲丰湖书院以及创立丰湖书藏的认可，希望借助于梁鼎芬之力恢复端溪书院的旧貌。端溪书院位于肇庆高要县，始建于明万历元年（1573），清乾隆初始改名为端溪书院。有清一代，肇庆曾为两广总督驻地，端溪书院成为两广总督的课士之所，招收广东、广西两省学子，颇具规模。但随着两广总督署迁到广州后，端溪书院规制不再，书院院长无心也无力整顿书院，任由斋舍残破以至没落，加之晚清社会动乱，书院损失惨重，"旧存书籍及联额诗歌木片俱散失"[②]，不复往日风光。

端溪书院作为两广总督下辖的行省级书院，张之洞委任梁鼎芬主讲，实际

① 梁鼎芬：《节庵先生遗诗》，沈云龙主编：《近代中国史料丛刊》(744)，文海出版社，1967年，第280页。

② 傅维森编：《端溪书院志》卷一，清光绪二十六年端溪书院刻本。

上在其身上寄托了引领地方文教的重任。到端溪书院任职之时，梁鼎芬深感端溪书院的没落，首先在其熟悉的藏书事业上下功夫。端溪书院原有的藏书楼名为天章阁，又名掞天阁。历经数次火焚水淹，书籍几乎荡然无存，只剩光绪三年（1877）肇庆知府张丙炎捐俸购置的《四库全书总目》200卷、《历朝名臣奏议》320卷等书，藏书几乎从零开始。因为有丰湖书院的成功经验，梁鼎芬对端溪书藏的建设驾轻就熟。为抛砖引玉，梁鼎芬倡议“由院长、监院先捐出数十种，以劝来者”[①]，自己首先捐出《宋元学案》100卷、《朱子语类》240卷、《楚辞》17卷、《东塾读书记》21卷、《读史兵略》46卷、《岭南文钞》18卷等18种书籍。

借助于两广总督张之洞的名声与梁鼎芬的身体力行，响应端溪书院捐赠倡议者为数不少，但群体大致与丰湖书院类似，为地方行政官员与梁鼎芬的亲朋师友，丰湖书院的学子也给端溪书院捐赠了《惠州府志》45卷和《愿学斋集》2卷。在诸位社会贤达的努力下，端溪书院的藏书蔚为大观，次年（1888）藏书总量已达563部9482册，“虽无秘册，而实皆诸生布帛菽粟之需”[②]，与过去有天壤之别。为安置书籍，梁鼎芬设立了数只大书架，后来随着藏书的不断丰富，渐渐增加到37只。梁鼎芬还因利乘便，在原来书院通行的光绪三年（1877）的借书规条的基础上，订立《端溪书院章程》，对藏书管理规则进行补充，并选用专人进行管理[③]。端溪书院的重整为地方学子带来了新的学习机遇，促进了地方文化教育事业的发展与传播。

梁鼎芬在端溪书院除了重视书院的整顿与藏书工作外，另有重要的创举在于创办端溪刻书局，自主刊刻藏书。梁鼎芬深谙书籍在保存传统文化典籍与惠泽后学之中的作用，因而决定创办刻书局。梁鼎芬认为，单纯依靠社会贤达捐赠并不能解决“书荒”问题，主动刊刻书籍不仅有助于保证书籍的流通，而且能够达到“典籍聚散之故，藏书家实扼其枢纽。若爱书以德者，当先知广博之为守，流通之为藏”[④]的目标。这也如张之洞所说：“刻书者传先哲之精蕴，启

---

① 梁鼎芬:《端溪书院章程》，傅维森编:《端溪书院志》卷四。
② 傅维森编:《端溪书院志》卷四。
③ 梁鼎芬:《端溪书院章程》，傅维森编:《端溪书院志》卷四。
④ 陈登原:《古今典籍聚散考》，商务印书馆，1936年，第299页。

后学之困蒙，亦利济之先务，积善之雅谈也。”[①]在梁鼎芬的努力下，端溪刻书局开始刊刻《端溪丛书》，首次刊刻4集20种，包括《孟子字义疏证》《弟子职集解》《墨子刊误》《汉官答问》《近思录》等，多为清人著作。在梁鼎芬的规划中，《端溪丛书》理应在研究思想、传播学问中对学子起到重要的启迪作用，而他亦是以此为要求指导端溪刻书局的刊刻工作的。

但是，刻书并非易事，单是底本的选定和校勘就需时甚久。梁鼎芬在《端溪丛书》刊刻工作开始后不久又被张之洞调往广雅书院，只好委托其好友、继任院长朱一新继续刻书事业。《端溪丛书》第一册在卷首就记录了书籍刊刻的困难：“光绪十三年，番禺梁节庵先生主端溪讲席，以书院余款刊为《端溪丛书》。甫一载先生去院，义乌朱鼎父继之，工未及竣，先生遽归道山，刊赀亦告罄，手民中辍，忽忽六年。”[②]直至光绪二十五年（1899），历时颇久的《端溪丛书》在前后数任院长的努力下，才终究完成。

三、知人善任：聘请梁鼎芬执掌广雅

光绪十年（1884）张之洞刚到两广总督任时，因集中精力应对中法越南战事，无暇分心发展广东地方教育。但是，从其支持梁鼎芬执掌书院的行为不难看出张之洞对待教育与文化的态度。光绪十二年（1886）战事平息后，张之洞将开办书院提上地方教育事业发展的日程。十三年（1887），张之洞奏建广雅书院。对创设广雅书院的初衷，张之洞在《奏请颁赐广东广雅书院御书匾额事》中说：“设立书院之举，窃欲鼓舞士类，维持世风。上者阐明圣道，砥砺名节，博通古今，明习时务，期于体用兼备，储为国家桢干之才。次者亦能圭璧饬躬，恂恂乡党，不染浮嚣近利习气，足以淑身化俗。”[③]从“储为国家桢干之才”的立志可见张之洞从事教育的“初心”。对储人才之所的选址，张之洞特别慎重，在亲自勘察七处之后方才选定，其原因则主要是鉴于丰湖书院尤其是端溪书院发展的弊端——交通地理环境的制约。丰湖书院与端溪书院位于山明水秀远离

---

① 张之洞：《书目答问·劝刻书说》，1930年扫叶山房石印本。

② 傅维森：《端溪丛书》卷首。

③ 张之洞：《奏请颁赐广东广雅书院御书匾额事》（光绪十五年八月二十二日），《朱批奏折》，国家清史工程数字资源总库，档号：04/01/38/0187/005。

尘嚣之地，有利于学子安心读圣贤书，但也因为地理交通不便，产生访学、交往、会友等问题。张之洞希望广雅书院不仅能有让学子安心学习的环境，同时也处在交通便利之地，方便书院、学者、学子之间的交往。

广雅书院于次年七月落成，梁鼎芬被张之洞聘为广雅书院院长。梁鼎芬率端溪书院经古诸生并入，出任首任院长。之所以将端溪书院经古诸生并入广雅书院，不仅是为诸位学子提供相对优越的学习条件，而且也与广雅书院的学术研究方向相关：研究经古之学，培养纯正的儒家学者，出为国家栋梁，退为乡里中坚。正是出于这样的考量，广雅书院从创办起就沿袭传统行省书院的规模与功能，招徕两省学子。光绪十五年（1889），梁鼎芬邀请缪荃孙到广雅书院参观，后者深感广雅书院“气局宏敞，为地球上书院之冠”[①]，由此可见在两广总督张之洞大力支持兴建下的广雅书院非同一般。

广雅书院作为传统书院的典范，具有同时代书院无法比拟的优势。梁鼎芬常年驻院，主持全院事务，但在实际事务处理过程中，从课程安排、制度设计、品行考核，梁鼎芬皆与张之洞商量办理，甄选、管理、考核均十分严格。张之洞对广雅书院事必躬亲，乃因广雅书院也寄托了张之洞敷陈教化、研制学术的理想。在张之洞与梁鼎芬的努力下，当时的广雅书院集中了两广地区的优秀学子，致力于传统学术与时务的研习，力图对国家与社会发展有所裨益。值得注意的是，尽管广雅书院承袭了学海堂的治学思路，也围绕科举制度授课讲习，但因张之洞与梁鼎芬“经世致用”内在管理理念，广雅书院的学子并未因此成为科举制度的附庸而丧失从事教育与学术研究的立场。广雅书院的教学模式也为此后融汇中西的学堂的建立奠定了基础，成为晚清广东、广西两省造就人才的重要场所。

广雅书院与丰湖书院、端溪书院在管理上的一大不同点在于其推行“新旧兼陈”的教育体制。除院长之外，另设立分校，分校的地位仅次于院长，四位分校分别讲授经学、史学、理学与文学。分校的设立减轻了梁鼎芬的讲学重任，因此可以将更多的精力投于他的一贯兴趣所在——广雅书院的藏书事业上。广雅书院的藏书楼名曰“冠冕楼”，取自杜甫《送翰林张司马南海勒碑》诗中“冠冕通南极，文章落上台”之意，楼匾由张之洞亲自题写。冠冕楼楼身“广

① 缪荃孙:《艺风老人日记》第1册，北京大学出版社，1986年，第114页。

逾袤丈，高将十寻，虚楹停云，明窗通旭”[①]，分东西两楹以藏庋图籍。根据既往经验，梁鼎芬向社会贤达倡议捐献书籍，冠冕楼的藏书工作进展特别顺利，这在很大程度上得益于梁鼎芬的悉心经营以及作为两广总督张之洞的人脉资源。与丰湖书院、端溪书院的捐赠相比，冠冕楼的捐赠不仅社会影响更为广泛，而且受捐书籍种类更为丰富，价值更为重要。加之有相对充足的经费，梁鼎芬也有底气向全国各地广泛求购珍本、善本，出于交谊、人情抑或善心，“四方珍异孤本，莫不麇聚纷来”[②]，冠冕楼因此也得以收藏不少宋元旧椠，也在短时间内基本齐备康、雍、乾三朝所编的重要典籍，各大丛书如《知不足斋丛书》《粤雅堂丛书》《海山仙馆丛书》以及《二十四史》《十三经注疏》《皇清经解》等，皆备有三四套，通行图书则必配有两套，供广东、广西两省学子借阅，广雅书院师生“到冠冕楼参阅书籍，蔚成读书风气”[③]。

除却社会贤达的捐赠外，冠冕楼还收藏了广雅书局刊刻的图书。广雅书局也为张之洞所奏设，以刊刻“史部、子部、集部诸书”，“考鉴古今，裨益经济，维持人心风俗”[④]为标榜。为营造学术气氛，张之洞有意“延聘通人，甄择秘籍，详校精雕”[⑤]，故而在广雅书局的多为博学鸿才、海内知名之士，如缪荃孙、朱鼎新等。梁鼎芬是广雅书局的总校之一，对书籍的鉴定去取、校勘精审等严格把关。对书籍的选择，梁鼎芬基本沿袭张之洞所规定的刊刻种类：“一、续学海堂经解；一、补史考史史注之属；一、洋务，此须合近日外国纪述及中华人书关涉洋务边海各防者。”[⑥]从刊刻书籍种类的选择不难见张之洞对广雅书局所寄予的厚望，也体现出张之洞及广雅同仁明显的经世倾向。

正是在张之洞的引领下，包括梁鼎芬在内的广雅书局知识分子的共同努力，在梁鼎芬执掌广雅书院的一年半内，刻书22种，所刊刻的《广雅丛书》

---

① 张锡麟：《冠冕楼藏书记》，许衍董编：《广东文征续编》第1册，广东文征编印委员会，1986年，第461页。

② 徐信符：《广雅书局丛书总序》，清光绪广雅书局刻1920年徐绍棨汇编重印本。

③ 周汉光：《张之洞与广雅书院》，广东人民出版社，2012年，第316页。

④ 张之洞：《奏为粤省开设广雅书局奏明立案事》（光绪十三年十月二十五日），《朱批奏折》，国家清史工程数字资源总库，档号：04/01/38/0027/018。

⑤ 前引张之洞：《书目答问·劝刻书说》。

⑥ 张之洞：《张之洞致缪荃孙》，国家图书馆善本部编：《赵凤昌藏札》第5册，国家图书馆出版社，2009年，第421页。

“无俗本，无劣工。其选择之精、校雠之善，当世久有定论”[①]，反映出清代朴学在考证、注疏、校勘、辑佚等方面的成就，成为近代以来岭南文化发展的助推剂。

四、张之洞与梁鼎芬的私情与公谊

中国传统儒家的人生哲学讲究修身、齐家、治国、平天下，对深受传统浸淫的知识分子来说，兼济天下是其人生价值的终极追求。换而言之，对国家、社会具有超脱个人利益之外的温情关怀，并为之不懈努力，这或许是中国传统知识分子的固有情结。梁鼎芬与张之洞亦不例外。前者作为在野知识分子，后者作为在朝知识分子，尽管仕途履历各不相同，然而两者存在着共同的学术追求，在传承传统学术、培养地方人才方面具有殊途同归的价值取向。

第一，传承中国传统学术。张之洞与梁鼎芬同作为接受中国传统文化熏陶的知识分子，比较看重传统书院的教化与教育功能。在就任两广总督期间，张之洞对梁鼎芬给予各种方便，不仅支持其先后执掌丰湖书院、端溪书院与广雅书院，对其从事的书院藏书工作也鼎立支持。在晚清内忧外患的环境下，张之洞与梁鼎芬对书院发展的重视，反映出晚清社会变迁中知识分子的道德品性与价值选择：一方面，通过书籍的搜罗、保存、传抄和刊刻满足传统社会对知识传承的需要；另一方面，倡导书院教育这一行为本身反映出晚清地方文化教育的发展与流变，为后之学者考察当时的学术风气及学术潮流的走向提供借鉴。

第二，培养地方人才。书院是中国传统社会培养知识分子的重要场所，也是梁鼎芬与张之洞培养人才的主要阵地。梁鼎芬对书院的斋舍修建、课程安排、制度裁定、品行考核，尤其是藏书工作，初衷都是为培养地方人才起见。以学政外放的张之洞先后在数省任职都与教育密切相关，因此，对地方教育存在问题的洞察，提升地方教育文化水平是张之洞与梁鼎芬共同致力于为地方发展提供人才资源的前提。张之洞的教育理想与梁鼎芬的教育实践相结合，为两广地区培养了大批人才。这些书院培养出的学子在时代变革之中寻求国家与社会变革之路，活跃在晚清民国广东乃至全国的文化与政治舞台之上。

第三，共同的学术追求。强调经世致用是张之洞与梁鼎芬双方志同道合的

① 前引徐信符:《广雅书局丛书总序》。

深层次原因。张之洞作为贯通汉宋的经世学派，以“仁厚遵家法，忠良报国恩，通经为世用，明道守儒珍”[1]为志向。张之洞对广东地方文化教育事业的重视，其实也是张之洞尝试与地方学术传统进行对话的努力。地方文化发展本有其内在的发展理路，张之洞作为重视文化发展的外来者，在长期从事教育过程中已然形成自有的学术人格。但即便如此，张之洞对地方文化的发展也秉承相当宽容的态度，在扶持与倡导地方学术传统的同时，尊重地方文化发展的脉络。而作为“东塾学派”后学的梁鼎芬，就其在丰湖书院、端溪书院与广雅书院的思想倾向来看，已经逐渐偏离东塾学派的既定路径，倡导治学不分畛域，反对汉宋门户之见，主张“化汉宋之名，以圣贤为归”[2]，这在无形中契合了张之洞经世致用的学术倾向。因此可以说，注重发展以学术影响世道人心的新选择，推崇经世致用的学术主张是张之洞在督粤期间大力支持梁鼎芬，以致后来两者成为至交的重要文化因素。

张之洞与梁鼎芬在广东教育中的作用似乎是互相成就的，但两者也有各自不同的关注重点。梁鼎芬最为突出的表现是对书院工作以及书院藏书工作的热衷。自师从陈澧门下始，梁鼎芬就有志继承先辈余绪，访求书籍，致力于文化教育事业发展的决心。在梁鼎芬看来，积累知识、研究学问、传播思想都离不开书籍，书籍是传承文化最为鲜明和最为重要的载体。无论是倡导社会贤达捐赠，还是建立书局刊刻，这固然是为满足学子读书的需要，但也寄托了梁鼎芬文化传承的理想。梁鼎芬在谈及丰湖书藏时也曾说：“数百年后，征求文献，必有到我丰湖者也”[3]，想必其内心也是极为满足与自豪的。在百年之后，梁鼎芬将毕生所藏的书籍建成私人图书馆向公众开放，这一举动更能体现出其价值期许。梁鼎芬的所作所为体现出中国传统知识分子在数千年的道统熏陶中所深藏的道德品性与文化自觉。这也是张之洞后来高度评价梁鼎芬“整饬书院，处事敏果，勤劳强毅，劝惩公允，能得众心，洵可信其实有办事之才”[4]的重要原因。

---

① 吴剑杰：《张之洞年谱长编》上册，上海交通大学出版社，2009年，第23页。

② 吴天任：《梁节庵先生年谱》，台北艺文印书馆，1979年，第57页。

③ 顾廷龙校：《艺风堂友朋书札》，上海古籍出版社，1980年，第158页。

④ 张之洞：《奏为保举降调翰林院编修梁鼎芬送部引见事》（光绪二十五年六月十七日），《录副奏折》，国家清史资源数字资源总库，档号：03/5377/049。

张之洞对梁鼎芬德行品性与学术追求是肯定的、赞赏的，对梁鼎芬在丰湖书院、端溪书院与广雅书院的作为都旗帜鲜明地予以支持。这实际上也是因为梁鼎芬的身上也寄托了张之洞的个人理想：促进地方文教事业的均衡发展，维护晚清风雨飘摇的政治统治。张之洞作为晚清有理想、有魄力的封疆大吏，不仅敢于赏识并重用因弹劾北洋大臣李鸿章而弃官的梁鼎芬，而且在此后也敢于延聘因疏斥李莲英而被慈禧太后斥罢的朱一新，继任梁鼎芬作为广雅书院的院长，可见其深藏的价值理念与道德选择。这也是张之洞在调任湖广总督后继续聘任梁鼎芬作为两湖书院（不久后改为两湖大学堂）院长的原因，此后在湖北的十余年间，梁鼎芬就任湖北学务处总提调，协助张之洞处理学堂、学务和留学问题，同时也作为张之洞的幕府高参，为湖北新政出谋划策，贡献了自己的才智。

论张之洞教士准则之变

——《輶轩语》与《劝学篇》的比较

宋德华
（华南师范大学）

在晚清风雨飘摇的时局中，张之洞是一位起砥柱作用的重臣。他除了以办洋务著称于世外，在教诫士人方面也建树良多。1875年，他在四川学政任上，针对科举考试中发现的问题，写下了训导士人的《輶轩语》；1898年，作为署理两江总督的封疆大吏，面对新旧思想冲突引发的危机，他撰著了分量更重的《劝学篇》，力图为全国士人指明治学的方向。

两书皆以士人应遵守的准则为中心，从德行、学问、举业等三大方面立论，提出了一系列非常明确而具体的要求。特别引人注目的是，前书的基本主张只过了二十余年，就在后书中发生了极为显著的变化。其变既深刻反映了时势发展的迅速与复杂，又尤其可见进取与保守两大思想的交织，堪称分析中国近代思潮变迁一个颇具代表性的案例。[①]

一、德行之变：立大德统小德

士人应将德行置于做人行事的首位，这是《輶轩语》与《劝学篇》的共同取向。《輶轩语》分为语行、语学、语文等六篇，首篇语行所言即为德行，在

① 关于《輶轩语》和《劝学篇》，学界已分别多有研究，但对两者的比较还见之甚少。本文试从张之洞教士准则的角度，对两书基本主张的前后变化做一探讨。

全书中起统领作用。《劝学篇》分内篇和外篇，“内篇务本，以正人心”[①]，讲的也是士人德行，同样在全书中占首重地位。虽同为德行，由于前后境遇大变，其内涵和重点却有很大差别。

撰写《輶轩语》时，张之洞还只是对四川以科举为业的士人进行忠告，所谈德行大致不出科举考试的范围。因此，德行内容注重个人品德的修养，体现了传统文化对士人的基本要求，其显著特点则是并不空谈“宏纲要领”，亦不照搬“儒先教条、学规”，而是紧密结合“今日世风，本省士习”[②]，将对士人德行的要求细化。其条目共十八项，分别为德行谨厚、人品高峻、立志远大、砥砺气节、出门求师、讲求经济、习尚简朴、读书期于有成、戒早开笔为文、戒早出考、戒儌幸、戒滥保、戒好讼、戒孳孳为利、戒轻言著书刻集、戒讲学误入迷途、戒自居才子名士、戒食洋烟等。

就为科举士人立德而言，各条既高屋建瓴，理据确当，又观察入微，切中时弊。例如，要“砥砺气节”：“士人立身涉世，居官立朝，皆须具有气节。当言则言，当行则行，持正不阿，方可无愧为士。乡愿一途，世俗所喜，圣人所恶。然气节非可猝辨，必须养之于平日。惟寒微时，即与正士、益友以名节、廉耻互相激发，则积久而益坚定矣”[③]，对士人气节的必不可少，“乡愿”与气节的格格不入，以及如何培养气节的途径，皆作了清晰的说明；又如，要“讲求经济”：“扶持世教，利国利民，正是士人分所应为”，“国家养士，岂仅望其能作文字乎。通晓经术，明于大义，博考史传，周悉利病，此为根柢。尤宜讨论本朝掌故，明悉当时事势，方为切实经济。盖不读书者为俗吏，见近不见远、不知时务者为陋儒，可言不可行，即有大言正论，皆蹈唐史所讥‘高而不切’之病”[④]，指出士人的本分不在文字，而在学问深厚，明察现实，不要做只会讲空话大话的俗吏和陋儒；再如，要“戒轻言著书刻集”：“士生今日，典籍详备，但当读书耳。读且不能尽，名且不悉知，何暇

---

① 张之洞：《劝学篇·序》，吴剑杰编：《中国近代思想家文库·张之洞卷》，中国人民大学出版社，2014年，第282页。

② 张之洞：《輶轩语·语行第一》，前引吴剑杰编：《中国近代思想家文库·张之洞卷》，第1–2页。

③ 同上引，第2页。

④ 同上引，第2–3页。引者对引文标点略有改动。

言著书哉。四部九流，各种学问，专家成书已如烟海，即以国朝人而论，已难殚述。今人偶有所得，早为前人道及，甚至久为前人唾弃而驳正之矣，尚津津然笔之于书乎。经学尤不可轻言著述，徒为通人所诃而已。必能精通专门之学，读尽专门之书，真有所见出乎其外，方可下笔。至如诗文集，古人名家太多，当世识者亦不少，末学下士既无根柢，又鲜功力，学作之则可，勿轻言刻集行世也”[①]，告诫士人如不能继承和超越前人，没有学问的积累专精和自己的真知灼见，就不要急于著书立说，否则徒劳无益，贻笑大方。这些要求与各种不良习气针锋相对，不仅适合四川士人反省革新，而且对各地士人亦具有指导作用。

到写作《劝学篇》时，著书背景发生了重大改变。最大的变化是，以往全国尚处于萌芽状态的变法思想，此时掀起了不可遏制的大潮。新旧思想尖锐对立，“邪说暴行，横流天下”[②]，对儒学一统天下构成了严重威胁。此时张之洞经过多年历练，由闲职升为重臣，面对汹涌而来的思想文化狂澜，更有了一种全力挽救的责任感。由此，基于对象与身份的不同，《劝学篇》所言的士人德行，就不再是限于科举的小德，而是关乎国家前途命运的大德，其政治性异常强烈，无一不关系到传统核心价值的根本。

这些大德所宣扬的主张，最重要者可归纳为这样几点：

第一，保国最为紧要。保国家、保圣教、保华种三事，其关系是“保种必先保教，保教必先保国”，因为“国不威，则教不循；国不盛，则种不尊”。所以，“今日时局，惟以激发忠爱，讲求富强，尊朝廷，卫社稷为第一义”，“舍保国之外，安有所谓保教、保种之术哉？今日颇有忧时之士，或仅以尊崇孔教为保教计，或仅以合群动众为保种计，而于国、教、种安危与共之义忽焉。《传》曰：‘皮之不存，毛将安傅？’《孟子》曰：‘能治其国家，谁敢侮之。’此之谓也”[③]。这里所说的“国”，实际上就是朝廷。保国家即保朝廷先于一切，重于一切，其他皆在其次，这是张之洞立论最核心的要点。这一保国观，与维

---

① 张之洞：《輶轩语·语行第一》，前引吴剑杰编：《中国近代思想家文库·张之洞卷》，第 5 页。引者对引文标点略有改动。

② 张之洞：《劝学篇·序》，前引吴剑杰编：《中国近代思想家文库·张之洞卷》，第 282 页。

③ 张之洞：《劝学篇上·同心第一》，前引吴剑杰编：《中国近代思想家文库·张之洞卷》，第 285 页。引者对引文标点略有改动。

新派宣扬的以合群救亡为主旨的保国说形成了鲜明的对比[1]。

第二，必须效忠朝廷。理由是本朝自建立以来，厚爱于民，施行过薄赋、宽民、救灾、惠工、恤商、减贡、戒侈、恤军（免民征戍之苦）、行权（免科敛于民）、慎刑、复远（保护海外华人）、戢兵、重士、修法（无亲贵佞幸骄暴横行之害）、劝忠（优待忠义死事之臣）等十五项最大的仁政。这种“宽仁忠厚”的国政，为中国历史两千年之内和西方历史五十年以前所无。有此国政，中国虽不富强，却无论贵贱，人人“自乐其生”，而西方国势虽盛，却民不聊生。因此，“当此时世艰虞，凡我报礼之士、戴德之民，固当各抒忠爱，人人与国为体；凡一切邪说暴行，足以启犯上作乱之渐者，拒之勿听，避之若浼，恶之如鹰鹯之逐鸟雀”[2]。对朝廷歌颂到无以复加的地步，而“各抒忠爱”则与“激发忠爱”前后呼应，并落脚于绝不可“犯上作乱”，其维护朝廷的耿耿之心，表露得更加明显。

第三，纲常绝不可变。纲常之说（包括三纲五常、亲亲、尊尊、长长、男女有别等）皆出于儒学经典，“相传数千年更无异义，圣人所以为圣人，中国所以为中国，实在于此”，故而“知君臣之纲，则民权之说不可行也；知父子之纲，则父子同罪、免丧、废祀之说不可行也；知夫妇之纲，则男女平权之说不可行也”。三纲“中外大同”，放之四海而皆准，欲废三纲必遭各国反对，“今日微闻海滨洋界有公然创废三纲之议者，其意欲举世放恣黩乱而后快。怵心骇耳，无过于斯。中无此政，西无此教，所谓非驴非马，吾恐地球万国将众恶而共弃之也”[3]。态度如此坚决，皆因纲常是朝廷统治的精神支柱，既然朝廷不可触犯，纲常当然不能改变，这是一种非常紧密的依存关系。

---

[1] 康有为在《保国会序》中这样写道：“大昏也，博夜也，醉梦不醒，移之甚轻。国无耻心，人无愤情，灯火张夕，金丝万声，红尘扬道，冠盖奔营，而孰知为崇祯甲申之燕市、北宋政和之汴京哉”，“昧昧我思之，惟有合群以救之，惟有激耻以振之，惟有厉愤以张之。我四万万人知身之不保，移其营私之心，以营一大公；知家之不存，移其保家之心，以保一大国。无富贵之可图，无格式之可循，同舟遭溺，同室遭焚，被发缨冠，奔走呼救，宜亦仁人志士所不弃也耶？”（汤志钧编：《康有为政论集》上册，中华书局，1981 年，第 231 页。引者对引文标点略有改动。）在此论述中，民众为国家主人，应以国家兴亡之责为己任的新思想，已呼之欲出，而朝廷的昏庸潜在地成了谴责的对象。

[2] 张之洞：《劝学篇上·教忠第二》，前引吴剑杰编：《中国近代思想家文库·张之洞卷》，第 289 页。引者对引文标点略有改动。

[3] 张之洞：《劝学篇上·明纲第三》，前引吴剑杰编：《中国近代思想家文库·张之洞卷》，第 290–291 页。

第四，民权绝不可倡。今有愤世嫉俗之士“倡为民权之议，以求合群而自振”，此完全是“召乱之言”，“民权之说，无一益而有百害”。无论是立议院，还是开公司工厂、开学堂、练兵，有官权即可，民“何必有权”。今中国百姓尚能自安其业，是因有“朝廷之法”维系，若倡民权，则“愚民必喜，乱民必作，纪纲不行，大乱四起”，“且必将劫掠市镇，焚毁教堂”，不但祸害其身，并且祸害天下。其实，外国本无民权之说，民权应译为民情，“人人有自主之权”应译为人人各有智虑聪明、皆可有为，自由党应译为公论党，由于翻译失误，因而一切皆非。总之，要“强中御外”，只有一个办法，就是“以忠义号召天下之心，以朝廷威灵合九州之力”，此乃“天经地义之道，古今中外不易之理”，“盖惟国权能御敌国，民权断不能御敌国，势固然也”[①]。此点实为纲常绝不可变的延伸，并单独强化了“君为臣纲”这一首要之纲。只要此纲不变，民就只能是臣民，只能受制于代表君权的官权，而绝不能也有自身的权力。

上述四点，归根结底就是一点，即士人的一切德行必须以拥戴和服从朝廷为尺度。凡与拥戴服从相一致，就应遵循和坚守，否则就应坚决反对和抵制。这实际上是一个政治立场问题。受此立场左右，《劝学篇》论德行就不可避免地存在很多偏执、偏袒、毫无理据之处。其目的就是要立起一道铜墙铁壁，将士人挡在所谓异端邪说的冲击之外。

前后两种德行论，看起来变化甚大，其实有着内在的一致性。前者言小不言大，是因为大患尚未呈现，大德只需作为隐而不显或不言而喻的前提；后者言大不言小，是因为大害当前，只有大德才能加以防御，小弊已经无足挂齿。其目的，都是要保证士人成为对朝廷有益无害的人才，而绝不许走上偏离正轨的“邪路”。只不过小德以个人修身见长，而大德直接律以恪守纲常。大德并不排斥小德，而小德必须服从于大德。

比较而言，当《輶轩语》远离政治之时，其德行准则虽偏于琐细，却大有清理积弊的功能效益，不失为提升士人道德素质的忠言谠语，而当《劝学篇》直接以政治信条等同于德行准则的时候，其一心卫道、君权至上的立场就压倒一切，对士人更多起着思想禁锢作用。之所以如此，根源在于随着近代转型，历代相传的大德已日渐背离时代进步的潮流，而身处高位的张之洞自然不能且

① 张之洞：《劝学篇上 · 正权第六》，前引吴剑杰编：《中国近代思想家文库 · 张之洞卷》，第294–296页。

不愿承认这一点。他越是自觉而坚定地维护大德，其僵化性和落后性也就越是显而易见。

二、学问之变：纳西学入中学

德行虽被列为士人准则的首项，却还不是《輶轩语》和《劝学篇》教士的主体。真正的主体，是张之洞极为看重亦极有研习心得的学问之事。无论前书还是后书，论学都篇幅最大，后书更直接以“劝学”名“篇”，通篇以“学”见于小标题者，比比皆是。两书论学不乏相交之处，但也有一个极为鲜明的不同，这就是前者只限于谈论中学，而后者除中学外，还大谈西学，形成了中西并谈的崭新格局。这是一个非同寻常、很有意义的转变。

《輶轩语》成书之年，西学东渐已破冰起航，洋务运动正方兴未艾，何以该书中学满纸，却只字不言西学？揆其缘由，大概与张之洞对西学还知之甚少，与洋务事业尚无交集，而僻处四川、埋头科举的士人亦并无西学之需相关。尽管如此，从学问的角度看，书中对如何学好中学，却的确谈得相当精彩。

这些精彩之见，载于“语学”篇，共列五项主张：一是通经，要点为读经宜读全本、解经宜先识字、读经宜正音读、宜讲汉学、宜读国朝人经学书、宜专治一经、治经宜有次第、治经贵通大义；二是读史，要点为宜读正史、正史中宜先读四史、宜读通鉴、宜读通考、史学亦宜专精一种、读史宜读表志、读史忌妄议论古人贤否和古事得失、读史忌批评文章；三是读诸子，要点为读子为通经、读子宜求训诂看古注、读子宜买丛书；四是读古人文集，要点为读古集宜知体要、词章家宜读专集、文选宜看全本、选本宜择善者；五是通论读书，要点为读书宜求善本、读书宜博、读书宜有门径、读书宜多读古书、诸古书宜分真伪、读书宜读有用书、宋学书宜读《近思录》、为学忌分门户、作秀才后宜读书、读书不必畏难、读书勿诿记性不好、读书勿诿无书无暇、买书勿吝、读书期于明理和归于致用。各要点之下，大多有详细的解说[①]。这充分表明，张之洞不仅满腹经纶，精于学问之道，而且具有不囿于前人、敢破除时弊的批判精神，可谓真爱亦真懂中学。然而，无论怎样精彩，“语学”而不语西

① 张之洞：《輶轩语·语学第二》，前引吴剑杰编：《中国近代思想家文库·张之洞卷》，第6–20页。

学，这在当时都是一个很大的缺失，跟不上学问领域已经和正在迈出的中西互动的新步伐。

撰写《輶轩语》之后，张之洞治学为官逐渐发生了很多大的变化。他多方受到西学影响，完成了从清流派到洋务派的转变，由谏官学官升为督抚大员，并成为后期洋务运动的领袖。这些变化与剧变的时局交织一起，促使他在《劝学篇》中重新审视学问之道，不但对如何治中学别出新论，还更将如何处理中西学关系作为治学枢纽，提出一整套独到的见解，堪称学问观的一大飞跃。

《劝学篇》的中学新论，着重强调两个方面。

一方面，必须将学术统一于孔孟之道。春秋战国时诸子蜂起，使“道术分裂”，弊不胜数，还是应实行汉武帝之法，“屏斥百家，一以六艺之科为断”。正如董仲舒所说“正朝夕者视北辰，正嫌疑者视圣人”，“若不折衷于圣经，是朝夕不辨，而冥行不休，坠入于泥，亦必死矣”。但解说“圣经”，也因时因人而异，其中多有“非常可怪之论”，“实有不宜于今之世道者”，解决的办法是“诸经之义，其有迂曲难通、纷歧莫定者，当以《论语》《孟子》折衷之。《论》《孟》文约意显，又群经之权衡矣”[①]。这就是说，一切道理，最后应以孔、孟的说法为准。

另一方面，必须改变保存中学之法。儒术从战国至今，一直被人诟病为“繁难无用”，也的确存在“四部之书，汗牛充栋，老死不能遍观而尽识。即以经而论，古言古义，隐奥难明，讹舛莫定，后师、群儒之说解，纷纭百出。大率有确解定论者，不过什五而已”等大弊，加之当今外侮紧逼、新旧杂处，若不设法拯救，“圣教儒书”将面临灭亡的危险。现有一“简易之策”可以施救，这就是孟子说过的“守约”。其指导思想是，治中学应“义主救世，以致用当务为贵，不以殚见洽闻为贤”；其方法是：治经学应通大义，治史学应考治乱典制，治诸子应知取舍，治理学应看学案，治词章应读有实事者，治政治应书读近今者，治地理应考今日有用者，治算学应各随所习之事学之，治小学应但通大旨大例。[②]总之就是要变繁难为简易，学有用而弃无用，这样中学才可流

---

① 张之洞：《劝学篇上·宗经第五》，前引吴剑杰编：《中国近代思想家文库·张之洞卷》，第293–294页。引者对引文标点略有改动。

② 张之洞：《劝学篇上·守约第八》，前引吴剑杰编：《中国近代思想家文库·张之洞卷》，第297–302页。

传下去。

前一方面仍坚持维护思想文化的独尊主义，后一方面则希望通过守约式删减，救中学绝灭之危。两者之间存在着深层的内在矛盾，对此矛盾，张之洞还无法面对，也无法解决。《劝学篇》更为注重的，是如何处理好中学与西学的关系。其所持基本理念，贯穿于该书大部分篇章之中，内容十分丰富，大要略为：

其一，必引入西学以益智救亡。中国要自强，离不开力、智、学三者，而“自强生于力，力生于智，智生于学”，可见学为根本。华人之智本不在西人之下，但由于古代没有外国竞争，因此只知守旧法旧学，弊端越来越多，而西方各国不断争胜争长，故“百年以来焕然大变，三十年内进境尤速”，新法新学层出不穷，中国于是“相形而见绌”。从道光巨创（鸦片战争）到甲午战败，“祸机急矣”，而士大夫“茫昧如故，骄玩如故”，守故常、拒西学如故。若循此不改，“西智益智，中愚益愚”，中国之民最终难免被西人所吞噬。为逃此厄运，就要“智以救亡，学以益智”，一切从讲西学做起[①]。引入西学的至为重要，讲得相当清楚，且颇有历史的厚度和现实的深度。

其二，广开接纳西学的途径。为了接纳西学，应采取各种行之有效的举措。一是游学外国。出洋一年，胜于国内读西书五年；入外国学堂一年，胜于中国学堂三年。游学之益，幼童不如通人，庶僚不如亲贵，至于游学之国，则西洋不如东洋。凡反对游学之谈，“乃祸人家国之邪说，勿听可也”[②]。二是设立学堂。游学外洋费用巨大，人不能甚多，而且先要在国内打好基础，因此要普及西学，“非天下广设学堂不可”。设学堂之法，约有六要，即新旧兼学、政艺兼学、宜教少年、不课时文、不令争利、师不苛求[③]。外洋各国学校之制，有公共之学和专门之学，应加仿效；“凡东、西洋各国立学之法、用人之法，小异而

---

① 张之洞：《劝学篇下·益智第一》，前引吴剑杰编：《中国近代思想家文库·张之洞卷》，第303–304页。

② 张之洞：《劝学篇下·游学第二》，前引吴剑杰编：《中国近代思想家文库·张之洞卷》，第305–306页。

③ 张之洞：《劝学篇下·设学第三》，前引吴剑杰编：《中国近代思想家文库·张之洞卷》，第307–308页。在“新旧兼学”一项中，有“旧学为体，新学为用”的提法，多被学界引用为“中学为体，西学为用”，并作为《劝学篇》的思想文化纲领。细读全书，此实为一大误解。参见拙文：《重评张之洞的中西文化观——以〈劝学篇〉为中心》，《学术研究》2011年第2期。

大同。吾将以为学式”[①]。三是广译西书。各省学堂虽已请西人为教习，但存在“学不能精”和“学不能多”二弊，欲除弊就要“多译西国有用之书，以教不习西文之人”，使“凡在位之达官、腹省之寒士、深于中学之耆儒、略通华文之工商，无论老壮，皆得取而读之、采而行之矣”。译书之法：各省多设译书局，出使大臣访其国之要书而选择之，由上海有力书贾、好事文人广译西书出售[②]。四是讲求农、工、商、兵、矿学。此五学关乎国计民生，与民众、士绅、官吏皆有密切关系。农学之要在“讲化学”，工学之要在“教工师”，商学之要在“通工艺”[③]。兵学今日西国最精，兵制和教法东洋西洋大略皆同，讲兵学必学西法[④]。矿学其利甚大而其事甚难，只能“先讲实学，缓求速效”，以“先学艺、后举事”为要义[⑤]。这些举措，既显示了对西学全面深入的了解，又紧密联系国情，思虑周到细致，具有很强的前瞻性、操作性和可行性。

其三，多阅洋报而知彼知己。外国报馆林立，阅报便知其“国政之得失，各国之交涉，工艺商务之盛衰，军械战船之多少，学术之新理新法”，因而“一国之内如一家，五洲之人如面语”，于是“一孔之士，山泽之农，始知有神州；筐箧之吏，烟雾之儒，始知有时局，不可谓非有志四方之男子学问之一助也”。阅报之益，“博闻”还在其次，“知病”头等重要。一国有病，本国人蔽于习俗，必不能尽知，知之亦不敢尽言，只有洋报昌言无忌。许多国人阅洋报时，“见其诋訾中国不留余地”，便拂然而怒，其实大可不必，“勤攻吾阙者，诸葛之所求；讳疾灭身者，周子之所痛。古云：士有诤友。今虽云国有诤邻，不亦可乎”[⑥]。重“知病”更重于“博闻”，以“诤邻”之言看待洋报的“诋訾”，

① 张之洞：《劝学篇下·学制第四》，前引吴剑杰编：《中国近代思想家文库·张之洞卷》，第309—310页。

② 张之洞：《劝学篇下·广译第五》，前引吴剑杰编：《中国近代思想家文库·张之洞卷》，第310—311页。

③ 张之洞：《劝学篇下·农工商学第九》，前引吴剑杰编：《中国近代思想家文库·张之洞卷》，第318—319页。

④ 张之洞：《劝学篇下·兵学第十》，前引吴剑杰编：《中国近代思想家文库·张之洞卷》，第320—323页。

⑤ 张之洞：《劝学篇下·矿学第十一》，前引吴剑杰编：《中国近代思想家文库·张之洞卷》，第323—324页。

⑥ 张之洞：《劝学篇下·阅报第六》，前引吴剑杰编：《中国近代思想家文库·张之洞卷》，第311—312页。

作为“天朝上国”的要员来说，这是一种十分难得的胸怀和境界。

其四，力求会通中西之学。今日新学与旧学互相攻击，皆因两学未能会通。事实上，只要查阅典籍就可发现，凡中国“圣经之奥义”，皆“可以通西法之要指”。这是因为早在三代之时，中国学术和政教就开始“东渐西被”，“先化佛国，次被欧洲”，所以中西得以相通。然而，智慧既开，后起胜前，今日学术与治理既“必有冥合古法之处”，又“必有轶过前人之处”，“万世之巧，圣人不能尽泄；万世之变，圣人不能豫知”。因此，对西政西学，“果其有益于中国、无损于圣教者，虽于古无征，为之故亦不嫌，况揆之经典，灼然可据者哉”。不通中西有三蔽：一蔽于“自塞”，对西法一概屏斥；二蔽于“自欺”，以为西法皆中学已有；三是“自扰”，糅杂中西之学以为无别。欲去蔽求通，就应确立这样的原则：“中学为内学，西学为外学；中学治身心，西学应世事；不必尽索之于经文，而必无悖于经义。”[①]这里所论述的“会通”，在学理和文化思想上都很有意义，主要倾向是要为中西文化尽可能深广的融合扫清障碍。当然，由于难以摆脱“经义”至高无上这一根本观念的束缚，其若干具体论点还存在明显的局限。

其五，坚守先中后西之序。中西学不能会通固然有害，但如果不守先中后西的顺序，则害处更大，“不先以中学固其根柢，端其识趣，则强者为乱首，弱者为人奴，其祸更烈于不通西学者矣”。中西学的先后顺序是：“今日学者，必先通经以明我中国先圣先师立教之旨，考史以识我中国历代之治乱、九州之风土，涉猎子、集以通我中国之学术文章，然后择西学之可以补吾阙者用之，西政之可以起吾疾者取之，斯有其益而无其害。如养生者，先有谷气，而后可饫庶羞；疗病者，先审藏腑而后可施药石。西学必先由中学，亦由是矣。”如果中国士人不先通中学，就“犹不知其姓之人，无辔之骑，无柁之舟，其西学愈深，其疾视中国亦愈甚。虽有博物多能之士，国家亦安得而用之哉”[②]。就中国人应以民族文化为本位和基础而言，先中后西无疑是一种非常合理的顺序。不过，在此处所说的先中后西之中，还包含着一个更大的忧惧，就是担心如果

① 张之洞：《劝学篇下·会通第十三》，前引吴剑杰编：《中国近代思想家文库·张之洞卷》，第325–328页。引者对引文标点略有改动。

② 张之洞：《劝学篇上·循序第七》，前引吴剑杰编：《中国近代思想家文库·张之洞卷》，第296–297页。引者对引文标点略有改动。

没有中学指引方向，学西学只会使人或为“祸首”或为“人奴”，其害比不通西学者更烈。这种看法，就难免危言耸听，是以朝廷立场代替了学理论析。

以上中西关系之论，可以说终结了中学的孤芳自赏，为西学的全方位进驻敞开了大门。作者对西学的了解和认识，尤其是关于中西学必须会通的主张，达到了一个相当高的水平。以学问观而言，这些见识（加上前述中学新论）固然远远超过守旧学者，与言新学者相比，虽有差距但也同处甚多。对于一般士人来说，以此作为治学准则，无疑将别开生面，步入新境。

不过，这一新的学问准则亦受到一种严重制约，即必须以德行准则作为统领。其结果就是无论怎样接纳和会通，在中学与西学之间，都定要划出一道区分清晰、不可变更的界线。如果说，中学为内而西学为外、中学治身心而西学应世事的两分法，还多半对应了中西学的特质，那么，言西学而绝不能违背中学经义（如前所论，经义的核心为纲常），就完全是以政治标准管辖学问标准。在前一标准业已僵化落后的情况下，学问准则不但失去了独立性，更重要的是其前进步伐势必被极大拖累。由此，张之洞虽在学问观上取得了显著的突破，却注定冲不出最后一道藩篱。

三、举业之变：以有用革无用

对于生活于科举制之下的士人，德行与学问偏重于理想化要求，真正与其息息相关者，应属被视为身家性命的举业。举业成功，意味着一切皆有成功的可能，而举业的失败，则意味着人生很可能与一切成功无缘。张之洞深知这一点，因而在《輶轩语》和《劝学篇》中，举业亦是其高度关注之点，也正是在这一点上，其发生的变化堪称最大。

如何取得科举考试的成功，这是《輶轩语》最起码亦最切实的落脚点。尽管书中所言德行和学问指出了人才培养的高远目标，与举业已潜存很大的矛盾，但作为以指导科举为本职的学政之官，张之洞还不可能脱离举业这一基点。

此书将语行和语学列为第一部分，谈德行和学问，而将语文、学究语、敬避字和磨勘条理摘要列为第二部分，专谈举业。从后一部分可以看到，作者对举业的所有环节，从纲要到细节都极为熟悉，因而给出的要求也详尽之至。例如，“语文”篇就分列时文、试律诗、赋、经解、经文、策、古今体诗、古文骈体文、字体等九项主张，其中“时文”即八股文一项，便不厌其烦地列出“八宜八忌”：宜清、真、雅、正，宜多读书，宜学先正，宜学好墨卷，宜讲用意用笔，时文出落处宜用意，平日宜宣读小题文和作小题文，初学作时文宜先作论，忌墨守高头讲章，忌滥调，忌奇格偏锋，忌以双字辏合成篇，忌不可解，忌妄援一经作注，忌诗赋语后世语，忌揣摩风气①。如此煞费苦心，当然是期望士人一方面勿忘德行和学问的理想，一方面还是要专心致志地完成举业。

对举业这种无微不至的关怀，在《劝学篇》中已全然不见，从根本立场看，作者已明确无误地站到了科举的对立面。这一重要改变的发生，其实不难理解。早在近代之前，科举的弊端就屡已遭人诟病，近代社会转型开始，科举的有害无用表现得更为明显。但由于此制与君主专制统治休戚相关，因而尽管其早成赘疣，却迟迟无人公然言革。直到变局和强敌带来巨大的统治危机，人才极度缺乏成为致命之伤，科举变革才终于冲破禁忌、呼声四起，《劝学篇》对举业态度的转变，就是一个突出代表。

书中下编（外篇）共十五篇，虽然只有第八篇以“变科举”为题，实则除“非弭兵”和“非攻教”两篇外，其余各篇皆与变革科举密切相关。比照《輶轩语》对举业的呵护有加，其改革的力度可说相当之大。

在“变科举”篇中，作者先是历数科举之弊和痛言变革的必要：“文胜而实衰，法久而弊起”，“所解者高头讲章之理，所读者坊选程墨之文。于本经之义、先儒之说，概乎未有所知。近今数十年，文体日益佻薄，非惟不通古今、不切经济，并所谓时文之法度、文笔而俱亡之。今时局日新，而应科举者拘瞀益甚”，“故人才益乏，无能为国家扶危御侮者”，“故救时必自变法始，变法必自变科举始。”②科举本来应有利于选拔人才，现今却导致人才日渐枯竭，因而变法首先必变科举，这相当于对科举作了根本性的否定。

次则提出科举“宜存其大体而斟酌修改之”的变革思路，具体办法是考试分三场进行：第一场考“中学经济”，试以中国史事、本朝政治论五道，取者始准试下一场。第二场考“西学经济”，试以时务策五道，专问五洲各国之政、

---

① 张之洞：《輶轩语·语文第三》，前引吴剑杰编：《中国近代思想家文库·张之洞卷》，第21—30页。

② 张之洞：《劝学篇下·变科举第八》，前引吴剑杰编：《中国近代思想家文库·张之洞卷》，第314—315页。

专门之艺，政如各国地理、官制、学校、财赋、兵制、商务等类，艺如格致、制造、声、光、化、电等类，取者始准试下一场；其虽解西法，而支离狂怪、显悖圣教者，斥不取。第三场试四书文两篇、五经文一篇，四书题禁纤巧者。三场皆优，才能“中式”，由此可确保录取之人“必其宗法圣贤、见理纯正者也”[①]。三场考试，一概不考以往必不可少的八股、诗赋、小楷，各场皆有变革的亮点，而尤以“西学经济”一场分量最重、内容最新、难度也最大。在相当程度上，这一变革已非“存其大体”，而是带有颠覆性。但正如学问之变一样，张之洞对举业之变亦心怀顾忌，所以一再强调考者决不能背离圣教，必须宗法圣贤，以此求得朝廷放心和自己安心。

再则回答难者所提出的两个问题：一是“主司不能尽通新学，将如之何”？二是“本朝名臣出于科举者多矣，安见时文之无益”？对第一问，除据实答以试官易求、“何难之有”外，还进一步提出“朝考似为可省。及通籍以后，无论翰苑部曹，一应职官皆以讲求政治为主。凡考试文艺、小楷之事，断断必宜停免，惟当考其职业以为进退，则已仕之人才，不致以雕虫小技困之于老死矣”的改革主张。对第二问，答曰：“不知登进限于一途，则英雄不能不归于一彀。此乃人才之亦能为时文，非时文之足以得人才也。且诸名臣之学识阅历，率皆自通籍以后始能大进，然则中年以前，神智精力，销磨于应举者不少矣。假使主文者不专以八比、诗赋为去取，所得柱石之臣、干城之士，不更多乎？”[②]将科举变革从“通籍”（做官）之前，延伸到“通籍”之后，这对人才是一种更大的松绑，且毫不含糊地断定科举只能“销磨”人才、使英雄困于牢笼，此言更具不小的冲击力。

透过这些主张，可看出张之洞对变革科举已深思熟虑，迫不及待。其态度之坚决，思路之清晰，举措之务实，当时还少有人能与之相比。

尽管锐意求变，但由于多种限制的存在，其举业改革之议仍不可能走得太远。德行与学问不许离经叛道的根本精神，同样贯穿在举业准则之中。经义的统治地位必须确保，传统的思想文化方向决不能偏离，这是变革不可触动的底线。

---

① 张之洞：《劝学篇下·变科举第八》，前引吴剑杰编：《中国近代思想家文库·张之洞卷》，第 315 页。

② 同上引，第 316 页。

综观德行、学问、举业三种准则之变，各有不同的特性。德行之变以忠君卫道为纲，意在筑牢藩篱，严防叛离，其变实为不变；学问之变以经世致用为本，几乎在中学内纳入西学的半壁江山，其变大而其见远；举业之变以消除积弊为虑，对士人有脱胎换骨之益，令科举有名存实亡之灾，其变最具锋芒。但由于朝廷至上，政治作梗，禁区难逾，学问和举业之变虽大顺潮流，却仍障碍重重，坦途难开。

张之洞《輶轩语》的旨趣及反响

安东强

（中山大学）

清代学校政令，首推顺治九年（1652）颁布的《卧碑文》和雍正年间的《圣谕广训》。此外，历朝君主针对当时士习士风的弊端，均有训饬士子的上谕，以规范士人的言行。大体而言，清代学校政令基本确定于乾隆朝以前，且载于《钦定学政全书》，部分还刊刻在学宫的明伦堂，时刻警惕在学士子。咸同之际的战乱严重地冲击了既有文教秩序，具体表现为学额泛滥、学宫毁圮及政令紊乱，导致学校的士习文风日益浇漓。同光之际，四川学政张之洞针对当时学政制度运作的种种弊端，编纂了《輶轩语》一书，采用以书卷代替训诫的形式，指点士子如何砥砺言行、问学与应试，在晚清士林引起强烈的反响。

此前，通过编纂与刊刻书籍来引导各地文风与学风，已是清前期学政校士衡文之外行使职责的辅助方式之一。不过，当时学政编纂的书籍，主要是经史等著述，如清初浙江学政谷应泰所撰《明史纪事本末》①，清中期安徽学政朱筠组织校勘印行《说文解字》，浙江学政阮元督率士子编纂《经籍纂诂》等等，很少编纂刊刻有关学政行使职责的“公牍”②。

---

① 该书究竟是谷应泰在学政任内所撰，抑或购买他人著述冒充己作，似未定论。见郑天挺《对〈明史纪事本末·前言〉之意见》(《及时学人谈丛》，中华书局，2002年，第492页)。

② 清初陕西学政朱轼曾将学政任内应为诸事，编成《造士诸格编》，却“藏于箧，遇门下士有出任学政者，取以相示”，并未公开刊刻流传（朱瀚编、朱舲补编:《朱文端公年谱》，清光绪间津河广仁堂刻本，第11页）。据称，道光年间湖北学政龙启瑞致力于编纂一本指引学政行使职能的《视学须知》(吕斌编著:《龙启瑞诗文集校笺》，岳麓书社，2008年，第470页)，也未刊行。

迄至晚清，学政一反此前常规，相继编纂与刊刻一系列有关学政履行职能与实施政令的“公牍”，并且广为流传，反映了学政因应变局、延伸学政职能的尝试与努力。若论刊刻之早，流传之广，影响之大，尤以《輶轩语》为代表，且直接影响到此后同类“公牍”的相继问世。或许由于特定的读者群体与时代环境，《輶轩语》之类的“公牍”反而较少进入后世学人的研究视野，深入而细致的论述尚付阙如[①]。其实，《輶轩语》涉及晚清的学政制度运作、学校政令及政治变革等等因素，有待细致地梳理其针对面、旨趣及流传反响。

一、编纂动机

《輶轩语》与《书目答问》均由四川学政张之洞组织编纂与刊刻，对近代中国学术文化影响深远。光绪二年（1876），张之洞致函京师密友，告以学政任上编纂两书，其中《书目答问》“可作公牍观，不可作著述观”，而《輶轩语》“真是告示、公牍一例物事”[②]。可是，学界长期以来着重关注两书在学术文化方面的成就，视张之洞当年的自评为谦辞，较少深入探讨两书关系学政“职司所在”的深意，以及所谓“公牍”的实际内涵。事实上，《輶轩语》等一系列学政公牍的编纂，体现了晚清学政整顿文教秩序与政令的努力。

在太平天国运动及其他反清运动的冲击下，原本徒具形式的府州县学校与政令秩序濒临崩溃。当时各省学校至少存在以下亟待解决的问题：一、学额泛滥，应考童生相对减少。二、学校设施毁坏严重，藏书流失，在学士子流离失所，缺乏正常的教导与考课。三、战乱中各地学校政令分歧，作为政令实施依据的《学政全书》久未续修。以上问题虽经各省学政奏请朝廷饬令相关官员议奏解决，但是礼部迟迟没有编纂完成新的《学政全书》，而各省处于乱后恢复阶段，限于经费与人力，学校设施的恢复缓慢。

---

① 除各类张之洞传记中不同程度涉及之外，上世纪90年代朱维铮教授在编集校刊《书目答问二种》（生活·读书·新知三联书店，1998年）时，收入《輶轩语》，并撰写“导言”（《学人必读书——张之洞和〈书目答问〉二种》），简要地评述了《輶轩语》一书的流传情形（朱维铮：《求索真文明——晚清学术史论》，上海古籍出版社，1996年）。司马朝军则对《輶轩语》进行了文体校注（《輶轩语详注》，华东师范大学出版社，2010年）。另有拙文《张之洞〈书目答问〉本意解析》（《史学月刊》2010年第12期）。

② 苑书义等主编：《张之洞全集》第12册，河北人民出版社，1998年，第10124–10125页。

在这种形势下，各省学政沿续承平之世行使职责的方式显然已经无法适应晚清的文教秩序。即使如此，朝廷并没有主动进行改革，学政仍必须按照定制奔波于校士衡文，无暇和无权直接干预整顿各地学校秩序。面对朝廷在制度调整上的滞后情形，部分学政积极反省自身职能形式，针对当时的学校流弊做出一些变通。学政职能的变通方式之一，便是编纂与刊刻学政公牍，弥补当时朝廷政令与既有学政职能的不足。

由于张之洞的学术卓识以及把握现实问题的政治能力，他在学政任上编纂的《輶轩语》与《书目答问》两书，不仅适应了晚清重建文教秩序的需求，而且得到其他学政与士林的赞许与推广，从而使学政职能实现了从考校士子到教导士子的重要转变。

太平天国运动结束后不久，张之洞先后出任学政，先于同治六年（1867）出任湖北学政，三年后任满交卸，又于十二年（1873）出任四川学政，直至光绪二年（1876）。同光之际屡任学政的经历，使张之洞对战乱后学校弊端与学政职能的局限有着很深的了解。

对于此前学政以衡文为主的职能形式，早在湖北学政任上，张之洞就指出，“学政一官，不仅在衡校一日之短长，而在培养平日之根柢，不仅以提倡文学为事，而当以砥砺名节为先”。进而，他将立意落实，在学政任上的作为得到时人的肯定。曾国藩致函许振祎称“往时祁文端、张海门视学吾乡，最得士心，近张香涛在湖北亦惬众望，三人者皆宏奖士类，津津乐道”[①]。至移轩巴蜀，张之洞再次担任学差，“查四川省分人文素优，惟棚数较他省为多，弊端亦较他省为甚。至军兴以还，学额日广，品行实学尤须极力讲求。臣惟有首励以廉耻，次勉以读有用之书”[②]，不甘于仅仅以考校文章为职责范围。

光绪元年（1875），张之洞将四川各属考棚岁考一遍，对四川学校弊端与士子读书情形有了充分的了解。

第一，四川考棚数量较多。张之洞巡视时“终日劳烦，甚于在楚时数倍。非不欲少自摄养撙节，无如事繁道远弊多，非如此振刷，竟不能料理妥当”。由于乾隆时四川考棚数量增加较多，“以后生童益多，试事益繁，棚数益多，

① 曾国藩：《复许振祎》（同治十年十一月十一日），《曾国藩全集·书信》，岳麓书社，1994年，第7579页。

② 前引苑书义等主编：《张之洞全集》第12册，第10123页。

道远日促，流毒无穷。若非学臣鞠躬尽瘁，则惟有草率敷衍而已。此四川试事所以坏、弊窦所以多”[①]。

第二，各地学校“贽弊”严重。战乱以后，各省府州县学在运作上已是弊窦丛生。令张之洞触目惊心的还有“新生复试计较束修一事”。当时四川学校的风气，新进生员入学拜师需要交纳丰厚的贽礼，“常有一朝进学，毁家大半，负债终身”，即使是孤寒士子也被索取束修，时称“贽弊”[②]。若新生没有交纳给教官贽礼，往往不为送入参加复试，耽误试期与前程。据张之洞观察，四川省学校贽弊累年相积，已成痼疾。张之洞在任内“严檄督催，苦口晓谕”，教官迫于功令，“自是依期送复无迟误者”[③]。

第三，学官仅以掌生员簿册为已任，不足以考课、教导与约束士子。清代府州县学教官，职微薪薄，得人甚少。虽然朝廷从清初就强调整饬各直省府州县学的教官，但到清末都未见成效。无怪于道光年间有御史奏请“教职一官向属闲曹，于岁科两试外，毫无所事”[④]，请添其职任。但反对者以教官多老而迂腐，难以胜任为由拒绝。今人研究证实，清朝各府州县学的教官虽于教育之责甚重，却“往往位卑职微、年迈力衰，处于边缘地位，地方大吏亦往往视为无关紧要之职位而加以优容”，“而这种权轻责重的矛盾使得教官难以切实履行职责，既不能教导生员之责，又罕有管理约束管理生员之实”[⑤]。

第四，士子读书问学不知门径。张之洞巡考各属时，“诸生好学者来问应读何书，书以何本为善”。更为严重的是，由于经历蓝朝鼎、李永和反清战火，四川学校藏书往往荡然无存。尽管朝廷下令各省督抚设立官书局，刊刻流传经史书籍，但只有东南各省陆续举办，四川并没有设局刊书。所以，士子好学者不仅不知读书门径，而且难觅足本经史书籍。

第五，士子不熟科场政令。由于朝廷颁发各学校关于科举、学政政令书籍的流失，士子应试往往不知考试文体的体例与磨勘、避讳等具体内容，导致应试文章干犯禁令，无法考中。换而言之，该省各地士子的文风相对而言比较

---

① 前引苑书义等主编：《张之洞全集》第1册，第1页。

② 张之洞：《劝置学田说》，见《书目答问二种》，生活·读书·新知三联书店，1998年，第336页。此类“贽弊”在各省均有不同程度的表现，名目繁多，不尽一致。

③ 吴剑杰：《张之洞年谱长编》上卷，上海交通大学出版社，2009年，第44页。

④ 中国第一历史档案馆藏，军机处录副奏折，档号：03-2809-019，缩微号：199-2066。

⑤ 霍红伟：《清代府州县学研究》，北京大学2007年博士论文，第210-211页。

衰弱。

张之洞认为以上学校流弊，均非学政通过岁科两试的途径能够解决，必须另谋其他方式。由于光绪二年（1876）要举行乡试恩科，张之洞于光绪元年（1875）巡视四川各考棚后，回省城录遗（是科因顺天学政钱宝廉奏请随棚录遗，所以张之洞省城录遗的事情骤简），循例歇夏，至九月再出省按试。[①]在这段时间里，他在缪荃孙等人的协助下，先后完成《輶轩语》及《书目答问》两书的基本内容[②]。针对四川学校弊端与士子读书问学的疑难，两书一一进行了回应。

实际上，张之洞在四川注意到的学校流弊，不独四川一省的现象，应是晚清各省学校的共同问题，只是表现的程度略有不同罢了。正因如此，《輶轩语》与《书目答问》以书卷代教导的形式，指点士子如何砥砺言行、问学与考试，不仅适应了四川学校与士子的需要，而且得到晚清士林的广泛推崇，也被其他许多学政模仿借鉴，甚至直接刊刻传播，成为晚清延伸朝廷考试政令与学政职能的重要载体。

二、"职司所在"的潜影

如果将《輶轩语》的书名还原为最初命名，便可直接反映出该书作为学政"公牍、告示"的真实内涵。张之洞本拟将该"公牍"直接命名为"发落语"，"或病其质"，遂取汉代扬雄"輶轩使者绝代语"的意思，定名为《輶轩语》[③]。

"发落"，是指学政职责的一个制度环节。定例，学政巡历各府州举行岁科两试，"按试毕，集诸生于堂，行赏罚，申以董戒，名曰发落"。这是各省学政直接

---

① 前引吴剑杰:《张之洞年谱长编》上卷，第46页。

② 光绪元年九月，张之洞已写定《书目答问略例》，详细说明本书所收体例及所收书目2000多种（张之洞:《书目答问略例》，见《书目答问二种》，第5页）。据称，缪荃孙当时在四川总督吴棠署中充幕僚，于光绪元年八月间拜入张之洞门下，帮助撰写《书目答问》，"考及两月，尚未惬心贵当也"。九月以后，张之洞出省按试，缪荃孙再度赴京参加会试。见缪荃孙:《艺风老人年谱》，《北京图书馆藏珍本年谱丛刊》第180册，北京图书馆出版社，1999年，第688页。邵懿辰撰，邵章续录:《增订四库简明目录标注·缪荃孙序》，上海古籍出版社，2000年，第1页。

③ 张之洞:《〈輶轩语〉序》，前引《书目答问二种》，第283页。本节以下引语，凡未注明出处者，均出自该书中所收的《輶轩语》。

面对士子申饬士习，讲论文章优劣的最佳时机，也是学政教导士子的主要形式。然而，学政忙于奔波，在各考棚举行发落的时间都比较短暂，无法将学风士习的重要键问题一一详尽论说。而各属生员众多，“到者不能共闻，闻者不能悉记”，所闻所记无法直接融入到学行当中。加上各省学校在战乱中毁坏严重，既往的书籍文卷往往荡然无存，士子既失去揣摩研习的读本，也缺乏指示言行的依据。所以，张之洞以两任学政的经验，变通“发落”方式，“举当为诸生言者，条分约说，笔之于书，以代喉舌”，编纂“发落语”一册，用于整顿学风士习。

顾名思义，“发落语”是张之洞在四川学政任上用以整饬士子文风与士习的“公牍”。本书分三部分，上篇语行，中篇语学，下篇语文，将读书人的言行、问学与考试等主要内容全部涵盖。这三篇所教对象主要还是中人以下的士子，又以“中人以下，及乡塾童蒙”不能领会前三篇所述内容，别列学究语二十四条、敬避字和科举考试的磨勘条例等切于实际考试等技术性指示，以教导“初学者”。下面分别介绍各篇大体内容，并与当时文教弊病相互比照说明，以明确张之洞《輶轩语》所针对的文教问题。

在开篇“语行”中，张之洞首先申明“教条学规”。咸同以后，士习浇漓，学政尤其要将现实中需要重申的学规加以引申饬谕。所以，“语行”中的各条学规尤其是切于咸同以后的“世风”，以及四川省士习而言，包括德行谨厚、人品高峻、砥厉气节、出门求师、讲求经济、习尚俭朴、读书期于有成及十条戒规。其中，尤以“德行谨厚”为要，张之洞特地指出：“近今风俗人心，日益浇薄。厚之一字，尤宜加意。”至于十条戒规，有学者指出，从“戒早开笔为文”直到“戒洋烟”等等，“已使人感到由四川到全国，士林普遍存在的恶劣风气何等严重”。“德行谨厚”等七条，“虽属肯定命题，其解释所用的‘不’字之多，更令人感到所谓‘同治中兴’的外观，掩盖着官绅社会的肮脏程度，真如清末谴责小说的描绘”①。

张之洞向来主张，学政衡文“不仅以提倡文学为事，而当以砥砺名节为先”②。清代学校本以《卧碑文》和《圣谕广训》等作为士子言行的基本规范，却在嘉道以后形同具文。当战火毁掉许多学宫及文卷册籍之后，连“具文”都难以寻觅。况且，时过境迁，《卧碑文》和《圣谕广训》固然包涵了士子应遵

---

① 朱维铮：《求索真文明——晚清学术史论》，上海古籍出版社，1996 年，第 120 页。

② 中国第一历史档案馆藏，军机处录副奏折，档号：03-4635-049，缩微号：334-2064。

守的“宏纲要领”，但在乱世中更需要能够直指士习调弊的训令戒条。而自咸同“军兴以还，学额日广，品行实学尤须极力讲”。学政应首先勗士子以廉耻，其次劝勉读有用之书[①]。因此，《輶轩语》首篇“语行”的立意当在此。

申饬条规并不能从根本上扭转士习士风，必须从根本上使士子读书明习见性，深潜自得，才能真正加强涵养，砥砺名节。正如孔子曾经说：齐之以刑，导之以政，不如齐之以礼，导之以学。因此，学政整饬士习还需劝勉士子读有用之书，教导士子问学门径。

“语学”一篇专为生童读书而作，简约讲述为学之法，“乃阶梯之阶梯，门径之门径”。“语学”首先分别讲通读经书、读史、读诸子以及文集，然后又通论读书，告以读哪些切要的书籍，选取什么版本，甚至包括如何读法。总而言之，“读书期于明理，明理归于致用”。何谓致用？张之洞曾把有用的书籍分为三类，一考订古事，二经世，三治身心，以后两者为要。所谓致用，至少应该有经世济民与陶冶身心两个方面的内容。

在张之洞看来，四川不乏聪明才俊的士子，也颇多殷实读书的世家，要之在于能够知学问门径和读书方法，则学有本源，事半功倍。张之洞劝导士绅购书藏书，作为人文兴起的渊薮，并主张读书宜读善本书，不可读删节本。至于读书门径，须有明师指点，若无明师，书即师也，“为诸生指一良师，将《四库全书总目提要》读一过，即略知学问门径矣。析而言之，《四库提要》为读群书之门径”。

“语行”与“语学”均悬的甚高，虽切中时弊，欲求短期内奏效却有些困难。当时士子急迫追求还在于如何获得功名，张之洞遂对症下药，授以“举业指南”。

在“语文”及“学究语”等诸篇，张之洞主要列举从乡会试到岁科两试中的各种程序、规定等内容，以使读书治学有成的士子，避免因不熟考试程式或书写体例而“误蹈覆车”，考试不中而不自知所以然。清代科举以经义为主，乾隆年间曾由方苞编选《钦定四书文》颁行天下。不过士子却更多选择易于模仿乡会试及学政选刊的试卷加以研习揣摩。

亲身经历岁科考试的陈垣先生曾说，年少时“能读大书”，参加考试又能尽情挥毫，自以为必能取中，却榜发下第，经前辈告以“文不就范，十科不能售”，

① 前引苑书义等主编:《张之洞全集》第1册，第1页。

遂“尽购丁酉以前十科乡、会墨读之，取其学有根柢，与已性相近者，以一圈为识，得文数百篇。复选之，以两圈为识，去其半。又选之，以三圈为识，得文百篇，以为模范，揣摩其法度格调，间日试作，佐以平日之书卷议论，年余而技粗成，以之小试，无不利矣。庚子、辛丑科岁两考皆冠其曹，即其效也”[1]。陈垣先生研习科考技法的经历，也可以反映出时文程式与规范在科举考试中的重要性。

张之洞出任学政时期，正值战乱以后，士子不仅长时期荒废学业，甚至连应付考试的基本规范都不能尽知。张之洞虽欲授予士子“敲门砖”，不过他在“语文”篇仍然立法乎上，强调时文写作宜清、真、雅、正，并将四字超越流俗的旨意一一疏明：所谓清，指书理透露，明白晓畅；真，有意义，不剿袭；雅，有书卷，无鄙语，有先正气息，无油腔滥调；正，不俶诡，不纤佻，无偏锋，无奇格。这也是雍正以来朝廷申饬时文写作的基本标准[2]。张之洞虽仍标举《钦定四书文》为最有根柢的时文，却也承认此书悬的过高，并坦言：“学到固不易，稍得其骨力气息，为益即已无穷。即使初学不解，作秀才后必宜探讨。他日通籍衡文，主讲教士，遇有高文，方能识别，免致屈高材贻讥讪也。”这不啻于夫子自道，但也反映出张之洞本人的衡文取士的标准。

无论是“语行”“语学”还是“语文”，张之洞的“发落语”显然都有些悬的过高，至于中人之资以下的士子，包括乡塾童蒙的读书人，恐怕难以理解领会。为整饬流俗计，张之洞也不惜放下钦点学差的架子，与士子谈论与推敲考试的具体问题，列“学究语”“敬避字”和“磨勘条例”，词语力求通俗易懂，像一位书塾中的夫子“手把手”教子弟们如何诵读，如何写字，如何开笔，甚至如何避讳等等。

张之洞编选“磨勘条例”，可谓用心良苦。考生缮写试卷须经得起磨勘，才不致被轻易剔除，因此须熟知乡会试及岁科考试的磨勘条例。乡会试有礼部续纂《科场条例》，每逢乡会试时颁给考官。但岁科考试直接依据的《钦定学政全书》自嘉庆十七年（1812）以后一直没有续纂，虽经同治六年（1867）江苏学政鲍源深奏请续辑，却始终未成[3]。而各省学政衙门和学校自经兵燹以后，

---

① 陈智超编：《陈垣来往书信集》，上海古籍出版社，1990年，第676–677页。

② 龚延明、高明扬：《清代科举八股文的衡文标准》，《中国社会科学》2005年第4期。

③ 中国第一历史档案馆藏，军机处录副奏折，档号：03–4994–54，缩微号：379–2971；档号：03–7175–01，缩微号：535–871。

册卷文籍毁损严重，政令条规不完善，士子何以就学遵循？是以，张之洞编纂《輶轩语》中的岁科考试磨勘事例，均从《礼部则例》和《科场条例》中辑出。一般士子无法得见《礼部则例》和《科场条例》等书，只有从《輶轩语》中才能得知咸同以后考试中需要注意的事项。这些避讳、磨勘等事，虽然看起来是细枝末节，却与士子试卷能否取中有重要关系。

前人注意到，自张之洞督学四川以后，四川士子取得功名的数量激增。这恐怕与《輶轩语》的刊刻传布有更为密切的关系。正因为如此，《輶轩语》在晚清士林中的反响极佳。

此外，张之洞注重教养结合。针对四川学校的“贽弊”问题，张之洞在《輶轩语》中附有《劝置学田说》，提倡一条解决川省师生“终古之累”的途径，即劝勉川省绅官粮民能够共同捐款购置“学田”。与学校原本用于给予生员廪饩的学田不同，此“学田”意在赡养教官，“计其三年收获之租，足敌两考束修之数”，从而解决“贽弊”，使教官与新进生员都消除无法谋生的忧虑[①]。这与广东、江西等省设立“小宾兴”的立意有异曲同工之妙，都在于解决咸同以后学校养士的问题。

晚清校刊群书的胡凤丹称《輶轩语》“所言独平易近情，笃实切理，无岐途，无躐级”，能够符合高中下等不同资质士子的需求。中人以下的士子奉为举业指南，积日累月，勤学苦练，“仰跂亦易易”；即使是“高材生率而循之，聪明既不至于误用”[②]。梁启超自称读《輶轩语》与《书目答问》后，始得天地间除帖括外尚有学问[③]。当然，该书更多是得到猎取功名者的喜爱，有人将该书版本缩本，使之易于翻阅，“举凡习帖括、求科名者，诚能是则、是效”，取功名如同拾草芥，若能与《科名金针》《金壶字考》等书相互参观互证，考取功名则有“几乎投无不利”的效果[④]。

《輶轩语》在科场上有如此效用，以功名为重的各地士子难免争相阅读。有学人指出，《輶轩语》在晚清远比《书目答问》更受士子欢迎，原因在于那些生员与童生，对其中讲授应试的部分表现出浓厚兴趣。故《輶轩语》刊刻不

---

① 张之洞：《劝置学田说》，见前引《书目答问二种》，第 337–338 页。

② 胡凤丹：《〈輶轩语〉序》，《退补斋诗文存二编》卷二，清光绪七年退补斋刻本。

③ 谢放：《中体西用之梦——张之洞传》，四川人民出版社，1995 年，第 39 页。

④ 前引苑书义等主编：《张之洞全集》第 12 册，第 10755 页。

久，坊间便出现了题名为《张香涛学使学究语》的附录单行本[①]。

对于《輶轩语》的价值与功用，晚清官绅与士林不免见仁见智。生员、童生们研读《輶轩语》自然在于“治举业”，而迥异于流俗的官绅士大夫则更欣赏《輶轩语》“先之以行与学，而后及文艺，本末兼赅”，能得古人相士的遗意，不惟四川士子奉为指南，各人若能家置一编，士习文风则蒸蒸日上[②]。所以，《輶轩语》以其明确的现实针对性，以及切合于晚清紊乱的学校秩序的特点。该书刊刻后广为流传，并得到其他学政的认同，渐渐成为学政履行职责的官箴宝典。

三、流传与反响

就《輶轩语》而言，无论是编者的见识与眼光，还是针对时代问题所提出的解决办法，均得到晚清士林的普遍推崇。《輶轩语》在晚清广为流传的事实，从其流传地域与重新刊印情形等方面都能找到佐证。短短几十年间，《輶轩语》便风靡大江南北，仅以有刊刻流传的省份来看，从四川、湖北到浙江、贵州、湖南、陕西、福建、广东等等省份，都出现了大规模的读者群体。而坊间的流通数量，更是难以估计[③]。

在流传过程中，《輶轩语》对晚清学政职能与政令的影响非常明显，突出表现即是坊间将该书专门讲论考试的部分摘录单独刊刻，题名《张香涛学使学究语》[④]。至于晚清学政如何推广《輶轩语》，以及评定前辈学政编纂该书的态度，尤其可以反映《輶轩语》与学政政令的密切关系[⑤]。

光绪二年（1876）冬，张之洞差满卸任，在学政任内的作为却得到晚清士林的敬重。次年，李元度将张之洞的《輶轩语》和《书目答问》合刊，在《序》中表彰张之洞衡文取士的功绩，希望后来的学政“能举其职如侍读（指张之

---

① 前引朱维铮:《求索真文明——晚清学术史论》，第 129–130 页。

② 前引胡凤丹:《〈輶轩语〉序》。

③ 秦进才:《张之洞著述版本举要》，见前引苑书义等主编:《张之洞全集》第 12 册，第 10837–10841 页。

④ 前引朱维铮:《求索真文明——晚清学术史论》，第 130 页。

⑤ 曾有学人指出，戊戌维新时期的湖南学政徐仁铸曾仿其体例作《輶轩今语》，是《輶轩语》作为清末学政常备书的唯一例证。见前引朱维铮:《求索真文明——晚清学术史论》，第 130 页。

洞）者”，用该书作为向导，使衡文取士皆有成法，不仅可以“佐成国家作人之盛治”，而且收效不可以世计[①]。李元度的呼吁得到不少学政的回应，纷纷仿效《輶轩语》整顿文教政令、延伸学政职能的方式。

此前学者较为低估《輶轩语》对其他学政的影响。事实上，晚清学政借鉴该书有两条途径：一是借鉴形式，另行编纂与刊刻有关学政政令的“公牍”类书籍，作为《輶轩语》的补充；二是直接对《輶轩语》《书目答问》进行校对或标注，重新刊刻，在其他地区进行推广。

《輶轩语》之后，晚清学政同样采用书籍代替学政告示、札谕等公牍文书的形式，较早出现的是黄体芳的《司铎箴言》。黄体芳与张之洞私交甚密，当张之洞从四川学政任满回京后，两人一起参与京师政坛与文会，同为清流的中坚。所以，黄体芳对于好友学政任内所著《輶轩语》应该比较熟悉。光绪六年（1880）八月，黄体芳出任江苏学政，任内便编有《司铎箴言》代替申饬各学教官的饬札。《司铎箴言》的训导对象是各学教官，恰是《輶轩语》与《书目答问》比较薄弱的内容，“就教职要指，胪为十条，用附规勉之”，分别为“立品箴”“课士箴”“守职箴”“养廉箴”“驭下箴”“宣讲箴”“举优箴”“报劣箴”“戒嗜箴”“量力箴”等十箴。该书在江浙一带较有影响[②]。不过，晚清府州县学校的教职问题，几乎已是病入膏肓，所以张之洞《輶轩语》等书更倾向于绕开教官直接教导士子。

无独有偶，光绪十一年（1885）十一月，同样有感于学政无法与士子当面讲论学问的江苏学政王先谦，也采取以书卷代学政告示的形式，在发放观风题中附上自撰的《劝学琐言》一册，绕过教官直接教导在学士子[③]。王先谦在《劝学琐言》中劝勉士子树立“实事求是之志”，希望“士尽治经，人皆读史，文教修举，人才振兴”[④]。

事实证明，学政直接训谕士子的“公牍”得到士林推崇。光绪十四年（1888），康有为致函浙江学政潘衍桐，代拟观风试题，并乘机建言，以为学政

---

① 李元度：《重锲輶轩语书目答问序》，《天岳山馆文钞》卷二七，清光绪六年刻本。

② 黄体芳撰、俞天舒编：《黄体芳集》，上海社会科学院出版社，2004年，第48–50页。《司铎箴言》曾收入黄群主编《敬乡楼丛书》第三辑之九《江南征书文牍》附件。

③ 王先谦撰，梅季标点：《葵园四种》，岳麓书社，1986年，第731页。

④ 王先谦：《劝学琐言》，见罗检秋：《晚清汉学传统之演变》，《天津社会科学》2005年第1期，第141页。

到任后所颁“《训戒士子》一文，既为告示，传抄不远”。昔日张之洞的《輶轩语》、王先谦的《告诸生说》（应为《劝学琐言》），采用以书卷代告示的形式，“可仿为也”[①]。

戊戌维新时期，湖南学政徐仁铸依照《輶轩语》的形式，编著了《輶轩今语》，采用康有为今文学说训导士子，反响较大[②]。徐氏论说虽新，却易走偏锋，受到湖南士人叶德辉等人的攻击。

相较而言，张之洞的《輶轩语》持论较为平允，可资师法，在晚清士林获得广泛颂扬[③]。除了士林刊印传播外，其他学政也将该书重新校对刊刻，作为行使职能的辅助。如光绪二十一年（1895），陕西学政赵惟熙认为《輶轩语》“其言浅近易知，而引进之，以造乎精深之域，实亦不能逾越其范围”，实为士子“立身之准绳，为学之规槷”。遂取以增订补充，教授陕西士子，使浅近者可以奠定基础，精深者能够约之心得，从而匡正士习[④]。后任学政叶尔恺称陕西士子闻见《輶轩语》“不过十年”，学风“一言以蔽之曰，陋而已矣”[⑤]。这从另一方面反证，叶尔恺也比较推重《輶轩语》在晚清转移士子风气的影响力。

同时期，严修出任贵州学政后，得友人朱槐之赠送《輶轩语》一本，携带赴学政任，后办理官书局，便将《輶轩语》付工写刻，并校订讹误。严修原计划选取《輶轩语》精本来刊刻流传，因“试下游各郡，将以是书诒多士，不可以待，辄以先付印”[⑥]，表明该书对于学政校士衡文的重要性。王锡蕃出任福建学政，“愿诸生之读书立品”，同样重刻《輶轩语》，并将己见补充在原书的眉

① 康有为著，姜义华、张荣华编校：《康有为全集》第一集，人民大学出版社，2007年，第191页。

② 皮锡瑞：《师伏堂日记》第3册，国家图书馆出版社，2009年，第54页。

③ 章太炎曾指出，“督学之教人，正应使人读常见书”，因此张之洞论学反而不失高大光明之象。见章太炎：《救学弊论》，《华国月刊》第1卷第12期（1924年8月15日）。与之截然不同的意见亦有，如桐城派的张裕钊、姚永概便对该书颇多非议（姚永概撰、沈寂等整理：《慎宜轩日记》上册，黄山书社，2010年，第57页）。

④ 光绪二十一年陕西学署增订本《輶轩语》赵维熙序，见前引苑书义等主编：《张之洞全集》第12册，第10756页。

⑤ 上海图书馆编：《汪康年师友书札》（三），上海古籍出版社，1987年，第2475–2476页。

⑥ 光绪二十一年贵阳重刊本《輶轩语》严修序，见前引苑书义等主编：《张之洞全集》第12册，第10757页。

间，就原书的意思略加引申，“于发落生童时，分授之”[1]。

清末出任甘肃学政的叶昌炽，早年也对《輶轩语》好评有加。光绪三年（1877）十月，叶昌炽读《輶轩语》后感慨万端，认为张之洞督学时“教人为学浅近易入，治经一条尤为详明剀切，直省督学皆能如是，何患人才不振哉”？[2]可见，晚清士林将《輶轩语》视为行使学政职责的指南，已经在有识之士中达成共识。

清代官场流传有各种各样的官箴书，诸如牧民、亲民手册之类，较少流传指引学政如何视学的官箴书。道光末年，湖北学政龙启瑞欲将师友议论如何行使学政职责的往来书札编为《视学须知》，当时虽已经是王朝风雨欲来之际，但所论针对的还是承平时期的学校问题，而且并未刊刻流传[3]。不过，按照叶昌炽等人的看法，《輶轩语》几乎可以视为指导晚清学政行使职责的官箴书，而且还是较高标准的指引。

由于咸同以后各省学校政令的混乱秩序，迫使学政行使职能的固有方式急需要变革。然而，统治者既没有及时调整学政职能，礼部也迟迟未完成整饬学校政令的新《学政全书》。因此，不仅各地学校与士林缺乏切实遵循的规章政令，学政也没有在乱世中行使职责的指引。而张之洞主持编纂的《輶轩语》《书目答问》两书，总结湖北、四川等地学校弊端，将士子品行、文艺、读书问学等关键事项，一一条分缕析，在事实上成为士林砥砺学行与学政行使职能的重要准则，直接或间接地启发了其他学政公牍的问世。更为重要的是，诸如《輶轩语》等一系列学政公牍的广泛刊刻与流传，实际上体现出晚清学政积极变通职能与政令的主动尝试，并且改变了此前学政仅仅校士衡文的行使职责方式，有助于维系晚清文教政令的秩序。此外，民国时期不少宿学之士，在问学之初也是凭借两书而粗识治学门径。因此，《輶轩语》等书对近代学术文化的承转，无疑具有重要的影响。

---

① 光绪二十一年福建学署重刊本《輶轩语》王锡蕃序，见前引苑书义等主编：《张之洞全集》第12册，第10757页。

② 叶昌炽：《缘督庐日记》第1册，江苏古籍出版社，2002年，第436页。

③ 龙启瑞：《视学须知小引》，吕斌编著：《龙启瑞诗文集校笺》，岳麓书社，2008年，第470页。

张之洞对广东书院的治理

程大立
（广州工程技术职业学院图书馆）

从光绪十年（1884）四月奉谕署理两广总督，至光绪十五年（1889）十月交卸两广督篆，张之洞督粤计五年零六个月①。任内，张之洞的主要政绩是获得中法越南战争的胜利，有力整顿地方吏治，有效推进军事现代化。对文教事业一向重视的他，在对广东书院的治理上同样倾注心血，实施了有力治理措施，取得了巨大成效。

一、张之洞督粤时书院存在问题

十三年（1887）六月十六日，张之洞在奏陈《创建广雅书院折》中，有如下文字：

> 广东广西两省地势雄博，人才众多，文学如林，科名素盛。惟是地兼山海，东省则商贾走集，华洋错居；西省则山乡硗瘠，瘴地荒远，习尚强悍，民俗不齐。见事闻变，日新月异。欲端民俗，盖必自厚士风始。士风既美，人才因之。查两广总督旧治肇庆设有端溪书院，为总督课士之所。两省人士皆得肄业其中。自总督移治广州，书院不能亲临**考校整饬**，虽岁时封题课试，规矩纵弛，士气不扬。且原有斋舍止四十间，大半敝漏，不足以容来学，每逢应课，大率借名虚卷，草率塞责。……查省城粤秀、越华、应元三书院**专课时文，斋舍或少**

① 后文未标明皇帝年号和公元年号的，均在此阶段内。如“十三年”即“光绪十三年（1887）”。

或无，肄业者不能住院，故有月试而无课程。前督臣阮元所建之学海堂，近年盐运司钟谦钧所建之菊坡精舍，用意精美而经费无多，膏火过少；又以建在山阜，限于地势，故有课程而无斋舍。[①]

这封奏折透露了三点信息：一、粤省是理当出人才、兴文学的地方。二、粤省的经济、地理、人文、民风等环境，决定了更应重视士风厚植、人才培养。三、粤省的文教——书院教育问题太多。进一步分析，粤省书院问题有五：一、规矩纵弛，士气不扬。二、斋舍或少、或无、或敝漏，不足以容来学。三、经费无多，膏火过少，不足以延名师。四、专课时文，有月试无课程，有课程无斋舍。五、封题课试，借名虚卷，草率塞责。

这封奏折写于张之洞督粤三年之后，其目的是向朝廷报奏创设广雅书院，而在粤省诸多书院之外另建新书院，其用意在于以广雅书院取代端溪书院，其理由是总督可以“亲临考校整饬”。

其实，对广东书院的重视和治理已在张之洞督粤不久即已启动。十二年（1886）正月，也就是两广总督上任后九个月，张之洞便聘请梁鼎芬主讲丰湖书院；十三年（1887）闰四月，即札委知府方功惠、王秉恩等监修广雅书院。从以上及其后的史实来看，张之洞对广东书院的治理并非以广雅书院创建始，也非因广雅书院建成终，而是一直贯穿在他的总督任期之内。

二、张之洞对广东书院的治理

理当“文学如林，人才众多，科名素盛”的广东，书院积弊太多，“规矩松弛，士气不扬”，如何能够“端民俗，厚士风”？书院存在的核心问题是什么？书院治理的抓手在哪里？已有政治阅历和文教经验的张之洞，以广雅书院创建为示范，开展了对全省书院和文教事业的综合治理，集中在保障经费、整饬风气、延聘大师三个方面。

（一）利用官办权威，保障书院经费供给

经费是书院办学的基础和前提。购买场地、建筑院舍、添置设施、延聘教

---

① 冼剑民、陈鸿钧：《广州碑刻集》，广东高等教育出版社，2006 年，第 947–948 页。

师、编印教材、开课考试、餐饮祭祀等书院运行无不需要经费支持。张之洞督粤后发现广东书院存在的斋舍少而破、膏火不足等直接原因就是经费不足，由此导致课程虚设、借名考试、规矩松弛、士气不振等连锁反应。

清初，为扼制明代书院讲学论道、自由讨论风气，政府不允许新创书院，对原有书院的支持也乏力度，除了少量办学规模大、水平高的书院因获得社会资助办得较好，大部分书院都在惨淡经营。康熙时代社会逐步稳定，全国只有少量新办书院。自雍正朝起统治更加稳固，以兴盛文教、培养人才为目的，政府开始支持恢复和新办书院。清代书院办学体制灵活多样，有官办、官办私助、官倡民建、士民共建、私建等类型。然而，即使是官办书院也不能完全保障经费的充足供给，前文所说的肇庆端溪书院即是如此，何况其他私助、民建、士建、私建的书院，除了少量有名气的书院外，经费不足、无保障是当时书院的常态。为了从根本上解决书院经费不足问题，实现长期有保障的目标，张之洞对广东书院经费供给进行治理，主要采用三种办法：一、劝捐。即劝导乡绅、富豪和百姓捐助。广雅书院的建筑费（包括地价）共138866两，系由广东省“顺德青云文社，省城惠济仓齐绅，爱育堂各董事及诚信堂、敬忠堂各商所筹捐者”[①]。经常费（又称常年费）有“顺德县沙田充公之款，南海绅士侯选道、孔广镛等捐款”。二、拨用。即由官府拨付经费。广雅书院的经常费拨款渠道有：“黄江税厂羡余”、“三六平余”的“赢余”、“红盐变价充公”款等。三、生息。即劝捐、拨款用于书院建设费剩余款、经常费待支款存入银行或商行投资收益。广雅书院的“发商生息共岁得息银七千一百五十两”[②]。

其实，劝捐、拨用和生息是清代书院经费来源的通用渠道，为什么其他督抚用之无常效，张之洞用之有显效呢？这是因为治理基础有优劣，治理能力有高下。从治理基础看，张之洞以清流名士督抚两广，本身就具备一定声望；中法越南战争，张之洞睿智且成功地推荐刘永福这位充满争议的战将，充分调动两广资源支持前线，身在国内却能指挥战争完胜，成为朝廷赞誉、两广自豪的官员；整顿吏治，复兴工商，抚育民生，赢得两广百姓信赖。因为有这些政治资本、经济基础和社会信誉，又是振兴文教、砥砺士风的崇高之举，劝捐倡议自然能让“各商闻风鼓舞，情愿捐资修造”；更何况张之洞

---

① 张志茹、王书兰：《广雅书院概略》，《图书馆学研究》，1993年第4期。

② 王发志、阎煜：《岭南建筑经典丛书·岭南书院》，华南理工大学出版社，2011年，第40页。

本人带头示范，“多年积存廉俸公费等项捐置其中”[①]。工商业复兴，经济恢复，税收增加，官府拨款成为可能，存款生息、投资收益也有了保障。从治理能力看，张之洞“一盘棋”的思想和“咬定青山不放松”的执行力保障了经费拨款的到位和持续。张之洞对书院经费治理不仅体现在新创的广雅书院，也体现在全省各级各类书院。“十二年，把海安蔗糖税每年一千多元全部拨给雷阳，以充实书院经费及学生助学金”[②]，“十三年七月，札三司增设学海堂生额并增修课舍”，“十四年三月，整顿端溪书院，修葺斋舍”，“十四年十一月，札东藩司拨雷阳书院经费”，“十五年二月，电韶州林道、吴守，谓南、韶、连三属新建书院名北江书院”，“十五年三月，札潮州府筹增金山书院专款”[③]，“十五年重新规定，（端砚）开坑所得，官府充贡品之三成全行裁免。全部所得绅商各半。绅得之半，拔充端溪书院经费。各官不得私受一砚，胥吏不得需索分文，并刻石为告示。承包商何昆玉，即出银2000两，作为端溪书院经费”[④]。张之洞的治理策略是以广雅为示范，形成全省书院经费支持共识，赢得更多、更广、更持久的支持。为了达到这样的效果，张之洞密切跟踪，督办有力。以端溪书院为例，为了解决经费问题，张之洞于十三年（1887）三月至十月八个月时间里连发7封电报，分别指示：黄江税厂拨用山长住所建设经费（三月十四日），修理书院经费预算（三月十九日），付置器具费（三月二十一日），前用书院零费、由税厂拨还（六月十五日），膏火、修金、薪水等费直接由厂拨付、不必经府转拨（八月初七日），书院建设不敷工料由黄江厂平余项下如数给还（九月初三日），催缴书院地租（十月初九日）等[⑤]。涉及经费用途规划、来源安排、划拨渠道简化、落实结果反馈，周密而细致，急促而有力。正是借助个人威望和官办权威，张之洞对广东书院经费筹措渠道治理和经费给付实施都达到了最佳效果。以广雅书院为例，“先由官商捐献，再由官府酌拨，共得10万余两，存入汇丰银行生息，作为常年经费”[⑥]，

---

① 前引王发志、阎煜:《岭南建筑经典丛书·岭南书院》，第40页。

② 广东省海康县政协文史组:《海康文史》，1989年第1期第11卷，第19页。

③ 前引冼剑民、陈鸿钧:《广州碑刻集》，第947–948页。

④ 黄振平:《砚铭与砚雕》，岭南美术出版社，2012年，第194页。

⑤ 贾穗南:《宋城怀古·史海帆影》（续卷），暨南大学出版社，2016年，第129–130页。

⑥ 中共广东省委组织部、广东省人民政府地方志办公室:《广东资政志鉴》，广东人民出版社，2015年，第74页。

“办学经费每年最初为银1.715万两，后增至3.77万两”[①]，“临去粤时，存现款正项银二百万两，书院书局杂项银五十余万两交后任李筱泉督部”[②]。广雅书院成为当时“全国规模最大，经费最充足”的书院之一[③]。

（二）弘扬道德规章，整饬书院不良风气

解决办学经费，奠定书院生存和发展基础。书院风气的好坏则取决于教化和管理。广东书院原也有崇祀圣贤和制度规章，圣贤以中国传统文化儒、释、道代表人物及其弟子、追随者为主，具有普遍性和大众性；规章多为达成道德教化目的宏观要求，也有一些具体的可操作性的规范，但总体执行不力。“商贾走集，华洋错居”也一定程度上影响了潜心读书、淳厚风俗的传统，形成了“规矩纵弛，士气不扬”不良风气。

张之洞从两个方面整饬书院风气：一是重新树立道德标杆。将“古今宦寓名贤、本省先正有功两粤文教者”作为主祀。如，十三年（1887）整修端溪书院，设谢山先生祠；十五年（1889）新建广雅学堂，设纪念宋儒周敦颐的“濂溪祠”和纪念历代名贤中有功两广文教事业的“岭学祠”。与书院改祀同步进行的祠堂整改，十三年（1887）四月札饬改小蓬仙馆、郑仙祠为七公祠、三君祠，于海珠炮台建二公祠、粤秀山阮太傅祠内附祀卢坤、钱仪吉两先生[④]。意在“改善风俗，激励民心”[⑤]，也表达了自己对先贤的景仰和垂范，将广东书院与岭南文教振兴作为政治理想。二是制定并严格执行书院规章。嘉庆二十五年（1820）阮元创办的学海堂，至张之洞任职两广时已趋凋敝。院生往往不来应课；学长甚至会要求高材生托名多作，以充课卷数目[⑥]。张之洞到任后，曾于十三年（1887）札三司增加学海堂专课生名额，并增修馆舍，将每季一课的旧制改为每月一课，并亲自督查以扭转学风。广

① 李啸风：《中国书院辞典》，浙江教育出版社，1996年，第232页。

② 吴剑杰：《张之洞年谱长编》上卷，上海交通大学出版社，2009年，第259页。

③ 前引张志茹、王书兰：《广雅书院概略》。

④ 小蓬仙馆原来祭祀的是王子晋、吕纯阳、李白三人，郑仙祠原来祭祀的是郑安期。“七公”为陶侃、宋璟、韩雍、王阳明、李星沅、阮元、林则徐；“三君”即虞翻、韩愈、苏轼三人。“二公”指关天培、张国梁；“阮太傅”指阮元。

⑤ 黄俊棚：《张之洞的立功观及其学术主张》，《兰州学刊》，2016年第10期。

⑥ 陈澧《与赵子韶书》其五：“冬季学海堂课卷太少，五条题只收一百廿卷，殊不成事体。吾弟必须作二卷，写真名，又可多作数卷托名者，总在腊月十五六交到可矣。”见黄国声点校：《东塾集外文》卷五，《陈澧集》，上海古籍出版社，2008年，第472页。

雅书院章程“手自裁定，极费筹维”[①]。亲定学规二十七条，后续增十条。例如：

诸生各立课程日记，按日注明所业于簿。朔望行礼日将日记簿呈院长考核。每月考试，官课一，斋课一。官课于初旬，斋课于中旬，每年自二月至十二月，官、斋共二十二课。课业成绩，广东、广西各为一榜，每榜前七十名皆有奖赏，以名次为等差。每课即就所习经、史、理学、经济四门发题，各觇所业。缴卷以三日为限，勿庸考试时文。三年学成甄别，以定去留，学不进益者开除。

院内诸生，不得恃才傲物、夸诞诡异、诋毁先儒、轻慢官师、忌嫉同学、党同伐异以及嬉荒惰废。以上三条，如有不遵，即行屏斥出院。[②]

以上两条学规分别对课程考核考试和学习态度、道德品行等进行了具体规定。课程考核考试明确细致，奖罚明确，易于执行。一、日常考核：课程日记。时间固定于每月初一、十五两天；考核人为书院最高管理者——院长。二、月度考试：官课、斋课。时间分别为上旬、中旬。方法为分门发题、三日缴卷。三、奖惩措施：前七十名有赏，不进益者开除，三年定去留。态度与品德要求则列出负面清单，有个人行为举止、言谈态度，有对先儒、官师、同学的态度，有学习态度。最有震慑力的是对课程和态度品德恶劣者以“开除”和“屏斥出院”处分。这些学规“对于诸生的引导乃至控制，较严于阮元以降的经古书院”[③]。其实，其他书院也有类似于以上学规的要求及处罚，为什么在广雅书院最为有效？根本原因在于张之洞的亲力督办和参与治理。亦官亦师的两广总督之所以在省城建立广雅书院，就是为了自己能随时到书院督课督考，保证了书院学风的端正纯洁。“公余之暇，间诣书院考业稽疑，时加训勉。先之以严辨义利，课之以博约兼资，大旨欲力救汉学宋学之偏，痛戒有文无行之弊”[④]。

---

① 前引吴剑杰：《张之洞年谱长编》上卷，第 258 页。

② 张之洞：《广雅书院学规》，邓洪波：《中国书院学规集成》第三卷，《中西书局》，2011 年，第 1309—1311 页。

③ 杜维明：《从轴心文明到对话文明》，《嵩山论坛文集》(2012)，光明日报出版社，2013 年，第 382 页。

④ 前引吴剑杰：《张之洞年谱长编》上卷，第 222 页。

移任湖广总督后多年，张之洞仍坚持“每逢四季，命题封寄粤省。诸生课卷，汇送武昌，亲加评阅，定榜寄回”[①]。离任后尚且如此，可想见在任时的严格。有了广雅的示范，其他书院自然会加强学风建设。张之洞也非常重视对全省书院风气的治理，“十三年十二月二十三日，阅端溪书院，接见诸生”[②]。总督亲临考察既是激励也是鞭策。

（三）延聘名师院长，推动教育教学改革

民国时期清华大学校长梅贻琦先生有句名言“大学之大，非大楼之大，有大师之谓也”。早在清代光绪年间，张之洞在两广总督任上就用事实和行动预证了这句名言。延请名师作为书院院长、主讲、分校，是张之洞竭力追求的目标。在广东，张之洞为书院延请了三位“特别”的院长：

梁鼎芬（1859—1919），字伯烈，号节庵，广东番禺人。光绪二年（1876）举人，入菊坡精舍，为陈澧高足。六年（1880）成进士，入翰林，授编修。十二年（1886）正月，张之洞聘梁鼎芬入主惠州丰湖书院讲席。十三年（1887）三月，延梁鼎芬主讲端溪书院。十四年（1888）六月梁鼎芬受任广雅书院首任院长。

朱一新（1849—1894），字鼎甫，号蓉生，浙江义乌人。光绪二年（1876）恩科进士，累官陕西道监察御史。十三年（1887）八月，张之洞延其为肇庆府端溪书院院长，寻入广州，为广雅书院院长。

何如璋（1838—1891），字子峨，广东大埔人。清同治七年（1868）进士，授翰林院编修。光绪十四（1888）年秋，被张之洞延聘为韩山书院主持。

三位院长（主持）的“特别”之处在于他们均是被贬谪之人。梁鼎芬因疏劾李鸿章可杀之八罪触怒慈禧，部议降五级调用。朱一新以疏劾内侍李莲英，懿旨诘责，降官主事。何如璋督办福建船政，因中法马江之战失责，被革职查办，充军发配。张之洞启用三位被朝廷处分的官员自然是一着“险棋”，但三个重要因素迫使他必须这么做。其一，三位贬官乃“品行谨严，学术雅正之儒”[③]，堪担书院院长之职；其二，三位儒者正直忠诚，勇于担当，虽遭贬而不消

---

① 许同莘：《张文襄公年谱》卷四，《北京图书馆藏珍本年谱丛刊》第173册，北京图书馆出版社，1999年，第729页。

② 苑书义等主编：《张之洞全集》，河北人民出版社，1998年，第5290页。

③ 前引吴剑杰：《张之洞年谱长编》上卷，第205页。

沉，为可治乱扶正之人。其三，广东书院纵弛的学风，沉溺的风气需要三位正义之儒来治理。至于风险，张之洞“不措意也”[①]。他深知三位并非反朝廷人物，其参劾重臣、宦官本义也在于维护清王朝统治，择其师仅为作育人才，已远离政治。更何况临困委以重任的真儒必将竭力尽忠，有所作为。梁鼎芬到任端溪后，“颇致力于整顿。在时文、试帖诗之外加课经古、开辟‘讲书’制度”[②]。朱一新“为（广雅）定院规，先读书而后考艺，重实行而屏华士”[③]。何如璋“除了遵循着传统制度教学，还增加了西学内容”并“亲自主讲”西学[④]。梁、朱、何三位院长的莅任不仅整饬了广东书院侈靡风气，也带来了书院教学内容和管理方式的革新。张之洞“激励风节，扶持正气，利害百所计也”[⑤]。治理思想令人敬佩。

此外，还有林国庚，十四年（1888）中举人，旋被粤督张之洞聘为广雅书院史学分校。陈乔森，咸丰十一年（1861）举人，曾主讲雷阳书院三十余年，光绪中张之洞聘他兼广州黄埔水师学堂、潮州韩山书院讲席。黄绍昌，十一年（1885）举人，张之洞聘为广雅书院分校词章，旋主讲丰山书院。这些名士的加入，使张之洞广东书院教学与管理团队更加精良，书院办学水平提升迅速，学风院风为之一新。

三、张之洞广东书院治理成效

张之洞积极开展书院治理，使广东书院在办学基础条件保障、社会重视和支持程度、学风建设和人才培养方面都取得了良好的效果。主要体现在广雅书院的示范效应、学风优良的社会效应和文教治理的综合效应。

（一）广雅书院成为示范

督粤期间，张之洞对广东书院进行了统一布局，经过多年不懈的治理，广

---

① 前引吴剑杰：《张之洞年谱长编》上卷，第195页。
② 前引杜维明：《从轴心文明到对话文明》，《嵩山论坛文集》（2012），第286页。
③ 傅宏星主编、龚琼芳校：《钱基博集·序跋合编》，华中师范大学出版社，2014年，第87页。
④ 黄挺：《韩文公祠与韩山书院》，广东人民出版社，2006年，第64—65页。
⑤ 前引吴剑杰：《张之洞年谱长编》上卷，第195页。

雅、粤秀、越华、羊城、端溪和雷阳书院成为广东六大书院。其中由总督倡导并亲自参与教学管理的广雅书院，在办学规模上独树一帜。十五年（1889）二月，缪荃孙应梁鼎芬之邀到访广雅，惊叹："气局宏敞，为地球上书院之冠，西人所颂也。"①教学内容和教学方式的不断改革，领先其他书院并成为示范，产生了良好的社会影响。在教学内容上，十五年（1889）十月将原分经学、史学、理学、经济四类，又兼习辞章专门之学，重新定为经学、史学、理学、文学四馆，经济学附于史学馆内，学生可以自由选择科目。"分科教学奠定了现代学校的雏形"②。广雅书院有比较完备的行政管理体制，举凡学校经费收支、日常运行等杂务管理，均由地方官员和监院等专门人员处理，且院长之下设立分校四人，襄助院长阅卷讲授，让院长有充裕的时间和精力潜心培养人才。院长重在学术而非行政，是院长职能的本质遵守，即使在今天学校里也很难做到。经过严格考试和总督亲自选拔，广雅书院聚集了两广最优秀的学子，经过三年以上的学术研习、品德陶冶，均能成为成就出众的人才。因此，广雅书院是当时"广州城内继学海堂之后最有影响力的教育机构"③，也是全国"成就显著的一所书院"④。

（二）书院学风转向优良

经历张之洞对广东书院的全面治理，在广雅书院的引领下，香山丰山书院、惠州丰湖书院、雷州雷阳书院、潮州韩山书院等一批书院逐渐端正院风、学风，吸引大批莘莘学子，广东人读书蔚为风气。广雅以乡试中举为学成出院的标准，但又不以追求举业为唯一目标，唯求开创务实求真的学风。梁鼎芬主持端溪书院，订读书日程，严格考课，册记品行和成绩，鼓励质疑问难，校风和学风整严、肃然⑤。丰山书院，学者影随云集，听课诸生合计有320余人。"每当公余夜静，丝诵声发斋庐，侧耳东风，未尝不为之踌躇满志，及阅所课文，亦渐斐然可观矣"。在偏远的雷州地区，"由是学徒敬业乐群，士风浸昌，科第簪缨，文章气节之士，连镳接轨，与岭东南风物等矣"。何如璋

---

① 缪荃孙：《艺风老人日记》，北京大学出版社，1986年，第114页。

② 前引中共广东省委组织部、广东省人民政府地方志办公室编：《广东资政志鉴》，第74页。

③ 朱汉民、李弘祺：《中国书院》第7辑，湖南大学出版社，2006年版，第132页。

④ 前引张志茹、王书兰：《广雅书院概略》。

⑤ 顾明远：《中国教育大系·历代教育名人志》，湖北教育出版社，2015年，第353页。

"主讲韩山书院近三年，主张西学，介绍传播近代科学文化，所识拔多知名之士。如谢锡勋、陈宗卢、李香溪等名士皆出其门下"[①]。兴学读书之风，已吹遍广东城乡大地。

（三）文教综治获得成效

以书院整顿为抓手，文教综合治理见成效，是张之洞督粤重要政绩之一。十三年（1887）十月批雷琼道、府禀请拨经费设屯田、义学。十四年（1888）八月视学广东乡试，见贡院考舍少且破旧，筹议展拓并立即施行。经历两次"夷寇"之难，学海堂等广东书院经籍、书版大量散佚，张之洞准许两广总督府、肇庆府、高要县等地方政府动用公费购买书籍。广雅书院藏书处曰"冠冕楼"，楼中规模宏壮，复分东西两楹，藏度图籍。张之洞用粤省雄厚资财，命人在京师及各省搜罗大量图书，运回粤东。倡导地方官员、士绅捐献的书籍，自己也带头捐书。"梁鼎芬捐给端溪书院之书有18种216册，张之洞曾向端溪书院捐书20种947册，肇庆知府张丙炎曾向端溪书院捐书44种2688册"[②]。另外，张之洞还对肇庆端溪书院、潮州金山书院进行整顿修葺，"促进了广东各地的文化建设"[③]。

四、张之洞广东书院治理的当代启示

张之洞对广东书院治理发生在130多年前的清朝末期，当年的政治体制、经济基础、社会关系和传统教育模式已经远去，但张之洞书院治理的思想和方法对当代教育还有着诸多启示。

（一）经费为办学之基

张之洞广东书院治理成效的根本原因在于保障了经费供给。由经费不足、不能持续供给，到经费充足、富余生息，广东书院实现了可持续发展。在治理经费短缺问题上，张之洞可谓挖空心思，甚至不顾非议将"围姓"充公收入近百万

① 黄志环、邓旺林、黄伟平：《大埔进士录》，中国文史出版社，2015年，第252页。
② 赵克生、谢光荣：《端州风物》，广西师范大学出版社，2015年，第145页。
③ 阮锡安、姚正根：《阮元研究论文选》下卷，广陵书社，2014年，第454页。

元“留广雅以为今日改建学堂”①。正是因为有了经费，改善了办学条件，可以让师生住院上课，可以招收更多学生、购买图书，培育更多的人才。因为有了充足的经费，才能聘请梁鼎芬、朱一新、何如璋这些大师，才能留住陈乔森那样“有学问有识见的学者”②。当下，中国特色社会主义进入了新时代，国家经济实力已非常雄厚，公办学校办学经费已有法律保障，财政供给非常有力。当代校长应学习张之洞办学“理财观”，把经费用在提升办学水平和内涵发展上。延聘一流教师，给教师优裕的待遇；改善办学条件，提升现代化水平；褒奖优秀学生，培育优秀人才；资助困难学生，让更多人获得平等的受教育权。

（二）道德规章乃学风之源

创办广雅书院一方面能让两广学子应制科举，另一方面更在于“砺士品，储人才”，“上者阐明圣道，砥砺名节，博古通今，明习时务，期于体用兼备，储为国家桢干之才。次者亦能圭璧饬躬，恂恂乡党，不染浮嚣近利习气，足以淑身化俗”③。即为国家和地方培养品行端正、学问渊博、道德高尚的人才。当下教育要以“立德树人”为根本任务，坚持为党育人、为国育才的目标。准确把握中华传统美德深刻内涵，以社会主义核心价值观为指导，培养政治立场坚定、思想品德高尚、精神意志坚强的社会主义建设者和接班人。学习张之洞以历代有功于两广文教的“身边人”为标杆，以中国革命英雄人物、社会主义建议先进典型、改革开放勇敢创新者和当代道德模范为学习榜样，让学生形成正确的价值观、浓烈的爱国心和强烈的进取心，成长为祖国建设的栋梁之材。

（三）名师是兴教之本

名师是高水平办学之本。当代学校管理要学习张之洞把延请名师放在择师首位，把尊重和优待名师放在突出位置，以事业招揽名师，以待遇安心名师，以情感留住名师。在择师问题上，张之洞勇敢选择忠于国家、坚持真理、正直

---

① 《一个人之历史：张之洞康有为之异同》，《经世文潮新世界学馆报》（史学部丙），诸暨赵氏乐养斋刻印，1903 年第 6 卷第 6 期。

② 张之洞还考虑到陈乔森在雷阳的薪俸却过于菲薄，让他兼任广州黄埔水师学堂及潮州韩山书院的讲席，使他每年的收入增多一些，生活宽裕一些，以期更好地致力于三雷的文教事业。见前引广东省海康县政协文史组：《海康文史》，1989 年第 1 期第 11 卷，第 19 页。

③ 张之洞：《张文襄公全集》卷二十六，1937 年北平楚学精庐刻本，第 20–21 页。

无私、德望才高的梁鼎芬、朱一新、何如璋，启示当下选择名师首先要有坚定正确的政治立场，有忠诚炽热的报国情怀，有精致纯良的思想品德，有热爱事业和学生的宽广胸怀，还要有渊博知识、创新意识和进取精神。

任职两广总督是张之洞从政生涯重要的一段经历，正值仕途崛起的张之洞忠心于大清王朝，也致力于造福百姓。正如他的幕僚兼知己梁鼎芬所言“无邪在粤，正学在湖，讲道论心惟我久”[①]。张之洞以桐城派传统文人的道德观和“经世”思想实现着自己的理想。虽然忠诚于封建帝王的思想有其历史局限性，但其治理举措客观上有益于广东书院的进步和发展，有利于国家教育事业，有利于百姓幸福生活，值得当下学习和借鉴。

---

① 黎仁凯等:《张之洞幕府》，中国广播电视出版社，2005 年，第 198 页。

张之洞与广雅书院文学教育

丁　玲
（广东轻工职业技术学院）

张之洞（1837—1909），字孝达，号香涛、壶公等，直隶南皮（今属河北沧州）人，清同治二年（1863）进士，授翰林院编修，历任侍讲学士、内阁学士、山西巡抚、两广总督、湖广总督等。在地方学政、督抚任上，重视兴学育才，在湖北设经心书院、两湖书院，在四川设尊经书院，在山西设令德堂，在广东设广雅书院、广雅书局等，为教育与文化事业发展做出了卓著贡献。

一、广雅书院的创办

广雅书院是张之洞在两广总督任上创办的。光绪十三年（1887）闰四月十五日，张之洞札委知府方功惠等监修广雅书院云："兹特另筹专款，在广东省城西北三元里之南源头乡地方，择得地基一处，山川雄阔，风土清旷，形势甚为相宜。拟就其地，创建两广经古书院一区，建置东、西斋舍二百间，遴选两省高才生肄业其中，讲求经史、身心、希贤、用世之学，名曰广雅书院。"① 六月十六日上《创建广雅书院折》云："因于广东省城西北五里源头乡地方，择地一区，其地山川秀杰，风土清旷，建造书院一所，名曰广雅书院"，"现已于闰四月二十日集款购料兴工，约计十月可成。"②

广雅书院的创办是应两广人才培养之需。张之洞曾课士于肇庆端溪书院，但虑及肇庆地方偏僻，书院规模较小，且难以亲临考校，故创建广雅书院。广

① 苑书义等主编：《张之洞全集》，河北人民出版社，1998 年，第 2548 页。
② 同上引，第 585-587 页。

雅书院创办后，经古诸生移学于此，而专课时文者仍留端溪书院。张之洞委方功惠等监修广雅书院札云："肇庆端溪书院为两广作育人才之区，惟旧址不甚宽绰，年久失修，无可拓展，业经檄饬该道府等拨款，将讲堂、斋舍兴工重修，并重定章程，增给膏火奖银。惟肇庆究属偏僻，旧有斋房过少，不足以容两广英才，本部堂亦难亲临考校。"[①]许同莘《张文襄公年谱》卷三载："延梁编修鼎芬主讲端溪学院（肇庆端溪书院，为总督课士之所。自移驻广州，不复亲临考校，惟以山长主之。公欲扩充端溪，故慎选主讲。及广雅书院成，山长率端溪经古诸生移居省城，其专课时文者，仍留端溪）。"[②]

端溪书院之外，当时已有的其他书院，亦或专课制义，或无斋舍，不足以容纳两广英才学习经古、致用之学。张之洞《创建广雅书院折》云："查省城粤秀、越华、应元三书院，专课时文，斋舍或少，或无肄业者，不能住院，故有月试而无课程。"学海堂和菊坡精舍，"用意精美，而经费无多，膏火过少，又以建在山阜，限于地势，故有课而无斋舍"[③]。许同莘《张文襄公年谱》卷三载，光绪十三年（1887），"闰四月创建广雅书院（端溪地势无可展拓，而省城粤秀、粤华、应元三书院专课制义，学海堂、菊坡精舍则有课程而无斋舍，皆不足以容多士，乃度地省城源头乡得一百二十四亩，筑斋舍二百间，讲堂、书库具备，名曰广雅书院）"[④]。光绪十四年（1888）七月，广雅书院落成。吴大澂《愙斋自订年谱》载："（光绪十四年）七月，广雅书院落成，公请山长梁星海太史鼎芬。书院东西斋房各一百间，规模宏敞，甲于各省。皆张孝达制军之力也。"[⑤]

广雅书院创办后，"延聘品行谨严学术雅正之人，以为主讲"，"调集两省诸生才志出众者"肄业其中[⑥]。关于书院的命名，许同莘《张文襄公年谱》卷十引梁节庵先生曰："公开府两广，设书院书局，皆以'广雅'名，又以自名其

---

① 前引《张之洞全集》，第2548页。

② 许同莘：《张文襄公年谱》，商务印书馆，1947年，第57页。

③ 前引《张之洞全集》，第585—587页。

④ 前引《张文襄公年谱》，第57页。

⑤ 吴大澂：《愙斋自订年谱》，见《〈青鹤〉笔记九种》，中华书局，2007年，第110页。许同莘《张文襄公年谱》、吴剑杰《张之洞年谱长编》均载：光绪十四年（1888）六月初八日广雅书院成，行开馆礼。当误。

⑥ 前引《张之洞全集》，第586页。

堂。广者，大也；雅者，正也。大而能正，公无愧焉。”[①]“广雅”之名，寄寓了张之洞的教育理念和人格理想。

二、广雅书院的文学课程

广雅书院的课程，初分为经学、史学、理学、经济四门。光绪十三年（1887）六月十六日张之洞上《创建广雅书院折》云：“广雅书院讲求经义史学身心经济之学，广置书籍以备诵习。”[②]光绪十五年（1889）八月二十二日上《请颁广雅书院扁额折》云：“窃照广东省会创建广雅书院，合课东、西两省诸生，臣于光绪十三年六月曾经奏明在案。嗣经书院落成，选调两省士子肄业其中，严定学规，慎防流弊，分经、史、理学、经济四门，随其性之所近而习之，各立课程日记，以便考核。”[③]

虽然最初未专立文学一门，但广雅书院在创办之时，即要求诸生兼习词章。张之洞《创建广雅书院折》云：“经学以能通大义为主，不取琐细。史学以贯通古今为主，不取矫伪。经济之学，以知今切用为主，不取泛滥。词章之学，以翔实尔雅为主，不取浮靡。士习以廉谨厚重为主，不取嚣张。其大旨总以博约兼资、文行并美为要归。”[④]从中可知，广雅书院的学业包含词章之学，旨在培养“博约兼资、文行并美”的人才。[⑤]《广雅书院学规》中，“专业”条所举为经学、史学、理学、经济四门，规定“诸生各习一业，以期专精”，同时要求“各门皆令兼习词章，以资著述，而便考校”[⑥]。

光绪十五年（1889），广雅书院的课程改分经学、史学、理学、文学四门，规定分设四馆，各设分校一人，原设的经济学附于史学馆。是年十月二十日张之洞《札广雅书院提调设立分校》云：“查书院额设二百人，原分经学、史学、理学、经济四类，又兼习词章专门之学……原定章程，经济专立一门，词章归于兼习，此教人之法，理应崇实黜华。至设立分校，则史学可包经济，而词章

① 前引《张文襄公年谱》，第229页。

② 前引《张之洞全集》，第586页。

③ 同上引，第695页。

④ 同上引，第586页。

⑤ 同上引，第585-587页。

⑥ 《广雅书院学规》，见刘伯骥：《广东书院制度沿革》，商务印书馆，1939年，第146页。

实有专门，必须专于此道者，方能究其源流，指摘利病，且专以经济名家者，世罕其人，亦难专立一师，今定为经学、史学、理学、文学四门，分设四馆，经济学附于史学馆内，各设分校一人。”[①]刘伯骥先生指出，“广雅书院之兴，分经史理文四科，兼及时务，渐有学堂之雏形”[②]。

课程改设时，张之洞已调任湖广总督。光绪十五年（1889）七月十二日上谕：“张之洞着调补湖广总督，即赴调任，勿庸来京请训。”但张之洞赴新任后，仍十分关注广雅书院的发展。许同莘《张文襄公年谱》载，光绪十六年（1890）三月，“发课题广雅书院诸生。交卸粤任时，定广雅书院季课章程。自光绪十六年起，每逢四季，命题封寄粤省。诸生课卷汇送武昌，亲加评阅，定榜寄回，藉觇诸生学业进退，行之凡三年。十九年两广乡试，广雅诸生中式者十八人，闻之而喜。二十年，广雅分校易人，李勤恪犹电询公意，得复乃定”[③]。张之洞于数千里之外，评阅广雅诸生课卷，孜孜不倦，曾致广雅书院分校马季立、黄子鹏、林子飏、黄芑香札云：“春季卷已阅竣，即日寄回”，“而鄙人于每年四季，亦得时修旧学商量之业，案牍如山，抽空披览，相隔数千里，恍若对面讨论，诚可乐也。”[④]札中提及的黄芑香，即广雅书院第一任文学分校黄绍昌[⑤]。

光绪十六年（1890）九月十日张之洞《札发广雅书院秋季课题（附粘单）》云：“照得本部堂前在两广任内，立定广雅书院季课章程，以光绪十六年为始，每逢四季，由本部堂命题封寄。粤省诸生课卷，交监院汇收，转送提调，递送湖广，本部堂亲加评阅，定榜寄回，藉觇在院诸生学业进退，以无负本部堂创设书院之本意等因，檄饬遵照在案。”随札发秋季课题，令“转发在院诸生，按题作文，依限缴卷，汇齐封固，即送书院提调，交文报局，迅速寄鄂评阅”[⑥]。此

① 前引《张之洞全集》，第2606—2607页。据《札广雅书院提调设立分校》，分校并未设于当年，札中云：“至四学分校，本应在院中诸生内，择其才学出群、年龄稍长者为之。第开院未久，诸生中未能各学均有胜任愉快之人，应俟三年之后，诸生年龄渐长，学问日进，嗣后著为定章，分校均在肄业诸生内，升拔延订，不另延院外之人。”

② 前引《广东书院制度沿革》，第441页。

③ 前引《张文襄公年谱》，第71页。

④ 前引《张之洞全集》，第10345页。

⑤ 黄绍昌（1836—1895），字芑香，广东香山人。少从陈澧学作文法，光绪十一年（1885）举人，官至中书，著有《佩三言斋骈体文》《苇花荷剑词》《三国志音释》《藤花书屋词钞》《秋琴馆诗钞》等。

⑥ 陈山榜编：《张之洞教育文存》，人民教育出版社，2007年，第72页。

次所发文学课程的春季课题为“《海市赋》（以须臾之间变化无穷为韵）；拟鲍明远《行路难》（不限首数）”，夏季课题为“《天问》疏证；题司马温公《独乐园图》（七言古）”，秋季课题为“君子三可惜箴（仿昌黎《五箴》，体出《明史·夏寅传》）；拟《广南方草木状序》；拟唐人诗四首（五古）：刘禹锡‘爽帖应秋律’（即《捣衣曲》），温庭筠‘悠悠复悠悠’（即《西洲曲》），陆龟蒙‘茱萸箧中镜’，李端‘水国叶黄时’（按《升庵诗话》云：大历以后，五古之可选者，惟此四篇。论虽少偏，然四诗恰自可爱）”。同年九月十二日张之洞又有《札发广雅书院春季课卷奖银》，分列广东、广西两省经、史、理、文各科获奖银生员名单，其中在院肄业的广东文学生员59名，广西省文学生员60名，广东、广西两省外课文学生员36名[①]。张之洞为培养两广人才所倾注的心力，于此可见一斑。

在张之洞的推动下，广雅书院创办初期，经学、史学、理学、经济各门诸生兼习词章之学，后改专设文学一门，文学教育可谓贯穿广雅书院办学始终。在张之洞的教育观念中，词章之学可资著述，便以考校，且“实有专门”，广雅书院培养“博约兼资、文行并美”的人才，文学教育不可或缺。

三、张之洞的文学教育观念与实践

张之洞在德行、学问、文才的养成等方面对后学诸生予以谆谆教导。在诗文创作方面，他提出“清真雅正”“有理、有情、有事”等主张，并重视读书的作用，引导健康文风的养成。他重视指导后学以读书和治学门径，对集部书籍的价值有独到的看法，同时重视藏书和刊书对于教育的作用，推动了文学书籍的刊印和传播。

（一）张之洞的创作主张及其积极意义

张之洞主张作时文和古体诗文皆应“清真雅正”。光绪元年（1875），张之洞在四川学政任上撰《輶轩语》，其中《语文》篇专论其创作主张。关于时文的写作，张之洞提出“宜清（书理透露，明白晓畅）、真（有意义，不剿袭）、雅（有书卷，无鄙语；有先正气息，无油腔滥调）、正（不俶诡，无偏锋，无

① 前引《张之洞教育文存》，第78-80页。

奇格）”，他认为创作古体诗文，亦应遵循这四字标准：“不惟制义，即诗古文辞，岂能有外于此。”[1]故“清真雅正”四字，可谓为张之洞创作主张之要旨。张之洞以“广雅”名其室和诗文集，亦因此二字与其“清真雅正”的作文主张契合。其室名曰“广雅堂”，诗文集有《广雅堂诗集》《广雅碎金》《广雅堂试帖》等。张之洞在广东创建书院和书局，以“广雅”为名，体现了张之洞文学思想与其文化教育思想的密切联系。

张之洞还指出作时文“宜多读书，读书多，则积理富，不看讲章，自能解题，题理憭亮，文法自合。至于意义精深，词华宏富，因源得流，不勉而能”，“宜学先正。经、史为文章根柢，名大家为墨卷根柢”[2]。关于试律诗，主张“先学杂体诗而后作试律诗”[3]，宜“工（不率）、切（不泛）、庄（不佻）、雅（不腐）”，“宜读古人诗。初学宜先读唐宋古今体诗，且学作之，再为试帖，事半功倍”[4]。关于赋，认为“宜读古赋”，“《选赋》《六朝唐赋》，皆必宜读”，“国朝张慧言《七十家赋钞》，古雅详备，能读更佳”[5]。

张之洞在创作上还主张“有理、有情、有事”。《輶轩语·语文》在论古今体诗的创作时说：“忌无理、无情、无事”，“有理、有情、有事，三者俱备，乃能有味，诗至有味，乃臻极品。”在论作古文、骈体文时，主张“古文之要曰实，骈文之要曰雅。实由于有事，雅由于有理”[6]。这样切实的创作理念，与其“读书期于明理，明理归于致用”的读书为学观念相契合，有益于健康文风与士风的养成，亦有益于经世致用之人才的培养。

（二）推动文学书籍的刊印和传播

张之洞重视指导后学以读书和治学门径，撰有《书目答问》《輶轩语》《劝学篇》等专门著述。关于集部书籍的作用、选取，他有独到而精辟的论述。《书目答问·集部》别集类所举清代作家别集，“除诗文最著数家外，举其说理记

---

① 前引《张之洞全集》，第 9800 页。
② 同上引，第 9799—9800 页。
③ 同上引，第 9801 页。
④ 同上引，第 9803 页。
⑤ 同上引，第 9805 页。
⑥ 同上引，第 9808 页。

事、考证经史者"①；总集类，标注"近世选本，举大雅者"②。《书目答问·别录》中指出群书读本"可以开发性灵，其评点处，颇于学为词章者有益"③，词章初学各书"虽为典故词藻，然所列书必体例大雅，引书有裁择者、有本原者"④。《輶轩语·语学》"读古人文集"条下云："凡集中有奏议、考辩、记传文字中有实事者，须详览之。"⑤"通论读书"条下云："讲经、史者，词章亦不可竟废，可以涵养性灵，兼资笔札。"⑥《劝学篇·守约》云："词章，读有实事"，"词章有奏议、书牍、记事之用，不能废也，当于史传及专集、总集中择其叙事述理之文读之。"⑦

张之洞也十分重视藏书和刊书对于教育的作用。他在四川尊经书院时曾"捐置四部书数千卷，起尊经阁庋藏之，藉供生徒浏览。并开书局，刊行小学经史诸书流布坊间，以备士人诵习之资"⑧。广雅书院创办后，亦设冠冕楼作为藏书之处，其中的藏书，有的出自广雅书局，亦有由学者搜集所得或捐赠者。

广雅书局由张之洞于光绪十二年（1886）创办，至光绪末年停办前，所刊书籍逾200种⑨，居清末地方官书局前列，并以底本精良、校勘精审著称。广雅书局开设后，即聘经术名儒提挈一切，并广延硕学知名之士参与局事。先后任广雅书院山长的梁鼎芬、廖廷相皆为广雅书局总校。书局开设之初，拟继学海堂刻《皇清经解》之后刊布经籍，后来的刻书方向，是"史部子部集部诸书，可以考鉴古今，裨益经济、维持人心风俗者，一并搜罗刊播"⑩。最终所刊书而以经、史为主，尤以史学著作数量最多且享誉最高。书局最早付刻的集部书籍是严可均《全上古三代秦汉三国六朝文》稿本，是书始刊于光绪十三年（1887），但因卷帙浩繁，刊印经费不足等原因，至光绪十九年（1893）方刻成，

---

① 前引《张之洞全集》，第9936页。

② 同上引，第9956页。

③ 同上引，第9971页。

④ 同上引，第9973页。

⑤ 同上引，第9788页。

⑥ 同上引，第9795页。

⑦ 同上引，第9730页。

⑧ 赵尔巽：《已故大学士兴学育材成效卓著，请宣付史馆折》。

⑨ 广雅书局刊刻的书籍数量，一说有三百余种。李绪柏《清代广东朴学研究》："据后人粗略统计，有362种之多。"见李绪柏《清代广东朴学研究》，广东省地图出版社，2001年，第120页。

⑩ 张之洞：《开设书局刊布经籍折》，见前引《张之洞全集》，第613-614页。

收辑自上古迄隋代3497位作者的著作，分746卷，搜采宏富，自此“考唐以前著作者，庶几大备”，至今仍是先唐文学研究的重要资料。朱士嘉《官书局书目汇编》一书中广雅书局刻书目录著录的集类图书有8种，此外“总集及丛书”条列有《金文最》《全唐文》，“聚珍丛书集部抽印”条列有38种[①]。

广雅书局所印书籍，入藏广雅书院冠冕楼。冠冕楼的命名，取杜甫诗句“冠冕通南极，文章落上台”之义。周汉光《张之洞与广雅书局》一书中指出：“冠冕楼的规模极为弘壮，分东西两楹以庋藏图籍。大抵《书目答问》所列之书，已具备七八。而康、雍、乾三朝所编的钜大典籍，也都齐备。”[②]廖廷相在朱一新编制的书目基础上整理编成《广雅书院藏书目录》7卷，收录图书2706部，50325册，分经部、史部、子部、集部、杂著、丛书，其中以丛部图书最多，其后依次为史部、集部、经部、杂著与子部。由此可见广雅书院藏书之富。该藏书目录中集部著录的图书344种，别集224种，总集97种，诗文评类23种。

在张之洞的推动和影响下，广雅书院汇聚、培养了大批优秀的学人，他们务本求实，并关注乡邦文化。例如，1917年，广雅书院首任山长梁鼎芬、广雅书院肄业生林鹤年等发议编印《广东文征》《广东诗征》。《诗征》由沈芷邻编选，稿曾归林鹤年，存佚未详。而林鹤年又曾为《文征》的编纂搜求图籍，并在临终前嘱其友吴道镕编纂《文征》。吴氏辑成《广东文征》240卷，并撰《广东文征作者考》12册，书未成而先逝，遗稿由潘瑜、张学华等整理，至1939年始告成，又经包括广雅生桂坫在内的学者详加考正后出版。“自是粤东前贤文字得以保存，粤东之学术文化，亦因之以显。然自发议至完成，均与广雅人物有关”[③]。广雅学人为刊播广东文人著述、推动广东学术文化发展做出了贡献。

① 朱士嘉:《官书局书目汇编》，中华图书馆协会，1933年，第273—279页。

② 周汉光:《张之洞与广雅书院》，中国文化大学出版部，1983年，第340页。

③ 同上引，第511页。

从“经世致用”到“务本求实”

赵娜娜
（广东广雅中学）

广雅书院创办于光绪十四年（1888），这一时期是张之洞思想转变的重要阶段。因此，无论是从学校设置，还是从办学理念，都体现了张之洞淡化传统儒学，培养时代所需人才的“经世致用”思想。从1888年创办开始至1902年改名为两广大学堂，广雅书院只存续了14年，但是书院时期所倡导的经世致用理念和人文精神，一直被后世沿用。无论是民国省立第一中学时期，还是改革开放后的广雅中学，无不继承了张之洞“经世致用”的理念。如今，广雅已成为中国现代教育的宝藏之一，历届广雅人坚持发展创新，在继承广雅书院优良传统的基础上，将“经世致用”发展为“务本求实”，致力于培养更多时代所需的人才。

一、“经世致用”思想与广雅书院的创办

光绪十年（1884）四月，在中法两国越南交兵的背景下，张之洞被任命为两广总督，奔赴广州。中法战争让张之洞更多地接触到西方军事、经济、科技等方面，使张之洞认识到积贫积弱、事事仰人鼻息的痛苦。他深刻地意识到，要想生存就必须适应时代变化，要打败外国侵略者，首先要培养具有现代科技文化知识的洋务人才，大力发展现代科技、军事工业，这是他思想转变的最初阶段，也是传统儒家经世济道思想转为“经世致用”的重要节点。在两广期间，他不仅创办了近代军事企业，还创办了广雅书局和广雅书院。广雅书院的办学一改传统模式，增加西学的内容，无论是办学缘由，办学方针，课程设置还是人才设置上，都贯穿了张之洞“经世致用”的理念。

（一）办学缘由

张之洞出身科举，一生恩师众多，但就经世致用而言，胡林翼、韩超二人对张之洞影响较大。胡、韩均为书生从戎，晚清名将，他们与张之洞的父亲张瑛同在贵州为官剿匪。胡林翼为湖湘学派重要代表，出身理学，力主经世。韩超为张瑛直隶同乡，因献策天津海防而被朝廷启用。二人兼具南北学派之长，都颇看重张之洞。从学院流派看，韩超的经世取向，或许可溯源至清初北方的颜李学派，张之洞认为自己“史学、经济之学受于韩果靖公超”[①]。张之洞从未明言从胡林翼处承何种学问，但胡林翼书生从戎，对晚清的贡献极大，张之洞以胡林翼作为人生楷模，从小耳濡目染，经世致用的思想在无形中形成。

清末，面对国家衰弱，外敌入侵的困境，旧式书院仍单纯以“四书五经”为重，培养出来的人才完全不能适应时代发展需要。担任两广总督后，张之洞对传统书院的培养模式感到不满，他创办广雅书院的目的就是为两广士子“讲求经义史事身心经济之学，广置书籍以备诵习”，这充分体现其注重实学、不尚虚文的思想。

（二）办学方针

张之洞的办学贯穿了经世致用的理念，从课程目标设置上，可以窥见张之洞的办学方针：“院内课程，经学以能通大义为主，不取琐屑。史学以贯通古今为主，不取空论。性理之学以践履笃实为主，不取矫伪。经济之学以知今切用为主，不取泛滥。词章之学以翔实尔雅为主，不取浮靡。士习以廉谨厚重为主，不取嚣张。其大旨总以博约兼资、文行并美为要归。”[②]由此可见张之洞“通经致用”的办学方针和学术理念。

此外，张之洞题给广雅书院和礼堂的楹联上，也体现出张之洞的办学方针。无邪堂的楹联是“虽富贵不易其心，虽贫贱不移其行，以通经学古为高，以救时行道为宜”，礼堂上的楹联是“尊其所用，行其所知，合岭南东道岭南西道人才，互相师友；博我以义，约我以礼，会汉儒经学宋儒理学宗旨，同道

---

① 苑书义等主编：《张之洞全集》，河北人民出版社，1998 年，第 10631 页。

② 同上引，第 586 页。

圣贤”①。这两副楹联体现了张之洞对学子们德行礼智的要求和“救时行道”的办学理念。

广东地处五岭以南，华洋交错，民众受洋人和西学影响较大，张之洞在《请颁广雅书院匾额折》中说：“其志趣凡下者多存希图幸获之念，其才智颖悟者或有歧于异学之忧。臣设立书院之举，窃欲鼓舞士类，维持世风，上者阐明圣道，砥砺名节，博古通今，明习时务，期于体用兼备，储为国家桢干之材。次者亦能，圭壁饬躬，恂恂乡党，不染浮嚣近利习气，足以淑身化俗。士习既善，民风因之。”②这表明了张之洞创办广雅书院的方针，是鼓励士人认真读书，关心时事，吸收新知，使他们能够出任官职成为国家栋梁，为民众成为社会中坚，也体现了他倡导实学教育，力图通过个人努力扭转社会风气的决心和魄力。

（三）课程设置和行政组织

在课程设置和教学内容方面，张之洞针对晚清科举制度的弊端，全国各校均教授四书五经、盛行八股的情况，要求广雅书院“均酌照学堂办法，严厉学规，改定课程，一洗贴括词章之习，唯以选真才，济实用为要归”③。课程设置分设经学、史学、理学和经济学四门专业，目标从实用出发培养人才，要求学生“先行后文”“学求致用”。学生可根据自己的专长和爱好，自行选学一门专业。各专业的教学内容，均引入声、光化、电等近代自然科学，这些做法顺应时代要求，培养了时代所需的人才。

清代旧式书院注重经史古学，不以制艺为教学目的。广雅书院有别于旧式书院，从第二任院长朱一新著的《无邪堂答问》一书中，可以看出学生的学习内容是新学旧学兼有。其中，有“立身外世，求学问道”的内容，也有“治国经世之大道”的内容，大多是就现实问题提出来的，这与旧式书院只注重科举考试有本质的不同。从答问中可以看出，当时广雅书院师生所探讨的问题和社会的现实是紧密相关的。如问：“西教为中国利害”，“近人至外洋者，所记述浅率居多，何欤？”等内容，这些都是“经世致用”思想的具体体现，也为张

① 现在这副楹联位于广雅中学昭明楼两侧。

② 前引苑书义等主编：《张之洞全集》，第695页。

③ 《广雅一百二十年纪念特刊》，2008年11月4日，第15页。

之洞后来“中学为体，西学为用”的主张奠定了基础。

二、对“经世致用”思想的继承与发展

随着近代教育的发展，广雅书院很快更名为两广大学堂，但是广雅书院丰厚的历史积淀和人文精神影响深远，在130余年的发展过程中，无论是民国的省立第一中学时期，还是改革开放以来，历届广雅人都不忘初心，继承并发展“经世致用”的思想。

（一）民国第一省立中学时期

广雅书院从1888年创办开始，至1912年10月改为广东省立一中时止，先后经历了广雅书院、两广大学堂、两广高等学堂、广东省高等学堂等几个阶段。随着时代的变化不断发展，广雅书院在上述每一个阶段都站在了当时中国教育发展的前沿。辛亥革命推翻了清王朝的统治，结束了2000多年的封建帝制，建立了中华民国。在这巨大的历史变迁中，广雅由清末的高等学堂改为民国首所省级公立中学，承载着“经世致用”的办学理念，对中国教育体制的建立做了不少创新性实践和大胆探索，为我国从无到有的中等教育事业提供了范例和经验。

1912年10月21日，教育部为实现废学堂改学校的目标，下令将广东高等学堂及附中改为中学校，命名为广东省第一中学，这是民国第一所省级公立中学，开创了中国创办中学的先河，由民国初期著名教育家、“岭南近代四大家”之一的黄节出任首任校长。省立一中实行四年学制，开设十五门学科：国文、数学、外语、历史、地理、物理、生物、化学、法制、经济、修身、绘画、乐歌、手工、体操，每周上课32至36课时，校内设有普通教室和物理、生物、化学、图画等特别课室。从课程设置来看，省立一中已经具有现代教育学制的基本特征。省立一中创办的“三制”对广东乃之全国教育界影响犹大：一是班主任制，省一中率先建立班主任制，学生分班而制，每班设班主任一人，与该班学生同吃同住，早上主持“早会”，晚上批改学生日记；二是日记制，学生每日坚持写日记，此制度源于广雅书院时期，一直被继承至今。三是晨操制，学生每天早晨起来集体做操，进行体育锻炼。这“三制”，结合时代背景，以

务实为原则，对中国的教育发展产生了重要影响[①]。

省一中的历任校长和教职员工都坚持传承“经世致用”的理念，求实创新，锐意改革。1928年，著名学者、教育家梁漱溟出任省一中第十六任校长。省教育厅将省一中定为实验中学。遵循学成致用的理念，梁漱溟进行了一系列卓有成效的改革。首先设立校务委员会，由校长负责制改为校长领导下的校务委员会集体负责制；设置以生活为中心的课程模式，有必修课、活动课和职业选修课，并实行教时学分制，高中分文科、理科、师范科，1929年高中又开设普通科。学校设动植物园、理化实验室、工艺场、农艺场，组织课外兴趣小组活动，加强学生的劳动技能和职业教育，从只重“书本”到“教、学、做合一”，使学生知行并进[②]。这是对“经世致用”思想的继承和发展，影响深远，学工学农制度一直延续至今。

（二）改革开放后的广雅中学

1935年3月，广东省立第一中学改为广东省立广雅中学，广雅中学之名由此开始。在新中国成立前的14年间，广雅经受炮火洗礼，制造了一批又一批的民族革命战士；新中国成立后，广雅在党和国家的关怀下茁壮成长，1953年教育主管部门把广雅定为第一批省、市重点中学，在“十七年教育时期”，广雅教师忠诚教育，爱生如子，继承广雅书院以来积淀的文化精髓，提倡“艰苦朴素、勤奋好学、尊师守纪、团结有爱”的学风，为祖国培养了大批英才；文革期间，广雅虽然也受到了冲击，但悠久的历史和文化底蕴还是让这所近代名校保留了魁梧的体格，直至迎来了改革开放，广雅也进入到发展的新时期。

1978年，广雅中学恢复为省、市重点中学，学校初高中改为三三学制，以此为标志，广雅进入“文革”破坏后的恢复阶段，学校紧抓德育，教学和体育，维修了冠冕楼和礼堂，逐步恢复学校元气。80年代，学校各方面都有了很大的进步，校风校容校纪有了可喜的变化。80年代末，广雅逐步形成了培养学生的特点：即有革命理想、有抱负、敢于创新、有为四化献身的精神；各科基础知识扎实，各种能力较强；有强健体魄和一定的体育运动技能；同时要求八会：会游泳、会英文打字、会开车床、会修简单家用电器、会使用电脑、会一

① 前引《广雅一百二十年纪念特刊》，第37页。
② 同上引，第40页。

些农业生产知识和基本军事知识，会军事自理[①]。这些要求，无一不体现广雅人踏实务实的作风。

在1988年广雅建校一百周年时，梁漱溟为广雅题词“务本求实”，这四个字是梁漱溟教育理念的核心思想，是对“经世致用”思想的继承和发展，也是新时期广雅中学的校训和办学宗旨。“务本”明确了办学抓什么，指办学要抓“根本”，即“以人为本，以育人质量为本”，“求实”明确了办学怎么抓，指以踏实作风，务实态度、切实举措、扎实工作，抓好根本，追求育人果实的丰硕[②]。

进入新世纪以来，广雅坚持和谐优质创新。既要传承传统，又要与时俱进，既要尊重规律，又要开拓创新，既要脚踏实地，又要只争朝夕，广雅人一直和时代共进步。2000年，遵照党中央、国务院的决策，广雅承办了内地新疆高中班，培养和造就了一大批坚定地维护祖国统一、增进民族团结、反对分裂、促进新疆经济发展和社会进步的少数民族优秀人才。2007年，广雅被评为广东省国家级示范性普通高中。

广雅书院倾注了张之洞的心血，是他的经世致用思想的升华和体现。130余年来，广雅人不忘初心，牢记使命，从“经世致用”到“务本求实”，广雅人一直致力于为祖国培养各类英才，正如广雅校歌所唱的，“扶摇直上学成致用，许身祖国气如虹”。正是由于对优秀传统的继承和发展，今天的广雅才能成为一所锐意进取、功勋卓著的百年名校，成为中国近现代教育的一座宝藏。

---

① 前引《广雅一百二十年纪念特刊》，第107页。

② 同上引，第41页。

南园史迹及其历史意义

林子雄
（广东省方志馆）

广雅书局是两广总督张之洞创办的官书局，其出版图书数量众多，文献编纂校勘精良，在清代官书局中独树一帜，且影响久远。广雅书局在广州城南，此地原为“机器局”，最早为元末明初的“南园”。此地自元末以来，一直为粤籍文人学者活动场所，每有官员南来，地方人士推荐，引起他们关注。明代大忠祠，清代学海堂、广雅书局，民国广东图书馆曾在这里兴建或选址，足见南园文化渊源久远和历史积淀的深厚。

一、南园史迹

古代南园的位置，可以附近的玉带濠（又名玉带河）作参考。玉带濠开凿于宋大中祥符四年（1011），东西流向，舟楫行走，便利市民，每遇台风舟楫可入濠躲避。该濠的位置“在今文明路东段南侧，东至今越秀南东侧之东濠涌，西面中城南侧之玉带濠（即中城南濠，亦即中段玉带濠），北接文溪东之流之水，即约东起今东濠涌，西至今聚贤北街之间的定安里南侧地（今玉带濠东段，已建成暗渠）”①。南园自元末明初兴起，至上世纪90年代，一直是广州乃至广东文化文学的象征，认识和了解其历史轨迹至关重要。

---

① 广州市越秀区人民政府地方志办公室、广州市越秀区政协学习和文史委员会：《越秀史稿·第二卷》，广东经济出版社，2015年，第48页。

（一）元末明代

广州有“南园”之名，或者说广州及入粤诗人在此一带聚会始于元朝末年。孙蕡《琪琳夜宿联句一百韵序》云：“因思年十八九时，承先人遗德，得弛担负，过从贵游之列，一时闻人相与友善，若洛阳李长史仲修、郁林黄别驾楚金、东平黄通守庸之、武夷王征士希贡、维扬黄长史希文、古冈蔡广文养晦、番禺赵进士安中及其弟通守澄、征士纳，北平蒲架阁子文、三山黄进士原善，皆斯文之表表者也，共结诗社，南园之曲，豪吟剧饮，更唱迭和。”[①]孙蕡生于元至元三年（1337），因此汪廷奎先生认为：“根据这段文字，知孙蕡、王佐同庚，他们结诗社于南园之时，都只十八九岁，按此推算，始创南园诗社当在元顺帝至正十一年或十二年（1352或1352）。”[②]自此至明初，孙蕡、黄哲、王佐、李德、赵介等在此结社聚会，他们志同道合，吟诗唱和，后人称呼他们为广州五先生、南园五子。其对明以后的岭南诗歌风气影响颇大，屈大均称赞五先生“开有明岭南风雅之先”[③]。

孙蕡写诗，颇喜联系南园，从他的几首诗歌或可了解早期南园的情形。孙蕡《南园》一诗云：“诗社良宴集，南园清夜游。条风振络组，华月照鸣驺。高轩敞茂树，飞甍落远洲。移筵对白水，列烛散林鸠。雅兴殊未央，旨酒咏思柔。玉华星光粲，锦彩云气浮。丽景不可虚，众宾起相酬。长吟间剧饮，楚舞杂齐讴。陵阳杳仙驾，韩众非我俦。聊为徇时序，娱乐忘百忧。”[④]孙蕡笔下的南园，从早到晚，精致醒目，是当年广州著名园林之一。孙蕡学生欧著的诗也描述了诗人在南园饮酒唱酬的情形：“绿阴深处绮筵开，风管龙笙动八垓。美酒十千留客醉，新诗八韵为君裁。竹林七子去未远，六逸仙人又再来，饮罢四山明月白，马蹄南北踏苍苔。”[⑤]

宋开庆元年（1259），玉带濠曾经拓宽挖深。时至明初，玉带濠两岸栽种树竹，垂柳依依。孙蕡说：“郡城多暇日，公子专幽寻。招携无俗士，欢宴尽

---

① 孙蕡：《西庵集》，《广州大典》第419册，广州出版社，2015年，第52页。

② 汪廷奎：《孙蕡、王佐等结社南园的时间》，《广东社会科学》1997年第6期。

③ 屈大均：《广东新语》，广东人民出版社，1991年，第411页。

④ 孙蕡：《南园》，《南园前五先生诗》，中山大学出版社，1990年，第31页。

⑤ 欧著：《南海新声》，前引《广州大典》第419册，第530页。

华簪。临水钓游鱼，凌风弋高禽。南园当盛夏，灏气涤烦襟。澍雨朝浥道，流云豁轻阴。芙蕖被曲渚，灌木秀穷林。展席罗长筵，美酒对坐斟。交交黄鸟哢，聒聒玄蜩吟。岁时递迁斡，贤圣皆销沉。于时不痛饮，负此芳赏心。”①南园是文人雅士假日寻幽之地，玉带濠养植了荷花，到处充满了树木，人们临水垂钓，迎风射猎，观赏美景，饮酒吟诗。至于南园内的建筑，记载较少。孙蕡诗云：“昔在越江曲，南园抗风轩。群英结诗社，尽是琪琳仙。南园二月千花明，当门绿柳啼春莺。”②抗风轩是现在所知明初南园唯一的建筑。

明嘉靖年间，南园多一建筑，名为大忠祠（又名三大忠祠），建祠者为浙江人吴麟。纪念宋朝丞相文天祥、陆秀夫、张世杰的祠堂原来建在新会厓门。嘉靖初年，吴麟来粤任巡按御史，在厓门祭祀宋代忠贤时说：“在法祀贤，所以明报昭训也。我国朝表祀三君子，岂一乡一邑为哉？”③回到广州后，吴麟与众人商量，决定在城南兴建大忠祠。祠成，请时任工部右侍郎兼右佥都御史的南海人黄衷撰写记文，黄衷称赞该建筑“堂构孔华，钟檐煌煌，城南之祠，既固且安”④。大忠祠内有一堂一轩，即“其左有堂曰‘臣范’，右有轩曰‘抗风’。抗风者，典籍孙先生之所命也”⑤。尽管经历100多年，大忠祠的兴建仍在昔日南园范围之内，且与明初建筑抗风轩结为一体。大忠祠初立，黄佐有诗云：“南园秋草碧萋萋，来谒新祠路不迷。五岭烽烟曾跃马，百年忠愤但闻鸡。逢厓往事西风冷，蹈海高名北斗齐，却恨天津明月夜，杜鹃啼血上棠梨。”⑥

嘉靖年间，有诗人欧大任、黎民表、梁有誉、李时行、吴旦等，他们早年曾师事黄佐，颇受泰泉诗风影响，其诗作“重视反映社会现实，风格也比较雄直刚健，不仅在岭南诗坛上高张大纛，在中原也蜚声一时，传世之作甚多”⑦。屈大均认为欧大任之诗，“浚南园五先生之源”⑧。但值得一提的是，虽然欧大任

---

① 孙蕡：《南园夏日饮酬赵王二公子澄佐》，前引《南园前五先生诗》，第31页。

② 孙蕡：《南园歌赠王给事彦举》，前引《南园前五先生诗》，第47页。

③ 黄衷：《大忠祠记》，《广州碑刻集》，广东高等教育出版社，2006年，第904页。

④ 同上引。

⑤ 前引屈大均：《广东新语》，第411页。

⑥ 黄佐：《南园吊古用梨韵》，《广东通志》，广东省地方史志办公室，1997年，第719页。

⑦ 陈永正主编：《岭南文学史》，广东高等教育出版社，1993年，第179页。

⑧ 前引屈大均：《广东新语》，第311页。

等被后人称为“南园后五子”，但他们与南园一地或无直接关系，皆因他们的诗歌作品鲜有提及南园。

万历年间，社会热心人士集资修葺南园，据张萱《西园存稿》记载：“南园旧社，国初岭南五先生之旧。初，祀废二百五十余年，今王太父太常虞石王公按粤时，偕黄士明、黄亮垣、韩绪仲、陈集生四太史，陈抑之、邓玄度、刘觐国三观察，高正甫太守，梁幼宁、韩寅仲二明府，韩孟郁、黎孺旬、黄逢永三孝廉及不佞萱捐资修复者也。”[①]虞石王公，指福建人王命璿。王字虞石，号君衡，明万历三十二年（1604）进士，次年任广东新会知县。万历四十五年（1617），任广东巡按御史。

崇祯十一年（1638），葛征奇任广东巡按御史，他主持重刊《五先生诗集》，称欧大任等五人为“南园后五子”。从此，南园成了广州乃至广东诗人结社名号之一，除南园后五子外，明崇祯年间，陈子壮、陈子升、黎遂球、欧主遇、欧必元、区怀瑞、区怀年、黎邦瑊、黄圣年、黄季恒、徐棻与释通岸被称之为“南园十二子”[②]。黎遂球等人在南园聚会，黎氏有《三月三日同诸公社集禊袯即席限韵》一诗记录聚会的情形：“流觞接席凭虚槛，曲水依城系画船。晴散暖香花作雨，节当寒食柳如烟。”[③]

（二）清代

明代及清初，玉带濠及南园一带有不少菜地，出产蕹菜（又名通菜），俗称“南蕹”。“蕹叶如柳而短小，其茎中空，性冷味甘，以城南大忠祠所产者为上”[④]。

清初经历战火，南园及其建筑圮废，因地属番禺，康熙十年（1671）番禺县令彭襄主持修葺大忠祠。王士祯《广州游览小志》云：“大忠祠，祀宋文信国、陆丞相、张越国三公，其东祠南园五先生。五先生者，孙典籍蕡、黄待制哲、王给事中佐、赵御史介、李长史德，明结诗社于南园，此其遗址。崇祯戊寅巡按葛征奇葺三忠祠并锓五先生诗于版，久之皆废。同年彭吏部襄为番禺令，

---

① 陈永正:《南园诗歌的传承》,《学术研究》2007 年第 12 期。

② 陈永正:《岭南诗歌研究》，中山大学出版社，2008 年，第 96 页。

③ 黎遂球:《莲须阁集》，前引《广州大典》第 432 册，第 179 页。

④ 前引屈大均:《广东新语》，第 614 页。

复新之。祠有池阁，背枕河流，亦一胜地。”①乾隆二十三年（1758），番禺县令彭科也曾修葺大忠祠。

嘉庆年间，阮元督粤，拟建学海堂，“初拟于前明南园旧址，略觉湫隘”②。后来，虽然学海堂建在越秀山上，学者仍不时会到南园访古集雅。在《学海堂初集》有反映当时南园的情况的诗文。杨荣说：“庙右为南园之址，有抗风之轩。”③庙，即大忠祠。陈同《春日访南园故址》诗云：“剩今老屋一椽耳，祠近三忠园近市。骚魂毅魄不可招，断瓦颓垣竟如此。我来访古春阴变，故宅荒寒人不见。海国伊谁继古风，亭林纡竚开生面。溶溶野水阔空塘，苹花欲采何由荐。沈吟独立抗风轩，木棉飞落红霞片。”④此时的抗风轩破旧不堪，断瓦颓垣，景况凄凉。

时至同治六年（1867），大忠祠再次重修。“新作神主，奉为三室：文公、陆公、张公中室，六公左右室。堂广某丈某尺，袤某丈某尺。其西后为一堂，曰臣范之堂，祠堂之南为石坊，坊南石桥，桥南为门，又南为外门，皆如旧。九月兴工，十二月落成，奉主入祀，牲帛豆笾，稽之会典，视名宦礼。荐绅先生咸来拜祠，震动肃恭，如三大忠式临其上，如六公者在其左右。维三大忠大名塞天地，六公因之而与俱传，于今六百年。昔人取公之诗大书四字曰‘日星河岳’刻于石坊，照耀古今，至矣尽矣”⑤。

此时有人提及南园的具体位置，清张维屏《松心诗录》云：“清濠新居，在旧居之东数百步，后有聚贤坊。曰聚贤者，盖谓南园前后五先生也。率赋一诗：‘大有濠梁意，城濠近屋垣。前贤余韵在，咫尺是南园。’”⑥

同治十三年（1874），两广总督瑞麟、广东巡抚张兆栋奏请在此地创建机器局，仿制西方枪炮轮船等武器装备。以上均为张之洞抵粤之前，南园一带之地情。此地既为明清两代文化人士聚会场所，又有纪念宋明忠贤的祠堂，这便是后来张之洞选择南园故址创建广雅书局的主要原因。清光绪十年五月二十九日（1884年6月22日），朝廷任命张之洞署两广总督。“张之洞由天津乘轮船，途

---

① 王士祯:《广州游览小志》，前引《广州大典》第213册，第77页。

② 陈澧:《学海堂志》,《陈澧集》第5册，上海古籍出版社，2008年，第620页。

③ 杨荣:《拟重修广州城南大忠祠堂碑》,《学海堂二集》，前引《广州大典》第513册，第326页。

④ 阮元:《学海堂初集》，前引《广州大典》第512册，第704页。

⑤ 陈澧:《重修三大忠祠碑》（代），前引《陈澧集》第1册，第209页。

⑥ 张维屏:《松心诗录》，前引《广州大典》第93册，第386页。

经上海，前往广东。沿着万里海疆，航行了20多天，7月8日抵达广州”①。光绪十二年（1886），张之洞将机器局“归并南海县属增步之军火局，以其地改广雅书局”②。次年，张之洞上奏朝廷，说：“道光年间，前督臣阮元校刊《皇清经解》一千四百余卷，藏板学海堂，既已表彰先正，亦以鼓舞来学。于是海内通经致用人士，接踵奋兴，迨今六十余年，通人著述日出不穷。或有稿草遗编，家藏椠本，当时未见，近始流传，亟应续辑刊行，以昭圣代文治之盛”，“上年即经臣等公同筹度，即将省城内旧机器局重加修葺，以为书局，名曰广雅书局。”③

广雅书局在南园创办，延续前贤文脉，除保留三忠祠、抗风轩等建筑外，还“购买（玉带）濠北慈度庵各民房辟建”④。光绪年间，缪荃孙来粤，任广雅书局校勘，其描述南园地情云：“轩宇宏敞，水木明瑟，夹河华屋，接对红桥，真胜境也。下榻东校书堂，东即三大忠祠，祀文信国、陆枢密、张范阳三公，再东即南园十先生祠，中有抗风轩。环房八间，重碧迷离，房闼缭曲，栏外荷池十顷，假山数峰，均有幽致。”⑤

宣统二年（1910），广雅书局藏书楼落成。该楼“坐南朝北，南侧即玉带河基，为砖木结构二层，面积1177平方米，硬木圆柱，上盖是古式硬木金钟架瓦面”⑥。藏书楼的建成，为两年后广东成立第一间省级公共图书馆奠定了基础。

（三）民国

1912年7月，广东图书馆（1917年改名广东省立图书馆，即今广东省立中山图书馆前身，以下简称省馆）成立。“文德路南馆为省馆最早馆舍，地点在广州城文明门外聚贤坊广雅书局旧址一带，南临玉带河（1952年后改为暗渠），毗邻南园和三忠祠遗址。除广雅书局藏书楼外，省馆内有十峰轩，又称竹林书库，建于光绪十三年（1887），广雅书局成立以后为广雅书局校书总汇之地，砖木平房。1912年省馆初建时，十峰轩为馆舍一部分。后时局动荡，省馆时停

---

① 谢放：《张之洞传》，广东高等教育出版社，2004年，第84页。

② 民国《番禺县续志》，广东人民出版社，2000年，第175页。

③ 张之洞：《开设广雅书局奏折碑》，前引《广州碑刻集》，第946页。

④ 李绪柏：《清代广东朴学研究》，广东省地图出版社，2001年，第117页。

⑤ 同上引。

⑥ 广东省立中山图书馆：《广东省立中山图书馆馆志》，广东教育出版社，2012年，第37页。

时复，十峰轩先后被粤海道尹公署、保护古物所、广雅板片印行所、广东全省教育委员会、广东省教育厅、汪伪广州市政府机关、广东建设委员会等机构占用。1948年3月，十峰轩回归省馆”[①]。

翻阅1933年编制的《广州经界图》，文德路与定海中（路）之间有聚贤坊向西至文德东路，有空地一块名为“三忠祠”，其往西为盐务总署、电信学校及操场至文德路。其北为玉带濠，玉带濠以北为教育厅，教育厅的门牌为文德路62号，这也是省馆的门牌。“1912年至1934年的大部分时间和1946年至20世纪80年代后期，这里一直是省馆主要馆舍”[②]。时至今日，南园故址及南园的地名已不存在，聚贤坊地名，后来改名为聚仁坊，至今仍存[③]。

二、历史意义

回顾南园历史，我们不难发现，这块面积不大的园林绿地蕴藏着巨大的潜能，明代的大忠祠、清代的广雅书局、民国的广东图书馆不约而同在此兴建，南园成为广州乃至岭南诗歌的发源地，成为诗人学者抒发情感、弘扬正气的场所，其历史意义存焉。总结归纳南园的历史意义，主要有文学、民族、文化三个方面。

（一）文学

南园是广东第一个诗社建立之地，明黄佐说：“孙蕡与佐（王佐）结诗社于南园，开抗风轩以延一时名士。”[④]孙蕡等人为何选择南园作为结社之地，从上述史迹或可知，南园虽在城外，其靠近城墙，地近河涌，交通方便，树木花草，景色自然，成为诗人聚会创作之佳地。早在明末，葛征奇就说过：“有五先生不可无南园，有南园不可无五先生。”[⑤]说的正是南园与诗人的关系。今陈恩维先生认为：“南园五先生在群体活动和往来寄赠中对南园的书写，是有关

① 前引《广东省立中山图书馆馆志》，第37-38页。

② 同上引，第37页。

③ 广州市地名委员会《广州市地名志》编纂委员会：《广州市地名志》，香港大道文化有限公司，1989年，第99页。

④ 黄佐：《广州人物传》，前引《广东通志》，第1501页。

⑤ 葛征奇：《重订五先生诗集旧叙》，前引《南园前五先生诗》，第10页。

南园的‘意义给予和获得’，也是一种意义的共享。这种‘共享的意义’，促进了南园五先生之间的文学生产和交流，使南园不再是个人的活动场所，而是变成了共享的记忆空间，从而形塑了人们对于岭南的地方感”，“因此，‘五先生’虽然在全国名望不彰，却成了粤诗之代表，南园也因此成为了岭南文学的胜地。”① 陈永正先生肯定南园诗社的作用，他说：“南园诗社自元末以来，对岭南诗坛影响甚大。南园诗人，标榜汉魏，力追三唐，尤重风骨，对以‘雄直之气’著称的岭南诗派的形成起过重要作用。可以这样说，南园诗社史，就是一部岭南诗派史的简编。”② 南园，既是诗社的代表，又是文学的象征。明中期以后的诗社或诗歌作者，往往被冠以“南园”名号，如“南园后五子”“南园十二子”“南园今五子”“南园新五子”等。

（二）民族

自明嘉靖年间大忠祠在南园兴建，此地成为传承忠义意识、宣扬民族精神之地。时至清代，学者对南园内的大忠祠和抗风轩仍然敬仰不已。明末，黎遂球云：“南园为觞咏之区，以祠大忠三公，遂将使后世有志之士过之必慨慷激烈，徘徊不能去，不复似兰亭金谷，委之丘墟，亦犹是诗。得公（指葛征奇）为之订传，遂如二南之篇系之以《周召》，于是可以取冠三百。以大忠之三公而存五先生之南园，以訏谟定命之公而存五先生之诗，均之不可谓非五先生之得所凭藉，然亦惟其流风余韵本不容没，则尚友者亦可以知所师法矣。”③ 此值明末，国势危急，岭南的爱国志士，为挽救民族危亡，宣扬忠义勇敢。葛、黎等将南宋三忠与明初五先生、大忠祠与南园相联系，修祠刻书，企图唤起民众忠义之心。学海堂曾有课艺题为《拟重修广州城南大忠祠堂碑》，清道光十四年（1834）肄业生，后来补为学海堂学长的番禺人李能定云：“三忠扶宋，赵宗泯而犹烈。丹心有赫，庙貌宜崇”，“赫赫堂宇，实大且宏。巍巍忠烈，鼎峙南瀛。高山仰止，其人如生。”④

---

① 陈恩维：《空间、记忆与地域诗学传承》，《文学遗产》2019 年第 3 期。

② 前引陈永正：《岭南诗歌研究》，第 48 页。

③ 黎遂球：《重刻五先生诗选序》，《莲须阁集》，前引《广州大典》第 432 册，第 327–348 页。

④ 李能定：《拟重修广州城南大忠祠堂碑》，《学海堂二集》，前引《广州大典》第 512 册，第 326–327 页。

清末，孙中山等曾在南园一带活动，抗风轩为革命活动重要据点。冯自由在《革命逸史》中说："岁癸巳（清光绪十九年，1893）总理设东西药房于冼基，尤（指尤列）亦设兴利蚕子公司于顺德。旋尤假得城南广雅书局内南园抗风轩为同志谈话所，总理与程耀宸、程奎光（璧光昆仲）、陆皓东、魏友琴、郑士良（号弼臣）等预焉。总理提议曰，吾人既同以驱除鞑虏、恢复中华为宗旨，经发起一会，名曰兴中会。众千万之，而未有具体之组织，是为兴中会倡议之第一声。"①南园抗风轩是孙中山提议宣扬"驱除鞑虏、恢复中华"宗旨和发起成立兴中会的地方，它对推翻清廷的腐朽统治有着不可磨灭的贡献。

（三）文化

广州是岭南文化的中心，岭南文化，源远流长。南园作为诗社的发源地，特别是清末广雅书局、民国广东图书馆以及广东省立编印局等文化机构在南园一带设立，其文化意义，不言而喻。广雅书局所刊书籍经史类占90%以上，其"校勘书籍，十分严格精审，每书有初校、复校、再复校，必经三校后才付梓刊板。故每书卷末，均附有初校、复校、再复校人姓氏、籍贯，以示慎重谨严"②，"广雅书局刻书总数达三百余种，以其数量之多、版本之善与切合实用在清季诸多官书局中后来居上，对保存和传播利用祖国悠久的文化遗产，推动广东的文化、教育、出版事业都起到重要的作用"③。1917年成立的广雅版片印行所，利用包括原广雅书局刊行的368种古籍图书、逾十几万件版片进行印刷发行，其中《广雅书局丛书》共600册。数十年后的2005年，在筹划整理出版广州地方文献时，"中山图书馆曾提议丛书名为《广雅文库》《新广雅丛书》"④。广雅书局图书出版及其文化的影响，可见一斑。

近代公共图书馆的建立是人类社会文明发展的标志。近代著名学者黄节"认为省馆是全省文化之中枢，关系全省建设之大业"⑤。省馆成立时，以广雅书局藏书和广雅书院冠冕楼藏书复本为基础，至1915年，"省馆藏有善本432

① 冯自由:《革命逸史》第1辑，商务印书馆，1946年，第27页。

② 前引李绪柏:《清代广东朴学研究》，第119页。

③ 吴家驹:《广雅书局与广雅书局丛书》，《图书馆园地》1989年第2期。

④ 广州大典研究中心:《广州大典概要》，广州出版社，2019年，第315页。

⑤ 前引广东省立中山图书馆:《广东省立中山图书馆馆志》，第36页。

部，普通书2036部，新译书597部，合为3065部，约有1万册”[①]。时至2011年6月，广东省立中山图书馆有藏书850多万册，并已成为“广东省文献资源储藏中心、文献编目中心和图书馆信息网络中心，履行文献搜集、加工、存储、流通、保护、宣传和研究的职责，为社会各界人士提供文献信息服务”[②]。省馆积极发挥社会作用及教育功能，对广东乃至岭南具有重大的文化意义。

① 前引广东省立中山图书馆:《广东省立中山图书馆馆志》，第65页。

② 同上引，第1页。

张之洞的教育观与“中学为体，西学为用”

李哲夫
（广州市人民政府）

在清末的政治人物中，张之洞是很值得尊敬的一个。在大清王朝内外交困、危若累卵的残局面前，他苦苦支撑、勉力为之，虽然终究不能扶大厦之将倾，但那种鞠躬尽瘁、死而后已的精神还是令人钦佩的。张之洞绝不是一个不学无术的官僚，也不是一个埋头书斋的学究，更不是一个只知坐而论道的清谈家。他有学问，并不断地开扩新视野，吸收新知识，接受新事物；他不尚空谈，在其职权范围内，始终扎扎实实地推进各种于国于民有益的实事；他尤其重视教育和文化，认为这不但是兴利除弊的当务之急，而且更是强国救民的根本举措和长远大计。因此，我们看到，在他的从政生涯中，大力兴学，高度关注和重视教育，几乎伴随他政治活动的全过程。我们认为，在中国近代史上，张之洞对中国教育事业的贡献是留诸青史、不可磨灭的。

张之洞对教育事业的重视是始终如一、一以贯之的。其教育实践从其担任提督湖北学政的1867年算起，直到其逝世的1909年的40多年里，可谓身体力行，为之倾注了巨大的精力和心血，也取得了十分难能可贵的业绩和贡献。在那种国事日非、政局板荡的形势下，张氏以坚韧不拔之努力，执着推进教育事业的发展，如果没有一个坚定的信念和深切的体认是决不可能做到的。

一

张之洞在其宦海生涯中，逐步树立起了一个不可动摇的理念，这就是人才救国、人才治国、人才兴国。在他看来，在国势日益艰难、危机四伏的局面下，惟有依赖人才，培养人才才有可能扭转颓势，这既是百年之大计，更是当务之所急。而人才之所来，则在于兴学，他指出，“古今人才皆出于学”[①]，又说“天下人才皆出于学”[②]。一以时间为坐标，一以空间为坐标，认为往古来今，南北四方，人才都只能出之于学。因而，办学而育才就成为他矢志不渝、身体力行的一项事业。

他自同治二年（1864）被授以翰林院编修后，在同治六年（1868）就以这一身份充任浙江乡试副考官，出色地选拔出了一批有志之士。并在是年十一月被授提督湖北学政，这是他实际操作办学育才的起点。他认为，学政一职应把着眼点放在培养士子平日之根底上，并把对士子道德名节的培养放在首位，然后才是学问文章。司马光撰《资治通鉴》，曾有“才是德之资，德是才之帅”[③]的议论，张之洞显然是完全认同的，并始终对此坚信不移。他后来力主“中学为体，西学为用”，体为本、为根。在他看来，对于每个个人、每个士子和每个官员来说，“体”所要解决的就是国家站位、政治站位和文化站位的问题，这是丝毫不能含糊不能动摇的。而“为用”也很重要，它要解决的则是才能才干的问题。没有它，道德再可靠，也很可能是庸才循吏，既干不成事，也不能吸取外国、外洋之所长以为我用。而在列强鹰环虎视之下，如果做不到这一点，国家当然也不可能自强起来。在这一思想的指引下，他无论在何处任何职务，都把办学育才作为自己为政的一件不可或缺的大事来抓。仅凭这一点，张之洞就应在中国近代教育史上占有显著的一席之地。

同治十二年（1873），张之洞就任四川学政，在这一岗位的三年多时间里，他双管齐下，一面大力改革试场陋习，整顿各种作奸犯科的不端行为和弊政，给试场带来一股清新之风。一面大抓人才培养，建立尊经书院，延揽优秀师资，规范教学秩序。并亲力亲为，撰写《輶轩语》和《书目答问》，耳提面命，教授学子们读书门径，从而在蜀地学界形成了一个绵延长久的良好学风。对办好尊经书院，他用力甚勤，可谓呕心沥血，不遗余力，以至离职四川后，仍不忘嘱咐其友人关心书院，期望书院在他离开后，仍能继续办好。

如果说为官学政，注重办学和整饬科场乃属于份内之事的话，那么官至巡抚、总督，已成为主政一方的封疆大吏，仍然能够初心不改，继续以相当精力

---

① 周汉光:《张之洞与广雅书院》，广东人民出版社，2012年，第152页。

② 同上引，第145页。

③ 司马光:《资治通鉴》卷一，中华书局，1956年，第14页。

兴教办学，孜孜于为当地和国家培养人才，就不能不说在他的为政理念中，教育和人才始终占据着极为重要的地位。张之洞于光绪七年（1881年）就任山西巡抚。此时山西是一个烂摊子，前几年由于遭受严重灾害，此时已是赤地千里，民不聊生，加上各级政府又纲纪败坏，政风极劣，弄得民怨沸腾，哀鸿遍野。张氏大刀阔斧地加以整顿，采取多项奖励农垦、裁减徭役的利民举措，并下大力解决多年所积的公私案件纠纷，从而使山西的经济和民生很快得到改善。而一俟局面好转，他就着手大修贡院，创办令德书院，制定《推广兴学办法》，把教育和人才事业提到日程上来。在晋三年，他夜以继日，操劳过度，以至身体透支，须发早白，但却颇有政绩。他对山西雷厉风行的整顿措施，成为各地效法的遵循；他的兴学办教，也为山西培养和蓄积了不少的有用之才。

在中法战争处于胶着状态之时，张之洞受调署理两广总督。他在前任总督张树声逝世军中、宿将彭玉麟重病在身的情况下，调兵遣将，一面拨枪拨人，支援闽台，一面启用刘永福、冯子材、王孝祺等干练将领统军入越，攻克谅山，重挫法军。张氏临危不乱，处变不惊，从容调度，善于用人，展现出了出色的行政能力和组织才能。中法战争结束后，张氏即在粤大力印书办学，从而使粤地出现了自阮元治粤以来的又一次兴文重教热潮。光绪十二年（1886）张氏在广州设广雅书局，刊刻经史书籍；光绪十四年（1888），建广雅书院，选两广学子200名入院学习。如果说在主政两广以前，张之洞对教育的重视，还只是专注于办好传统的书院，要培养的也只是通经致用的为政人才的话，那么在两广总督任上，他已经开始注重其他门类的实用人才。光绪十三年（1887）他创办了广东电报学堂，同年，他还会同广东巡抚吴大澂，奏请改博学馆为广东水陆师学堂，认为广东为"南洋首冲，边海兼筹"①，对水陆军的人才需求要比其他省份急迫，而考之"外洋诸国，于水陆两军，皆立专学"②，这是外军之所以强大的一个重要原因。为此，他对学堂的选址、设备，教员的聘任，课程的设置，学员的条件，教学的管理，都一一加以过问，务求落到实处。

光绪十五年（1889），张之洞调任湖广总督，这是他担任地方大员时间最长的一个职务，以至后来他把湖北看作是自己的第二故乡。这也是张之洞在教育事业方面成就最为显著的一段岁月。他到职不久，即先行视察湖北所办的

---

① 前引周汉光:《张之洞与广雅书院》，第145页。

② 同上引，第145页。

几家书院，对它们的校舍、规模和设施均感到不甚满意。于是开始筹划重修经心书院，他积极筹措资金，鼓励热心教育的乡绅捐款，改变书院从前遇雨即淹的状态，并加建房舍，购置书籍，延请名师，加强管理，同时还应湖南人士的要求，对湘籍的求学人员亦加接收，平等相待，因而将经心书院更名为两湖书院。书院的教员队伍十分强大，光是进士出身者就有一半之多，而且他们之中，既有精于中学，饱读诗书的传统名儒，更有热心西学，富于维新思想的开明之士。由于张氏的重视和亲力亲为的指导，其肄业生员的成才率颇高。在湖北，张氏一手抓教育，一手则抓实业，他积极兴办铸铁厂、钢轨厂、机器厂、水泥厂，并大力兴办铁路，还重视建立纺织厂等轻工业，改进农业和商业。在这一过程中，他痛切地意识到实业人才的缺乏，于是在教育方面，不断开设有关这方面人才培养的专门学堂，如以近代商业为主的方言商务学堂；以“讲求时务，融贯中西，研精器数”[①]为宗旨的自强学堂；聘请外国农学专家襄助的农务学堂，以及专为训练将帅而设的武备学堂等等。他心到手到，决不付诸空言，而是一步一个脚印地务求落到实处。

在署理两江总督任上，虽然时间不长，他仍然在南京主持创设了储才学堂、陆军学堂、铁路学堂等。真可谓悠悠万事，唯此为先了。

二

在教育领域，张之洞既是一个脚踏实地的实干家，也是一个与时俱进的改革者。他的与时俱进，主要表现在不断吸收西方的教育理念和教学内容上。这一转变，当主要源自于中法战争的冲击。中法战争，张之洞居两广总督之位，负有调兵遣将，提供给养，补充兵员等职责。这使他深切地体会到清廷军队武备观念的落后和军事思想的落伍。而广州作为与外洋接触较多的地方，又使他对西方世界有了新的了解，开阔了视野，扩大了眼界。看到了中西之间在器物层面和教育层面上的巨大差距。这就促使他一方面积极推动发展轻重工业，成为后期洋务运动的主要代表人物。一方面积极推动教育事业，在力所能及的范围内大兴以西学为主要内容的新学堂，培养为近代工业、农业和近代军事服务的新人才。

---

① 前引周汉光:《张之洞与广雅书院》，第 153 页。

其后甲午战争的惨败及马关条约的签订，使百孔千疮的中国已处于民族危亡的严重关头，这使一批有识之士痛定思痛，大力主张变法维新，并提出必须首先从政治和体制层面上取法西方，只有这样才能把中国从沉溺中挽救出来。这就更加促使张之洞进行思考，他意识到，中国不能不改革了，但是他所受的儒家教育，他的政治地位，他的务实作风，以及他对形势的权衡，又使他不能赞同维新派的激进主张。因而，在一段时间里，他似同维新人士打得火热，但随着形势的发展，他又意识到必须要同维新派划清界限，于是撰写了《劝学篇》，全面阐述了自己的立场和主张，提出了著名的“中体西用”说。“中体西用”并不全面否定改革，相反，他还主张在“用”的层面必须改革，必须效法西方，而这些改革，似同维新派提出的一些改革主张和措施也并无什么不同。譬如：废除旧式学院，建立新式学校；废除科举制度，实行新的考试制度；主张大办实业，改革旧式军队等等。在这一点上，他与顽固不化的守旧势力不同，他认为如果继续死死抱定老祖宗的章法而不能有丝毫变动，那一定是死路一条。但同时，他也完全不能同意改良派的意见，走全盘西化之路。他认为，那是数典忘祖，中国之所以是中国，则必须坚持君权至上的几千年来的政治制度，必须坚持以儒家经典为核心的中国传统文化。张之洞是个务实主义者，他只做通过努力可以实现的事，而不做那种在现实中不可行不可为之事，因此，他提出的一些改革主张和设想，大体上都可以为当时的守旧派所勉强接受，也能为维新派所认可，往往是守旧派所能容忍的底线，也与维新派最起码的政治主张相差不大。这样在操作层面上可谓阻力最小，最有可能实现和见效。其实，维新派的人士如康有为等也是这样做的，他们也尽可能地避开或暂缓一些为守旧派所不可能接受的改革项目。于是，才有学者认为，张之洞、陈宝箴等人与康有为、梁启超等人，他们之间实际上对于改革的主张并没有多少不同。本人认为，这很可能只是一段时间内双方相互妥协的一种状态，他们都痛切地感到，在列强的虎视眈眈之下，大清帝国这种积贫积弱的状况不能再继续下去了，要改变就必须在一定范围内进行改革，而改革的迫切性又经不起没完没了的扯皮和争辩，于是不约而同地选择了走阻力最小的路，于是就出现了在改革上的某种趋同现象。但就其实质说来，他们在政治上的站位却大不一样：一为后党，一为帝党；一要维护君主专制制度，一要实行君主立宪制度；一要“中学为体，西学为用”，一要全面取法西政、以夷为师。

由于教育领域相对于政治经济的其它领域斗争的激烈程度要稍缓一些，因而张之洞对教育方面的一些改革举措，推进起来，既不会使顽固派拼死抗拒，更可与维新派形成某种默契，特别是在维新变法失败之后，在教育方面的一些改革和进步，几乎完全是由张之洞及其同仁加以推动和实现的。比如对于废除科举制度，张之洞在一段时间内，可谓竭尽全力，到处奔走游说，后来又与袁世凯一起，几次上奏请求废止科考，终于使实行了上千年的科举制度，在1905年彻底废止。其后，他又积极参与建立新的学堂制度，对于制定全国的学堂章程，做出了重大的贡献。可以说，中国的近代教育，是通过张之洞之手加以确立和起步的。这一在教育领域的贡献，怎样评价都不会过高。

三

纵观张之洞的教育思想，可以分为两个主要阶段，其一是传统的学院教育阶段，其二是“中学为体，西学为用”阶段。第一阶段可以《輶轩语》为代表，第二阶段则以《劝学篇》为代表，而它们的分界线则是以中法之战为标志。

《輶轩语》是张之洞在四川学政任上所撰写的一篇专门为引导学院士子更好向学的劝勉之文。如果说《书目答问》作为一篇目录学著作，是引导学子如何掌握中国传统文化的读书门径、如何做好中国传统学问的书，那么《輶轩语》则是以初进学院的学子为对象，教导他们如何做人为学的一篇文字。它的主要内容分为“语行”“语学”“语文”三部分，“语行”说的是做人的道德要求，“语学”说的是如何修习传统学业，“语文”则是关于如何做时文、如何应对考试的内容。这里体现了张之洞终生坚持的一个教学思想：要老老实实做人，老老实实做学问，老老实实进行考试。不投机，不取巧，一步一个脚印，这既为张之洞自己一生所奉行，也是他对学子们的一个期望。对于“语学”“语文”这里不想多说，“语学”对今天人们学习国学还有一定帮助，“语文”则是应对八股取士的，没有太多意义了。但“语行”讲的是道德修养，是做人的方法，至今仍有许多可取之处。首先，他把做人放在为学的第一位。有德才能学有所成，才有可能成为有用之才，在道德方面不合格，是不配做一名学子的。他列出的正面要求有八项，需要力戒出现的则有十项之多。就正面要求来说，归纳起来无非是四个方面，一是人品，他认为在世风浇薄的情形下，尤其要提倡为人老实，为人谨厚；要堂堂正正，不依附权势和他人，不乡愿，不阿贵，讲究气节，讲究人格。二是志向，不以小成而自满，不以能文而自傲，要以古贤为榜样，即使是思立功名，也要求其进取。三是尚俭，不慕奢华，不讲酬酢，贫时自当节俭，就是将来仕宦显达，也要廉正无欲。四是致用，既要视野开阔，广求名师，更要学能用世，经国利民，不能做“见近不见远，不知时务者”[①]的陋儒，也不能做“可言不可行”，成为“高而不切”[②]的空谈之士。而所戒之事，则大都是正面要求的反面，唯“戒食洋烟”一项，则是根据当时吸食鸦片成风、危害尤大的现实提出的。前面说了，由于张之洞在四川学政任上的不懈努力，特别是《輶轩语》和《书目答问》的影响所及，可谓开了四川一代的学风，对促进四川学界的发展和人才的开发，都为功甚大。

但真正能代表张之洞思想包括教育思想之大成的无疑还是《劝学篇》。在《劝学篇》序言里，张之洞说得很清楚，那就是在千年未有之大变局下，要匡救时难，必须改变新学旧学互相倾轧、互相攻击的局面。世运之盛衰，其表在政，其里在学，不正学则无以正政，也无以救国兴国。而他的这部作品，其核心便是论述如何解决正学的问题。这是一篇煌煌几万言的大文章，分为内外篇，“《内篇》务本以正人心，《外篇》务通以开风气”[③]，换一种说法，就是《内篇》是在阐述中学为体，《外篇》是在阐述西学为用。这里面思想内容颇为丰富，但概括起来，无非就是要反对两种倾向，即只知坚持旧学，不接受任何改革，不接受一点西学的顽固守旧倾向；和主张开辟新学，用新公羊说来代替传统的经学，用民权来代替君权、代替“三纲”的康有为之学。张之洞认为，这两种倾向都必须痛加针砭，坚决加以纠正。只有坚持以“中学为体，西学为用”才是真正的救国救民之道。在政治上要坚持这一点，在为学为教上也要坚持这一点。他是真正笃信这一理念的，他作《内篇》，主旨曰求仁，曰同心，归根结底乃是为保国、保教、保种，保持大清帝国的国体政体不变。如果说，同样是在阐述儒家的伦理道德，《劝学篇》和《輶轩语》有什么不同的话，那就是在《輶轩语》中，张之洞并没有去强调要忠诚于大清帝国，要坚持“三纲”，那时，在他看来，这些原本是不言自明、无须多说的道理。而在撰写《劝学篇》时，这些再不突出不强调则不行了，这些原则已经受到挑战，它已经成为与维

---

① 张之洞：《輶轩语》，苑书义等主编：《张之洞全集》第12册，河北人民出版社，1998年，第9774页。

② 同上引，第9774页。

③ 张之洞：《劝学篇序》，前引苑书义等主编：《张之洞全集》第12册，第9704页。

新派争论的焦点和核心了，他需要在这一问题上向最高统治者表明自己的态度。还不止此，他不仅仅是为了要与维新派划清界线，而且从思想深处上，他的政治立场就是如此，以至，到了晚年，他还就湖北原有的经心书院中创设了存古学堂，以为保存国粹，而不甚满意于到处开设西学学堂，使中学日渐式微的发展趋势。

当然，他作《外篇》，目的则在于求智、求勇，认为如果不能这样做，中国也不可能富裕起来，强大起来，外国的好的东西是必须学的。为此，他林林总总地列出了十五大项，以益智为纲，对如何鼓励到国外“游学”，如何设立新式学堂，如何建立新的学制，如何发展翻译事业，如何提倡阅读“洋报”以广见闻，如何“守道”而“变法”，如何变革科举制度，如何大兴工农商学兵矿和铁路交通等实业和相关学校，都深释其理并提出了自己的意见。他认为外国列强之所以强，盖在于在这些方面，它们走在了前面，对此，中国必须急起直追，必须向西方学习，而且还要学得其要。他明确地认为学习西方，“西艺非要，西政为要”①，这个“政”当是指微观和中观层面上的体制机制，如工厂的组织结构、军队的组织结构、军队的训练体制等等，他认为，早期的洋务运动之所以效果不佳，一个重要的原因就是重点放在了学“艺”而不是学“政”上，这是一个沉痛的教训。

要而言之，张之洞教育思想的最高阶段就是主张“中学为体，西学为用”，他以这一思想为其政治理念和教育理念之旨归，他也始终未能突破这一思想所固有的囿域，这就是我们的结论。

① 张之洞:《劝学篇序》，前引苑书义等主编:《张之洞全集》第12册，第9705页。

张之洞与东塾学派

李绪柏
（广州市文史研究馆）

张之洞（1837—1909），字孝达，号香涛，别号壶公、抱冰，直隶南皮（今属河北沧州）人。同治进士。历任翰林院编修、湖北学政、四川学政、山西巡抚、两广总督、湖广总督、两江总督等，晚年入京，掌管学部，卒谥文襄。他是晚清洋务派代表人物，以大力倡导“中学为体，西学为用”著称。

张之洞与广东关系渊源深厚，追溯起来，最早源于他与广东著名学者陈澧的一段私人交谊。

一、张之洞与陈澧

陈澧（1810—1882），字兰甫，广东番禺人，学者称东塾先生。他是清代广东著名学者，在经学、小学、音韵、地理、乐律方面有卓越的成就，被誉为“南交第一儒林”，跻身清代儒家大师之列而毫无愧色。陈澧的成功及骄人成就，与阮元及学海堂关系密切。

嘉道之际，阮元督粤，于广州粤秀山建学海堂以经史之学课士提倡朴学，这是清代广东学术文化史上一件大事。由于阮元“身历乾、嘉文物鼎盛之时，主持风会数十年，海内学者奉为山斗焉”[①]。这种特殊的身份和崇高地位，使得学海堂一时声名鹊起，为世瞩目。

陈澧虽未亲炙阮元教诲，属再传弟子，但他长期担任学海堂学长，无疑是阮元事业的直接继承人。由于陈澧学问精博，著作等身，声誉日隆，加之“门

---

① 赵尔巽等:《清史稿》卷364，北京：中华书局，2003年，第11424页。

人之盛称粤中最”[1]，故逐渐形成独树一帜的学术流派——东塾学派。

学派指某一时期某一地区众多文人学者的大量涌现，形成颇为可观的文化群体。“凡是构成学派，起码必须具备三个条件：第一，有共同的学术宗旨或倾向；第二，有师承或问学的授受渊源关系；第三，有发源地（多由宗师的籍贯所决定）或活动中心的地域特点”[2]。以上条件，以陈澧为首的东塾学派均已具备。显而易见，东塾学派是嘉道间阮元督粤开学海堂课士广东朴学兴起以来瓜熟蒂落，水到渠成的自然结果。“自阮文达治粤，提倡学术，人才蔚兴，东塾后起，尤为大师”[3]。此文言简意赅，追溯陈澧与阮元的关系，概括最为得体。

张之洞与陈澧素昧平生，生前并未谋面。但陈澧门人弟子桂文灿、谭宗浚等在京师时与张之洞唱酬过从，多有接触，故张之洞逐渐获知一些陈澧学行著述详情。光绪五年（1879），陈澧70大寿。张之洞时官国子监司业，集《后汉书》语为楹帖自京师寄赠云：“棲迟养老，天下服德。锐精覃思，学者所宗。”[4]这是借贺寿之机，以表达敬意和仰慕之情。

陈澧收到张之洞楹帖后十分高兴，撰句以篆字书为楹帖回赠云：“万言笔语关文运，十载神交寄我心。”旁款云：“孝达尊兄先生惠寄楹帖，其语过奖，不敢当，书此奉酬。近年得读大著《輶轩语》，回忆庚午岁读浙闱策问，服膺至今十二年矣。己卯十月之望陈澧兰甫并识。”[5]这是二人唯一一次神交，大有惺惺相惜之意。

张之洞仰慕陈澧，并非附庸攀附以为自炫，而是出于二人学术立场观点的一致。《抱冰堂弟子记》载：

> 公平生学术最恶公羊之学，每与学人言，必力诋之，四十年前已然，谓为乱臣贼子之资。至光绪中年，果有奸人演公羊之说以煽乱，至今为梗。[6]

---

① 邬庆时：《听雨楼随笔》卷2，1927年刻本，第9页。

② 孙钦善：《清代考据学的分期和流派》，《中国文化研究》2004年第1期，第30页。

③ 徐世昌：《清儒学案·东塾学案》卷174，1938年刻本，第1页。

④ 汪兆镛：《椶窗杂记》卷3，1943年铅印本，第1页。

⑤ 陈澧著、汪兆镛编纂、汪宗衍续补：《陈东塾先生诗词》卷首，香港崇文书店，1972年。

⑥ 张之洞：《抱冰堂弟子记》，《张文襄公全集》卷228，中国书店，1990年，第1033页。

此外还在《学术》一诗的自注中沉痛指出：

二十年来，都下经学讲《公羊》，文章讲龚定庵，经济讲王安石，皆余出都以后风气也，遂有今日伤哉。①

清代以公羊学为中坚的今文经学自有其历史价值与地位，毋庸赘述。清代今文经学开始于常州学派的庄存与、刘逢禄，中经龚自珍、魏源，至廖平、康有为而达到极盛。

今人景海峰认为，清代今文家分为二派，一派“能遵守经学的游戏规则”，“而龚自珍、魏源，特别是康有为，则走上了另外一条道路”，他们“喜以经术作政论”，“轻古经而重时政”，“从根本上抛弃了考据学”，完全脱离了学术范畴②。后人评论今文经学，在涉及其学风、文风、治学方法、治学态度时，大都贬斥抨击，痛加挞伐，几无完肤，认为他们“其中多非常异义可怪之论”。

如庄存与，“徒牵缀古经籍以为说，又往往比附以汉儒之迂怪，故其学乃有苏州惠氏好诞之风而益肆”③。

如龚自珍，“好为姚易卓荦之辞，欲以前汉经术助其文采，不素习绳墨，故所论支离自陷，乃往往如谵语”④。

如魏源，“然《诗（古微）》、《书古微》之作，固不必求之师，究其家法，汉宋杂陈，又出以新奇臆说，徒以攻郑为事”⑤。

如廖平，“廖氏之书，东拉西扯，凭臆妄断，拉杂失伦，有如梦呓，正是十足的昏乱思想的代表，和‘考证’‘辨伪’这两个词儿断断联接不上”⑥。

如康有为，“以好博好异之故，往往不惜抹杀证据或曲解证据，以犯科学

---

① 见苑书义等主编：《张之洞全集》卷297，河北人民出版社，1998年，第10559页。

② 景海峰：《清末经学的解体和儒学形态的现代转换》，《孔子研究》2000年第3期，第88-89页。

③ 钱穆：《中国近三百年学术史》，商务印书馆，1997年，第582页。

④ 章炳麟著、刘治立评注：《訄书》，华夏出版社，2002年，第52页。

⑤ 蒙文通：《井研廖季平师与近代今文学》，廖幼平编：《廖季平年谱》，巴蜀书社，1985年，第134-135页。

⑥ 钱玄同：《重论经今古文学问题》，《钱玄同文集》第四卷，中国人民大学出版社，1999年，第138页。

家之大忌，此其所短也”[①]。

……

与之相对比，陈澧的学风、文风和治学态度就是另一番情景了。今人张舜徽说：

> 澧湛深经学，笃实不欺。平日教人及所以自励者，在平心静气，低头精读注疏，而不蹈架空立论之弊。故其自为之书，皆实事求是，有乾嘉诸师治学精谨之风，而无乾嘉诸师论学门户之见，平正通达，不偏不党。又尝揭櫫博学知服之义，深以轻诋前人为非。[②]

两相对照，不言而喻，有天壤之别。

张之洞憎恶公羊之学，因此，他对坚持乾嘉学派传统，以稳健、纯朴、笃实学风著称的陈澧的学行著述十分仰慕钦佩，成为陈澧暨东塾学派的护法和宣传推行者，也就不难理解了。袁昶写道：“公于治经，最服膺陈兰甫先生澧，恨生平未见，寄篆联至自称私淑弟子。”[③]以私淑弟子自居，即是学术上服膺心悦诚服的表现。

光绪八年（1882），陈澧去世。两年后，张之洞调任两广总督。在广州，他还特地去陈澧生前讲学处菊坡精舍瞻仰凭悼，并赋诗云：

> 乾嘉才斯盛，人耻不读书。
> 后进弃心得，骋骛各殊途。
> 谁与端经术？通德在番禺。
> 洸洸陈先生，深入五经郛。
> 尽划汉宋畛，兼握文笔珠。
> 日日曳杖来，菊坡开精庐。
> 晚学不得见，见此一丛朱……[④]

---

① 梁启超：《清代学术概论》，上海古籍出版社，2000 年，第 78 页。

② 张舜徽：《清人文集别录》，华中师范大学出版社，2004 年，第 444 页。

③ 袁昶：《壶公师寿言节略》，《浙西村舍丛刻》，清光绪刻本，第 24 页。

④ 前引苑书义等主编：《张之洞全集》卷 296，第 10537 页。

“通德”指陈澧。“端经术”，这里显然指整顿挽救因今文公羊学肆意泛滥折腾所败坏了的学风而言，蕴含有欲借陈澧大旗，力挽狂澜，重建学术规范之意。

二、张之洞与东塾学派

光绪十年（1884），张之洞移督两广。在粤前后五年，于学术文化贡献颇多，其中尤以创建广雅书院、广雅书局最为声名卓著。

（一）广雅书院

众所周知，清代书院不再为学者自由讲学之所，而是纳入官学体系，成为科举取士制度的附庸。所谓“由前代私营自由讲学之风气，一变而为官立的督课之定制”①，“书院之制，名存实亡”②。

嘉道之际阮元创建的杭州诂经精舍、广州学海堂是清代考据学兴起后的产物，是系统传授汉学知识、专门培养汉学人才的“新型书院”，给已经衰败的书院制度注入了新鲜活力，具有浓郁的复兴宋元时期书院独立探讨、自由讲学优良传统的倾向。故有学者称之为清代书院的“革新时期”③。

清代书院革新是清代教育史、学术史、文化史上的一件大事，它经历了创始（嘉道之际）、兴盛（同光之际）和转型（光绪末年）三个阶段。如果说阮元是创始阶段的中心人物，那么，张之洞则是兴盛、转型二个阶段的有力推动者和实际领导者。

其实，在来粤总督两广之前，张之洞在各地任内，已有不少办学经历。如：任湖北学政，创建经心书院；在四川学政内，创建尊经书院；巡抚山西，创办令德书院等。这些举措，对他日后在广东任内的学术文化措施，无疑具有重要的借鉴参考作用。

广雅书院创建较晚，属于后起。它具有规模巨大、经费充裕、学生众多、

---

① 刘伯骥:《广东书院制度沿革》，商务印书馆，1939年，第3页。

② 杜定友:《广东文化中心之今昔》，许衍董:《广东文征续编》第四册，广东文征编印委员会，1986年，第21–23页。

③ 前引刘伯骥:《广东书院制度沿革》，第5页。

藏书丰富、规章严密等几个特点。巡抚吴大澂称："书院东西斋房各一百间，规模宏敞，甲于他省，皆张孝达制军之力也。"[①]著名游粤学者缪荃孙也写道："廿六日，壬寅。星海招至书院，巳刻即往。气局宏敞，为地球上书院之冠，西人所颂也。"[②]规模巨大应是广雅书院第一特色。

"广雅书院为较晚出，其内容创新之点颇多"[③]。可以毫不夸张地说，广雅书院是清代"新型书院"之冠，是清代书院革新兴盛阶段的典型代表。

（二）广雅书局

曾国藩是清末各省创建官书局的最早倡导者。在他的影响推动下，金陵官书局、浙江官书局、安徽敷文书局、四川官书局、山西官书局、山东官书局、直隶官书局、湖北官书局等相继成立，一时刻书出版呈现出格外繁荣兴旺的局面。官书局创始于咸同之际，极盛于光绪中叶，衰落于清末民初，它在保存文献，传布文化，繁荣学术，普及教育方面功不可没。

在此背景下，同治七年（1868）广东书局应运而生。倡建者为广东巡抚蒋益澧，实际支持者乃两广盐运使方浚颐及钟谦钧，当局举荐陈澧为总校，赞襄其间者为其门人弟子。书局先后刻有《四库全书总目》《十三经注疏》《通志堂经解》《古经解汇函》等，牌记多题"菊坡精舍藏板"。后因经费问题，于同治末年无形解体。

广东书局解体后，广东大规模的刻书活动暂告低落，有一段间歇期。但随着张之洞的到来，创建广雅书局，广东刻书出版得以再度复兴，并迈上一个新台阶，步入更为辉煌的鼎盛时期。

广雅书局刻书有以下几个特点。

数量多：据粗略统计，"先后桀成经部四十余种，四百余卷；史部一百二十余种，三千五百余卷；子部一十余种，四十余卷；集部一百余种，一千九百五十余卷"[④]。共计书270余种，5890余卷，刻书数量稳居各省官书局之首。

部帙巨：许多大部帙的学术经典名著，如《武英殿聚珍版书》《纪事本末

① 吴大澂：《愙斋自订年谱》，《青鹤》杂志第二卷第二十三期，第1页。

② 缪荃孙：《艺风老人日记》，北京大学出版社，1986年，第114页。

③ 前引刘伯骥：《广东书院制度沿革》，第356页。

④ 梁鼎芬等：《[宣统]番禺县续志·建置志二》，民国刻本，第12页。

汇刻》《全唐文》《全上古三代秦汉三国六朝文》《读史方舆纪要》《天下郡国利病书》等，煌煌巨著，均由广雅书局刊刻，蔚为大观。

独具特色：书局所刻以史部为主。民国初，徐绍棨择其版式一律者，汇为《广雅书局丛书》，其属于史学者，后人别为史学丛书。所谓“汇辑史部，凡九十三种，一千七百七十一卷，清代史部撰述，网罗略备”[①]。从此《广雅史学丛书》之名不胫而走，风行大江南北，胡适曾在北京大学演讲，谓学海堂之《皇清经解》，广雅书局之《史学丛书》，“为广东两大不朽名著”[②]。

“国朝儒风扇南服，前阮后张实赓续”[③]。张之洞督粤，是他人生事业的高峰之一，创建广雅书院和广雅书局，无疑是他平生二大得意之笔。而广东在光绪中后期，以张之洞督粤为契机，迎来历史上罕见的学术文化的繁荣兴旺局面，辉煌一时。例如广雅书院的创建，使得省城广州同时拥有三所著名新型书院——学海堂、菊坡精舍、广雅书院，这在当时绝无仅有，实属罕见。广州隐然为教育重镇，雄踞全国教育前列，其意义不言而喻。又如以广雅书局为标志，广东迎来又一次规模较大的刊刻经史古籍的高潮，与其他地区尤其是文化中心江浙各省官书局遥相呼应，不但赶上了时代的潮流，而且还异军突起，后来居上，广州一跃而成为全国刻书中心之一。

晚清广东学术文化的辉煌成就，除了“所至以实学倡导后进，阮文达有替人矣”[④]的封疆大吏张之洞的倡导推动之功外，也与东塾学派有莫大的关系。

例如广雅书院，首任院长是梁鼎芬，继之者为朱一新、廖廷相。书院分校为黄涛、林国庚、马贞榆、黄绍昌、陈庆和、漆葆熙6人。据《广雅书院同舍录》，截至光绪二十三年（1897），广雅书院院长、分校9人之中，除朱一新、黄绍昌外，其余皆陈澧入门弟子。其中陈庆和为陈澧长孙。

张之洞离粤，赴任到武昌后，曾寄信广雅书院分校马贞榆、黄涛等人，信中说：

---

① 谢国桢：《明清笔记谈丛》，中华书局，1962年，第228页。

② 徐绍棨：《广东省立图书馆沿革》，许衍董：《广东文征续集》第二册，广东文征编印委员会，1987年，第254页。

③ 吴士鉴：《敬题艺风世伯〈广雅书局图〉》，顾廷龙校阅：《艺风堂友朋书札》，上海古籍出版社，1983年，第470页。

④ 俞樾：《与张香涛学使》，《春在堂尺牍》卷四，张燕婴：《俞樾函札辑证》下册，凤凰出版社，2014年，第634页。

> 书院创始不易，收效甚长。惟望互为维持，俾高材生接迹其中，蔚为时彦，则诚东、西两省之幸，区区之怀，亦藉以稍释矣。[①]

这在张之洞是拳拳之意，显示他对广雅书院的殷切关切，但反过来印证维系广雅书院的主力正是东塾群弟子。

又如广雅书局，“初设于菊坡精舍”[②]。张之洞札云：

> 即在菊坡精舍设立书局……延请顺德李学士文田为总纂，南海廖太史廷相、番禺梁太史鼎芬、番禺陶孝廉福祥为总校……略仿钟前运司刊刻各书办法，参酌尽善。[③]

之所以如此，因为菊坡精舍乃东塾学派大本营，东塾弟子乃前广东书局原班人马，借以依赖，可以驾轻就熟，不必另起炉灶。而且，广东书局运作多年，其行之有效的一整套经验模式，容易操作运转，可收事半功倍之效，所谓“略仿钟前运司刊刻各书办法”，即指此而言。后总纂李文田未应聘，其余总校廖廷相、梁鼎芬、陶福祥，皆东塾入门弟子。

光绪中后期，东塾门人弟子常常是一身而二任、或三任、四任焉。他们常常身兼数职，同时担任学海堂学长、菊坡精舍山长、广雅书院院长、广雅书院分校，以及广雅书局总校与分校等等编辑校勘职务。毫无疑问，东塾弟子是此期学术文化的主力中坚。张之洞依靠东塾学派，东塾学派协助张之洞，二者完美合作，相辅相成，相得益彰，共同书写了广东教育文化史上浓墨重彩的一页。

三、东塾弟子在武昌

光绪十五年（1889），张之洞移督湖广，次年即在武昌创建著名的两湖书

---

① 张之洞：《致广雅书院分校马季立黄子鹏林子飏黄艺香》，《张文襄公全集》卷221，1937年北平楚学精庐刻本，第30页。

② 许同莘：《张文襄公年谱》卷3，商务印书馆，1947年，第52页。

③ 张之洞：《札运司开设书局》，见前引苑书义等主编：《张之洞全集》卷93，第2506页。

院。两湖书院“规划亚于广雅，而湖水清涟胜之”[①]。两者之间关系密切可知。

众所周知，张之洞督鄂时间最长，前后达20年，任内大刀阔斧进行各项新政改革建设，其中尤以兴学堂、办实业、练新兵三项成绩最为突出。其实，张之洞练新兵，无法企及天津小站的袁世凯；办实业，难以比肩上海江南制造局的李鸿章；惟有兴学堂，成就卓著，领先全国。

“鄂省学堂学务冠于各省”[②]。学堂林立的武昌在晚清学界名噪一时。其间，东塾门人或再传弟子也与之有着千丝万缕的联系，主要表现在以下两方面。

第一，任教武昌者众。

陶福祥，字春海，别号爱庐，广东番禺人。光绪举人。张之洞建两湖书院，“函电坚招，辞不获已，往为商定规程，评校课卷，三阅月，谢病归”[③]。

梁鼎芬，首聘为两湖书院史学分校。其在武昌事迹，后面另有叙述。

杨裕芬，字家珍，号惇甫，广东南海人。光绪进士。以主事用，分户部，调学部，“南皮张文襄公雅重君，聘主两湖书院经学讲席”[④]。

马贞榆，字觉渠，号季立，广东顺德人。“张之洞为两广总督，创广雅书院，移督两湖，创两湖书院，皆聘贞榆分教经学”[⑤]。

汤金铸，字子寿，又字馨颜，广东花县人。精算数之学，自言：“近承南皮张制府命，在两湖书院讲授算学。”[⑥]张之洞称其“才力精强，性情勤笃，古今中外畴人之学烂熟于胸，善于教人，后进经其指授者开通最易，成材极多”[⑦]。

汤金铭，字儆盘，汤金铸之兄。“尤精畴人学，与弟金铸均见称于陈兰甫先生。张文襄督粤，一见器重，历聘充广东水陆师学堂、湖北武备学堂教习，

① 前引缪荃孙:《艺风老人日记》，第 414 页。

② 《壬寅四月十四日上海来电》,《张之洞存各处来电》第 53 函，所藏档甲 182-155。转引自李细珠:《张之洞与清末新政研究》，上海书店出版社，2003 年，第 112 页。

③ 前引梁鼎芬:《[宣统] 番禺县续志》卷 23，第 2 页。

④ 张学华:《学部主事杨君墓志铭》，许衍董:《广东文征续集》第一册，广东文征编印委员会，1968 年，第 279 页。

⑤ 陈衍:《马贞榆传》，陈衍撰、陈步编:《陈石遗集》，福建人民出版社，2001 年，第 556 页。

⑥ 汤金铸:《几何举隅》序，清光绪二十四年江夏董家埠刻本，第 1 页。

⑦ 张之洞:《保荐经济特科人才折并清单》，见前引苑书义等主编:《张之洞全集》卷 58，第 1521 页。

后进多藉培成。生平著述宏富，未及编辑，已多散佚”[①]。

罗照沧，字海田，广东南海人。曾任教武昌两湖书院，陈庆年在日记中有所提及，如：“二十一日，晴。游历汉阳枪炮厂，同去者为梁节庵、张闻远、马季立、贾志鸿、罗海田诸同事，学生去者亦有八十人。”[②]张之洞褒举奏折云：“罗照沧，广东南海人。行端志正，思密学精，于测算绘图之学辨析微芒，丝丝入扣，洵属诣力过人，成就人才甚众。”[③]

此外还有再传弟子江孝通、曹汝英、曹汝川、杨寿昌以及叶恭绰等等。例如后人回忆说：“在经心书院教算学的教员为曹汝英和曹汝川。”[④]又如叶恭绰，光绪二十九年（1903）至三十二年，任教于湖北农业学堂、方言学堂、西路高等小学堂等，又“在湖北兼任两湖师范学堂文普通中学教员，皆梁节庵先生所介”[⑤]。

以上所举，可见东塾门人弟子任教武昌者已不在少数。虽然其中一个重要原因是由于张之洞这一层关系在内，但东塾弟子活跃于两湖的确是清末教育领域中一个引人注目的现象。

第二，梁鼎芬贡献卓著。

梁鼎芬，字星海，号节庵，广东番禺人。光绪进士。入翰林，散馆授编修。后因弹劾李鸿章，罢官归，入张之洞幕。

梁鼎芬先后掌教过惠州丰湖书院、肇庆端溪书院、广州广雅书院、武昌两湖书院、南京钟山书院，并担任过湖北总师范学堂监督、湖北学务处总提调等职，终其一生，以教育为主职，是名副其实的教育家。

张之洞坐镇武昌，幕府名士如云，而世人公认梁鼎芬眷注最隆，为得力助手，最为赏识倚重。史载：“文襄尝语人曰，向以星海为文士，迨试以吏事，人所不能为者，彼为之条理井然，人所不敢言者，彼言之理由充满，真大才也。”[⑥]时称：“天下崇拜之洞者，必并崇拜鼎芬，唾骂之洞者，必并唾骂鼎芬”，

---

① 孔昭度等：《[民国]重修花县志》卷9，1924年刻本，第24页。

② 陈庆年：《戊戌己亥见闻录》，中国社会科学院近代史研究所近代史资料编辑组编：《近代史资料》总第81号，第135页。

③ 张之洞：《保荐经济特科人才折并清单》，见前引苑书义等主编：《张之洞全集》卷58，第1521页。

④ 曾昭安：《武汉的书院和学堂》，《武汉文史资料》1986年第1辑，第59页。

⑤ 遐庵年谱汇稿编印会：《叶遐庵先生年谱》，遐庵年谱汇稿编印会，1946年，第8–9页。

⑥ 陈灨一：《睇向斋秘录》，《近代中国史料丛刊续编》第24辑，第143页。

“鼎芬即小之洞，之洞即大鼎芬。”[①]二人关系密切达到如此程度，则梁鼎芬对张之洞思想、施政的影响，自不可低估。

不可否认，张之洞是清末学制改革的主导、总设计师。但他统筹全局，政务繁忙，无暇事事躬亲。故学制改革具体事务，均委托梁鼎芬等人负责处理。后人写道：“十八年先生到鄂，名虽为两湖书院主讲，实并参香涛幕中机要，及为各院学改革之主脑。”[②]实非虚语。

而且，梁鼎芬也并非机械被动执行者，而是志同道合、配合默契、才干卓著的一流人物，二人商议切磋，反复探索，例证很多。

如为清末新政暨学制改革定下基调的《江楚会奏变法三折》，主要参与起草者，刘坤一处有张謇、沈曾植、汤寿潜等；张之洞处有郑孝胥、梁鼎芬、黄绍箕等。[③]此外，据《郑孝胥日记》，张之洞“又命余同仲韬、星海诣两湖书院议袁慰亭所定大学堂事务”[④]。袁慰亭即袁世凯。又如学部成立后，管学大臣以湖北学务成绩冠于全国，让湖北方面将《两湖书院章程》抄送，以便参考。张之洞立即写信给梁鼎芬说：“许电读悉，京师既索《两湖书院章程》，自应钞送。敢请酌拟大略开示，弟当详思妥酌奉商。但此事甚不易，必须事事可为后法，其应如何式样，即请酌示为望。”[⑤]尤其湖北学务处成立后，梁鼎芬先为文提调，后为总提调，全省学务大小事宜，均为其一手筹划处理。以办理留学为例，梁鼎芬曾致信汪康年说：“游学东洋学生，已派二十名”，“与南皮合办成此一事，请告慰罗、蒋两君，当一快也。”[⑥]梁鼎芬的所作所为主要是将张之洞的思想意图贯彻落实，化为具体实践行动。

所以湖北学制改革，梁鼎芬的居中策划，切实推行之功，实不可抹煞。这一层关系，张之洞本人并不掠美，多次提及，反复说明。他致书梁鼎芬说：“今年讲习勤劳尤甚，诸生蒸蒸，规模大备，文通武达，一堂兼之。创始书院千百年未开之风气，歆起中华十八省有用之人才，公之教也。”[⑦]又在《请奖梁鼎芬

---

① 转引自汤志钧：《戊戌变法人物传稿》（增订本）下册，中华书局，1982 年，第 588 页。

② 吴天任：《梁节庵先生年谱·序例》，艺文印书馆，1979 年，第 3 页。

③ 《致江宁刘制台》，见前引苑书义等主编：《张之洞全集》卷 244，第 8534 页。

④ 中国国家博物馆编、劳祖德整理：《郑孝胥日记》（二），中华书局，2005 年，第 818 页。

⑤ 张之洞：《致梁节庵先生》，见前引苑书义等主编：《张之洞全集》卷 287，第 10271 页。

⑥ 上海图书馆编：《汪康年师友书札》（二），上海古籍出版社，1986 年，第 1912—1913 页。

⑦ 张之洞：《致梁节庵先生》，见前引苑书义等主编：《张之洞全集》卷 287，第 10267 页。

片》中强调："当时未设提学司，所有湖北学务均委该员办理。该臬司学术纯正，待士肫诚，于教育事体大纲细目擘画精详，任事多年，勤劳最苦。"①正因为如此，故《清史稿》特地指出说："之洞锐行新政，学堂林立，言学事惟鼎芬是任。"②

梁鼎芬在湖北所作所为，为他赢得了崇高声誉，"其待湖北士民，极有恩谊，该省士民，视之如父母师长"③。论近代中国教育制度的改革转型，后人不应忘记梁鼎芬，他是杰出的学制改革的探索者、实践者和管理者。

四、东塾学派流行中原

东塾学派最初偏处岭海一隅，声名影响有限。以后由于各种风云际会的因素，开始突破局限，迅速崛起，知名海内。关于陈澧暨东塾学派，叶德辉所说最具代表性，也最耐人寻味，他说：

> 自登乡荐，北游京师，于是日与日下知名之士文酒过从，又时至厂肆，遍取国朝儒先之书读之，遂得通知训诂考订之学。其时东塾先生遗书，尤为士大夫所推重，鄙人也购置一册，朝夕研求，觉其书平实通贯，无乾嘉诸君嚣陵气习，始知盛名之下，公道在人，众口交推，良非虚溢。④

叶德辉"乙酉乡试中式举人"，"壬辰会试，中式第九名贡士，殿试二甲"。他北游京师时间大约在光绪十一年至十八年（1885—1892）期间。考虑到叶德辉对陈澧总体上持批评态度，则他的话反更具有公信力和说服力。胡思敬写道："近日粤中学派多宗朱次琦、陈澧"，"澧汉宋兼通，无门户异同之见，其学流

① 张之洞：《请奖梁鼎芬片》，见前引苑书义等主编：《张之洞全集》卷70，第1816页。
② 赵尔巽等：《清史稿》卷472，中华书局，2003年，第12822页。
③ 温肃：《密保前鄂臬梁鼎芬片》，《温侍御年谱及檗盦奏稿》，《近代中国史料丛刊》第75辑，第98页。
④ 叶德辉：《与罗敬则大令书》，见叶启倬辑：《郋园先生全书·郋园论学书札》，中国古书刊印社，1935年，第36页。

衍最广。”[①]正好互为印证。

东塾学派的流行，主要是因为当时今文公羊学越出常理的败坏学风的表现，不久即令人生厌。而晚清学界经过一番折腾扫荡之后，元气大丧，学风江河日下，急需拨乱反正。在这种情况下，以陈澧为代表的继承乾嘉优良传统的朴实学风，再一次得到学界的普遍推崇认同。陈澧学风传统保守，平正严实，容易得到官方统治者的称许褒奖，加上张之洞力为宣扬的特殊关系，故在晚清，东塾成为一时显学。

早在创建两湖书院之初，张之洞即首先提出了“东塾学派流衍中原”的预见，《致陶春海》札云：

> 两湖书院经弟苦心经营，乃获就绪。经学为院中首席，事赅体用，最切身心，必须经明行修，始足楷模多士。阁下为东塾先生高弟，渊源宏深，经学、小学博综醇粹，平正精密，鄙人在岭外时数聆麈论，心折已久。若得高贤来主皋比，必能牖启士林，昌明绝业，庶几从此东塾学派，流衍中原。区区之诚，既承鉴纳，谨扫榻以待。[②]

其推尊东塾学派，可谓无以复加，不遗余力。细细品味“庶几从此东塾学派，流衍中原”之句，其实还是含有欲借东塾学派良好的学术风气，反过来影响中原学界，扫除因今文公羊学泛滥流行而导致的一片乌烟瘴气的蕴意在内。这与他早前所说的“谁与端经术？通德在番禺”并无二致。

张之洞推尊陈澧，为东塾学派护法，还可从下面两件事上清楚看出端倪。

其一，与叶德辉相持不合。由于叶德辉曾公开批评过陈澧，招致两人关系一度紧张。叶德辉弟子记曰：“吾师则以诋毁（张之洞）所私淑陈东塾之故，相持不合。”[③]由于众怒难犯，叶德辉不得不再三予以申辩，他说：“曩者拙著《輶轩今语评》出，湘中言陈学（指陈澧）者，亦或议及序文，故答友人书中，屡次

---

① 胡思敬：《国闻备乘》卷一，荣孟源、章伯峰主编：《近代稗海》第一册，四川人民出版社，1985年，第225页。

② 张之洞：《致陶春海》，见前引苑书义等主编：《张之洞全集》卷287，第10280页。

③ 崔建英整理：《郋园学行记》，见前引中国社会科学院近代史研究所近代史资料编辑组编：《近代史资料》总57号，第116页。

发明鄙意。后晤沈子培比部，亦颇不以鄙论为然。其实拙著于陈学，并无诋諆之词。”[①]其弟子也一再解释说：“吾师平日治学，本不主持门户，并世经师，亦颇推重东塾，惟不喜其调停汉宋之说，故间与诸子论学，别白其是非。世儒不知，以为有薄视东塾之见，非吾师意也。”[②]张之洞之偏袒陈澧，于此可见一斑。

其二，《劝学篇》中表彰陈澧。光绪二十四年（1898），张之洞撰《劝学篇》。在《内篇·守约第八》“经学通大义”条中，公开提出：“五经总义，只读陈澧《东塾读书记》、王文简引之《经义述闻》。”又在“理学看学案”条中云：“惟《朱子语录》原书甚多，学案所甄录者未能尽见朱子之全体真面，宜更采录之。陈兰甫《东塾读书记·朱子》一卷最善。”并在《外篇·变科举第八》中附录“《东塾读书记》引朱子论科举”一节[③]。推崇《东塾读书记》，列为士子必读之书，主要是认为它中正平实，不偏不倚，最可取法。由于清廷下诏将《劝学篇》颁各省督抚刊行，几家置一篇，人手一册，风行海内，故其对陈澧与东塾学派的宣传推广作用，自不同凡响。

张之洞在晚清政坛学界具有重要的地位和声望，他之大力推尊陈澧，为东塾学派护法，可以视为是经过今文公羊学折腾之后晚清学界的一次拨乱反正，自觉倡导回归理性、重建学术规范的尝试努力。也缘此之故，陈澧及东塾学派才能在清末民初维持了一段正统及主导的地位，树立了良好的形象。20世纪20年代，日本学者今关寿麿于所撰关于学术界状况的书中，“认为北方旧学势力最大的还是张之洞余风的陈澧一派”[④]。于此可见东塾学派的重要地位及深远影响。治近代学术史者，对此切勿忽视无睹，掉以轻心。

---

① 叶德辉：《与罗敬则大令书》，见前引叶启倬辑：《郎园先生全书·郎园论学书札》，第38页。

② 刘肇隅：《郎园论学书札叙》，见前引叶启倬辑：《郎园先生全书·郎园论学书札》，第1页。

③ 张之洞著、李忠兴评注：《劝学篇》，中州古籍出版社，1998年，第94-96、140页。

④（日）今關壽麿：《近代支那の学藝》，東京民友社，1931年，第24页。转引自桑兵：《近代中国学术的地缘与流派》，《历史研究》1999年第3期，第25页。

试析广雅书院、广雅书局与晚清广西的文化建设

林艳红
（广西桂林图书馆）

张之洞在出任两广总督期间先后创办了广雅书局和广雅书院，极大地促进了岭南文化教育事业的发展。他以兴学育才为己任，大力兴办文教事业，不仅对广东文化教育发展产生了深远的影响，甚至也大大地推动了近邻广西文教事业的发展。作为广东的近邻，近代广西的文化教育事业与广雅书院、广雅书局之间的关系却并未受到多少关注。本文拟从教育、出版等方面探讨广雅书院和广雅书局对近代广西教育、文化等方面的影响。

一、广雅书局与近代广西教育

19世纪下半叶，受西方列强的冲击，内忧外患的中国社会经历了深刻的变革，西学东渐的思潮影响亦逐步扩大。自19世纪60年代掀起的洋务运动推动了近代中国资本主义的发展，随之又进一步冲击了中国的封建传统思想，传统教育无法满足社会的发展需求，于是新式书院、学校的兴办成为了晚清社会的教育风尚。

诞生于这样一个动荡时代的教育机构，广雅书院虽然保留了封建教育的特质，但也顺应时代作出了一些改变。作为清末四大书院之一，广雅书院在中国近代教育发展的历史进程中影响是不言而喻的，而其在广西近代教育发展中的作用亦是可圈可点的。

（一）为近代广西培养了一大批新式学生

按清制，“京师立国子监，曰大学；直、省、府、州、县、卫各于所治立

学”[①]。广西如制在各府、州、县等设置官学，在各地还兴办有书院招收各类生童。此外，因两广总督治所最初在广东肇庆，“两粤生童皆得与考”[②]端溪书院，当时亦有不少的广西学生来到端溪书院学习。但自从两广总督治所由肇庆迁至广州后，情况就有所改变了。“书院不能亲临，考校整饬虽岁时封题课试，规矩纵弛，士气不扬。且原因斋舍止四十间，大半敝漏，不足以容来学。每逢应课，大率借名虚卷，草率塞责”[③]。而在广州的粤秀、越华、应元三书院，“专课时文，斋舍或少或无，肄业者不能住院，故有月试而无课程”，学海堂和菊坡精舍则以经费少和地理位置等原因，“有课而无斋舍”[④]。为此，张之洞决心在广州建一书院，兼招广东、广西生员。

1887年，张之洞参照江西白鹿洞书院、湖南岳麓书院，会同广东巡抚吴大澄、广西巡抚李秉衡、广东学政江鸣鸾、广西学政李殿林上书《创建广雅书院奏折》，奏请在广州城西北五里源头乡创建广雅书院。翌年书院建成，延聘名师，合课两广诸生。广雅书院作为晚清新崛起的书院，以张之洞的社会影响力，很快便在全国的书院中突显。

1898年广雅书院设西学堂，讲授西学。1902年改名为两广大学堂，1903年又改名为两广高等学堂，至1906年改为广东省高等学堂后，始停招广西省学生。

广雅书院斋舍200间，“分为东省十斋，西省十斋，讲堂、书库一切具备”，“调集两省诸生才志出众者，每省百名肄业其中，讲求经义、史事、身心、经济之学，广置书籍以备诵习”[⑤]。书院每届招录两广学生各100名，其中在广西各地招录的具体肄业生额数为“桂林府三十名，梧州、浔州两府、郁林直隶州各十名，平乐、南宁两府各八名，柳州府七名，思恩、庆远两府各五名，太平府三名，泗城府二名，镇安府一名，百色直隶厅、归顺直隶州共一名”[⑥]。

据廖廷相《广雅书院同舍录》所载，从1888年到1902年，广雅书院实收

---

① 《钦定大清会典》，卷三十二。

② 傅维森编：《端溪书院志》，清光绪二十六年端溪书院刻本，卷二。

③ 苑书义等主编：《张之洞全集》第1册，河北人民出版社1998年版，第613–614页。

④ 同上引。

⑤ 同上引。

⑥ 同上引。

生员460人，其中西省西斋实收228人。在广雅书院的广西生员中，中式举人42人、进士8人[①]，与广东生员中式举人46人、进士12人相比，仅是略逊而已。

广西生员中举人的情况如下表[②]：

戊子科 1888年	己丑恩科 1889年	辛卯科 1891年	癸巳恩科 1893年	甲午科 1894年	丁酉科 1897年	辛丑庚子 恩正并科 1901年	癸卯恩科 1903年
1	6	6	7	7	4	9	2

广西生员中进士的情况如下表[③]：

甲午恩科 1894年	乙未科 1895年	癸卯科 1903年	甲辰恩科 1904年
2	1	2	3

从广雅书院毕业的广西生员返回广西后，有不少从事教育。如太平府永康州籍的曾文鸿（1862—1933），是光绪十九年（1893）举人，就曾先后执教康山书院、丽山书院，倡立永康两等小学，1926年还曾执教于同正县立师范讲习所。这些广西生员由于接受过新式教育，具有一定的革新思想，在改变广西落后的传统教育状况、推进广西近现代教育的进程中，发挥了积极的作用。

此外，还有一些生员走出广西，如郁林直隶州郁州籍祁永膺（1853—1905）曾任甘肃陇西知县、拱州府代理知府等职；桂林府临桂籍张其锽（1877—1927）曾任零陵、芷江知县，辛亥革命时北伐军南武军军统，民国年间湖南都督府军务厅厅长、广西省省长等职；另一名桂林府临桂籍汪鸾翔（1871—1962）曾执教于国立清华大学、河北大学等。他们都在不同的领域中发挥着各自的作用。

（二）推动了近代广西新式学堂的出现

广西地处东南，社会发展落后，即便是广雅书院在广西招收了不少的生

① 戴国雄编：《广雅书院长卷》正卷第8卷，中国评论学术出版社2017年版，第329页。

② 同上引。

③ 同上引。

员，广西传统的书院教育仍然是培养人才的主要阵地。

广西的书院兴起于宋代，清代发展至鼎盛。据文献所载，清代在广西设置的书院就有200多所，其中包括4所在省城桂林较有影响的书院——秀峰书院、榕湖书院、桂山书院、宣成书院。但这些书院的课程设置均以科举为目的，无法满足近代社会的发展需求。

直到光绪二十年（1894）和二十三年（1897）冬，康有为两次到桂林讲学，为广西带来了一些新的思想。光绪二十四年（1898），广雅书院设西学堂，讲授西学。同年，广西巡抚黄槐森在省城桂林创建广西体用学堂，这是广西新学之始，是广西近代史上第一所兼学中、西学的新型学校。

广西体用学堂，开设经学、史学、算学、格致等科，并授英文。广西体用学堂的教育和管理方式效仿了广雅书院的模式，分中学和西学两科，以实学为依归；每月有两次考课，分官课、斋课两种。体用学堂增加了西学课程，改变了传统的书院教学。1902年广西体用学堂改为广西大学堂，1903年改为广西高等学堂，此后又数度改建，直至1914年更名为广西高等学校停办。广西体用学堂亦为广西培养出了大量的新式人才，民国教育家马君武就曾求学于此。

二、广雅书局与桂垣书局

清代广西的刻书业以官刻书为主，亦有不少坊刻、家刻书。清前期广西的刻书还是比较少的，而现在能看见的多为清中晚期刻书。在不多的广西刻书中，桂垣书局所刻书是较为突出的。而桂垣书局与广雅书局则有着极为密切的联系。

在清末涌现的官书局中，创办于光绪十三年（1887）的广雅书局无疑是相比较晚的，但其地位及对近代广西文化的影响却是不容小觑的。

（一）张之洞创办广雅书局

鸦片战争后，清廷面临严重的内忧外患。一方面是各地掀起的此起彼伏的农民起义，一方面是西方帝国主义的军事和经济入侵。这一切对清政府封建统治的破坏是巨大的，对文化的破坏也是巨大的。清末藏书家叶德辉在《书林清话》中记，“咸丰赭寇之乱，市肆荡然无存”，“赭寇乱起，大江南北，遍地劫灰，吴中二三百年藏书之精华，扫地尽矣”，而“东邻、西邻乘我之不虞，图画书籍古物，尽徙而入于海外人之手。上海飞凫客，群翔集于茶坊酒市之中，而吴门玄妙观前，无一旧书摊，无一书船友”①。

为重振儒学，恢复旧有的秩序，官书局开始在各地涌现。同治时，曾国藩首先于江宁设金陵书局，于扬州设淮南书局，同时杭州、江苏（今苏州）、武昌继之。既刊刻“十三经”，四省又合刊“廿四史”。这类官书局，创于同治，盛于光绪，各省相继仿效。据统计，在同光间创办的官书局有二、三十家之多。而广雅书局则是其中影响较大的。

光绪十三年（1887）十月，张之洞上奏《开设书局刊布经籍折》：“窃惟经学昌明，至我朝为极盛。道光年间前督臣阮元校刊《皇清经解》一千四百余卷，藏板学海堂，既已表彰先正，亦以鼓舞来学。于是海内通经致用之士接踵奋兴，迨今六十余年，通人著述，日出不穷，或有稿草遗编，家藏椠本，当时未见，近始流传，亟应续辑刊行，以昭圣代文治之盛。况学海堂为当日创刊经解之所，是粤省尤当力任此举，勉绍前规。臣等海邦承乏，深惟治源亟宜殚敬教劝学之方，以收经正民兴之效。此外史部、子部、集部诸书，可以考鉴古今，裨益经济，维持人心风俗者，一并搜罗刊播。上年既经臣之洞捐赀设局举办，然必须筹有常款，择有定地，方能经久。现经臣等公同筹度，即将省城内旧机器局重加修葺，以为书局，名曰广雅书局。”②

光绪十三年（1887）三月张之洞初创书局，至光绪三十年（1904）停办，广雅书局共刊刻图书300余种，其中经部40多种400余卷，史部120种3500余卷，子部10多种40余卷，集部100多种1950余卷。

（二）马丕瑶创办桂垣书局

在清末各地先后涌现官书局的时代背景下，广西巡抚马丕瑶亦萌发了创办书局的念头。“曾国藩、李鸿章、左宗棠等皆孳孳以此为务，所至辄设局刊书，二十余年，网罗散佚，渐复旧观。江苏、浙江、湖北、四川、广东诸省又皆剏建书院，广储典籍，令诸生肄业。其中岁时讲贯文风，学术蒸蒸日上”③。光绪十六年（1890）广西巡抚马丕瑶于桂林秀峰书院西斋创办集图书印刷、收藏和借阅职能于一身的桂垣书局。

---

① 叶德辉撰，紫石点校：《书林清话》，北京燕山出版社，1999年，第250页。

② 前引苑书义等主编：《张之洞全集》第1册，第613–614页。

③《光绪朝东华录·光绪十七年二月壬戌》。

为能尽快在省城桂林开局刊书，光绪十五年（1889）广西巡抚马丕瑶奏请“江南、浙江、广东、湖南北、四川六省将局刊经史等书刷寄十部来粤，俾得分储择刊”。后各省寄送之局刊书陆续到达广西。马丕瑶在光绪十六年（1890）十一月二十七日《分建书楼藏书并刊布经籍折》中写道：“除四川路远地偏尚未寄到”，“计两江督臣送书三十二种，江苏抚臣咨送书七十五种，浙江抚臣咨送书二十种，广东抚臣送书六十七种，湖北抚臣咨送书一百七十三种，湖南抚臣咨送书十六种。”[①]因马丕瑶在广西分设十局，故各省书局所寄送的每种十部书，分存于桂林府、梧州府、浔州府、柳州府、南宁府、太平府、泗城府、百色直隶厅、郁林直隶州、归顺直隶州十局。

据光绪十六年（1890）刊印的《广西存书总目》中所载，广东寄送的书除广雅书局刊书外，还有学海堂和菊坡精舍刊印之书。其中广雅书局刊印之书有33种713卷，共计153册。具体书目如下，另根据古籍普查，仍见于广西各公藏收藏单位的书目亦一并归入表中：

分类	题名卷数	作者	册数	存藏情况
经部	毛诗传笺通释三十二卷	清马瑞辰撰	十二册	四部
	禹贡班义述三卷	清陈蓉镜撰	一册	一部
	尚书伸孔篇一卷	清焦廷琥撰	三卷合一册	一部
	尔雅补注残本一卷	清刘玉麐撰		
	毛诗天文考一卷	清洪亮吉撰		二部
史部	通鉴纪事本末二百三十九卷	宋袁枢编辑	四十八册	八部
	宋史纪事本末一百九卷	明冯琦原编明陈邦瞻增订	十六册	八部
	元史纪事本末二十七卷	明陈邦瞻编辑	三册	
	明史纪事本末八十卷	清谷应泰编辑	十六册	六部
	史记志疑三十六卷	清梁玉绳撰	十四册	六部
	两汉辨疑四十二卷	清钱大昭撰	八册	
	历代史表五十九卷	清万斯同撰	六册	四部
	诸史考异十八卷	清洪颐煊撰	二册	
	史汉骈校一卷	清成孺撰	二卷合一册	
	宋州郡志校勘记一卷			一部

① 马吉森、马吉樟编：《马中丞遗集》，沈云龙主编：《近代中国史料丛刊》（58），台北文海出版社，第208-209页。

续表

分类	题名卷数	作者	册数	存藏情况
史部	晋书校勘记四卷	清周云撰	一册	二部
	史记天官书补目一卷	清孙星衍撰	二卷合一册	二部
	补续汉书艺文志一卷	清钱大昭撰		
	后汉书注又补一卷	清沈铭彝撰	一册	二部
	楚汉诸侯疆域志三卷	清刘文淇撰	一册	一部
	史表功比说一卷	清张锡瑜撰	一册	二部
	三国志辨疑一卷	清钱大昭撰	一册	一部
	摹印述一卷	清陈澧撰	四卷合一册	二部
	水经注西南诸水考三卷			二部
子部	近思录十四卷	清江永集注	五册	
	礼记天算释一卷	清孔广牧撰	一册	
	释谷四卷	清刘宝楠撰	一册	二部
	三统述详说四卷	清陈澧撰	五卷合一册	二部
	弧三角平视法一卷			一部
集部	刘氏遗书八卷	清刘台拱撰	二册	三部
	句溪杂著六卷	清陈立撰	二册	一部
	愈愚录六卷	清刘宝楠撰	二册	
	广经室文钞一卷	清刘恭冕撰	一册	一部

由上表可看出，在《广西存书总目》一书中所载广雅书局所送之书，大部分仍存留于广西各古籍收藏单位。广雅书局所送书仍以经部和史部书为主，同时又有了算术等新学，应对当时广西的士子思想及教育产生过一定的影响。

在包括广雅书局在内的各省官书局的影响下，桂垣书局也整理和刊印了不少广西文献，使不少珍贵的史料得以保存下来。

三、广雅书局与近代广西图书馆发端

广西的藏书史可以追溯到唐代，下至清代，不少书院都有藏书楼。宣统元年（1909），广西出现了第一家图书馆——广西图书馆。这家图书馆与桂垣书局有着极为密切的联系。

广雅书局创于光绪十三年（1887）三月，“刊刻书类，以搜罗经学通人著述，并延聘儒雅学博，陆续印行”，“到光绪十五年广雅书院开院，把这书局附入，兼应书院用书的供求，规模更备，所刊印书籍，以史籍丛书著称海内”[①]。

广雅书院有一藏书楼“冠冕楼”，其藏书分为三部分：书院自置、广雅书局发存、总督府拨存原康有为万木草堂藏书。

光绪十五年（1889），张之洞编制《广雅书院学规》，设掌书生二人经营冠冕楼书籍，并规定了借阅细则。书分经、史、子、集、杂著、丛书六类。光绪二十七年（1901）书院编制并刊行了《广雅书院藏书目录》。宣统年间，在广雅书局之址开设图书馆。

陶浚宣曾作《题广雅书局图书馆》：

地接南园，看苍翠成林，疑身到六桥三竺；

天开东壁，聚丹黄满架，此中有百宋千元。[②]

此诗当为宣统年间所作，从诗中所反映的图书馆藏书宏富，亦可推断出广雅书院藏书楼早期藏书之多，及对广雅书院生员的影响。广雅书局的藏书楼模式对马丕瑶无疑产生了一定的影响。

对于开办书局，马丕瑶的规划并不局限于省城桂林一地。他以为，若仅在省城桂林设立一书局，其影响还是有限的。因此，除省城外，他还在梧州、浔州、柳州、南宁、太平、泗城、百色、郁林、归顺分设九局。各省所寄送之书，除一部存于桂垣书局外，其余九部分存于其他九局。同时，桂垣书局以“广教化”为目的，以藏书为主、刊书为辅。为藏书，他在省城桂林秀峰书院之侧建造书楼书室，并按照经史子集分别部居庋藏，各地则“按照省城章程办理，均择书院及公所地方修建楼房，上藏书籍，下为士子看书之所”。《广西存书总目》当为桂垣书局最初的一个藏书目录。在马氏的主理下，桂林、梧州、浔州、柳州、南宁、太平、泗城、百色、郁林、归顺均设有藏书楼。而这些藏书楼正是广西近代图书馆的前身，后各地陆续兴办图书馆时，这些藏书楼之藏书大多移入图书馆。如始建于宣统元年（1909）的广西图书馆（现广西桂林图书馆）最早的部分藏书即为桂垣书局藏书，而桂垣书局的藏书一部分即为各省官书局所赠，其中即包括广雅书局所赠之书。

---

① 高拜石：《古春风楼琐记》第16集，台湾新生报，1979年，第33–34页。

② 李永鑫编：《绍兴县越城区对联集成》上，西泠印社，2012年，第156页。

遗憾的是，桂垣书局未能如广雅书局一般，在停办后将藏书和板片移交至图书馆，故而桂垣书局刷印的板片未能保存下来。

四、小结

广雅书院、广雅书局对近代广西的文化教育事业产生的影响无疑是值得我们去关注的。首先，广雅书院直接为广西培养了一批人才。张之洞以其两广总督之职责，开办广雅书院，为广西培养了一批接触新学的生员，而这些生员中有不少回到广西后又从事教育，继续培养人才，进一步推动了近代广西教育的发展。其次，广雅书局的开办间接推动了近代广西出版业的发展。在广雅书局创办三年后，桂垣书局在广西省城桂林创办。广雅书局及其他各省官书局寄送的图书为桂垣书局后续的出版提供不少刊印良好的底本，为桂垣书局在开办后较快刊印图书提供了较好的基础。此外，除广雅书局寄赠的书籍外，桂垣书局刊印图书及其藏书楼藏书或多或少都能看到广雅书局的影子。之后这些书大多又移存到了创建于宣统元年（1909）的广西图书馆，可以说广雅书局与广西近代图书馆同样有着诸多不解之缘。

海外佚籍《论语义疏》研究的展开[①]

——兼及学海堂、广雅书院的课试关注

刘玉才
（北京大学）

皇侃《论语义疏》是中国南北朝时期义疏体解经的代表性文献，在《论语》诠释史上与“郑玄注”“何晏集解”并称，具有重要地位。北宋邢昺奉敕编撰《论语正义》，成为官学定本，《论语义疏》遂被取代，大约南宋中期在中国失传。但是在日本方面，《论语义疏》自八世纪传入之后，不绝如缕，留下不少古抄本。清乾隆年间回传中国，不仅编入《四库全书》，还被覆刊出版，在学界引发重要反响，并深入到书院教学讨论。日本学界对于《论语义疏》亦有持续的关注研究，成果斐然。

《论语义疏》作为考察南北朝诸儒解经的珍贵文献，六百年失而复得，其回归又恰值汉学昌盛时期，因而成为乾嘉学界关注的热门对象，极大地促进了《论语》注疏研究的开展。最早一批接触利用《论语义疏》的学者，均取得了不菲的研究业绩[②]。如翟灏在乾隆四十六、七年出版的《四书考异》，已经充分利用《论语义疏》材料；吴骞校勘《七经孟子考文补遗》与《论语义疏》同异，附以自己所得，完成《皇氏论语义疏参订》十卷；陈鳣《论语古训》汇集古注，《论语义疏》也是其重要的辑录来源；卢文弨《经典释文考证》的《论语释文》部分，多据《论语义疏》订正《经典释文》刊本之失，并揭示出《经典释文》“一本”与《论语义疏》的文本关联。此外，清代有关《论语》注疏

---

① 本文为教育部人文社会科学重点研究基地重大项目“儒家经典整理与研究”成果。

② 参（日）藤塚邻撰、童岭译：《皇侃〈论语义疏〉及其日本刻本对清朝经学的影响》，见刘玉才主编：《从钞本到刻本—中日〈论语〉文献研究》，北京大学出版社，2013 年。

较有代表性的著作，如刘宝楠《论语正义》、潘维城《论语古注集笺》、冯登府《论语异文考证》，无不是大量利用《论语义疏》，亦足见其流布之深广。

清中期学界巨擘阮元，不仅最早覆刊《七经孟子考文》，对《论语义疏》也非常重视，将其列为《论语注疏校勘记》的引据本。在阮元创办的广州学海堂，甚至专题讨论《论语义疏》，《学海堂三集》收录有邹伯奇、桂文灿、章凤翰、潘继李四人以《皇侃论语义疏跋》为题的论文。其中，邹文认为朱子之时《论语义疏》并未亡佚，朱子作《集注》即有利用《义疏》，并且列举出相关证据；桂文主要讨论皇疏的四处疏失；章文指出唐人疏文的义例是“疏不破注”，而皇疏尚不受此局限；潘文既非难皇疏穿凿，亦称扬其存古之功。此外，桂文灿还撰成《论语皇疏考证》十卷，并将知不足斋本《论语义疏》收入其编刊的《古经解汇函》，扩大了《论语义疏》的影响。

对于失而复得的《论语义疏》，在肯定其文献价值的主流意见之外，清代学者亦不乏怀疑甚至否定的声音。其中，孙志祖《读书脞录》卷二的观点颇为中肯：

> 皇侃《论语义疏》十卷，当南宋时已佚，故朱子亦未之见，近始与《古文孝经孔传》并得之日本国中。尝取二书衡量之，则《孔传》赝而《皇疏》似真也。其中遗文佚事，若管仲夺邑之伯氏名偃、公冶长辨雀语、张石虎难夷齐之类，洵足以资多识而广异闻，且所采旧说数十家，标新领异，非唐以后人所能伪撰。然经文与今本多异，其合于史书征引者，固可择善而从，而流传既久，亦容有彼国人之窜改，如“子行三军，则谁与。”《释文》云：“与，皇音余。”而今本《义疏》云：“若行三军，必当与己。”是仍读如字，而不音余也。“子温而厉”，《释文》云：“皇本作‘君子’。”今本《义疏》仍作“子”。吾不能无疑焉。好古之士，当分别观之，而不徒震为异域之秘书，斯可矣。[①]

早年就读于学海堂的陈澧，在《东塾读书记》卷二《论语》条中，虽然认为《论语义疏》不乏精当之论，但亦列举文例，批评其疏略，怀疑为“足利人妄补之也”。江藩《汉学师承记》为维护乃师余萧客《论语义疏》亡佚的立场，

---

① 阮元、王先谦编：《清经解·清经解续编》，凤凰出版社，2005年，第3973页。

则直斥日本传本为“足利赝鼎”。大概是在陈澧的影响之下，广雅书院又以《皇氏论语义疏真伪考》为题课试生徒，桂坫、祁永膺、傅维森都有同题论文，今存于各人文集。其中，桂坫文辨析皇疏的后人增改与所谓的伪改之处，指出伪改不伪，或为误脱和刊刻之误，结论亦颇为公允：“至皇氏此疏，经文之异，与诸书征引合者，多足以补正今本；采录之说，与汉魏旧解殊者，多足以发明经义，则《论语》大义微言，赖此以存者，正自不少。至于增改伪文，更加厘正，以传来学，则序所谓泯焉可知者，亦何难昭然复明哉！”祁永膺文详尽辨析今本皇疏伪篡之迹，认为“今考其书引汉晋六朝经师之说，不下数十家。标新领异，不惟可以考先哲遗文，亦可以广后人闻见，决非唐以后之儒所能依托者也！惜其文义，多经日本人所羼乱，是以美恶杂糅，瑕瑜互见，读者不可不考其真伪焉”。文中博征清儒诸家之说，或是赞同，或是辩驳，甚至对于其师陈澧的观点，也是一分为二。如陈澧指出皇侃精于礼学，而今本皇疏许多章对此颇有阙略，怀疑非真皇疏。祁文则列举他例证明皇侃精于礼学，认为陈澧所举之例为改窜删改所致。傅维森文讨论皇疏的真伪问题，也是倾向于真伪参杂。但是他在文末附记，云从驻日公使馆随员姚文栋处得知，知不足斋刊本与足利学校所藏原本体例完全不同，发现此前的质疑徒然而无所得，并报告了正在借抄的信息。

清代学者是依据知不足斋覆刊根本逊志本研究《论语义疏》，并不知晓其中文本变乱情形，待杨守敬、姚永栋引入日本古抄原本之后，对于皇疏体式的怀疑自然消除。至于孙志祖据《经典释文》异文而怀疑《论语义疏》文本可靠性，其实亦不足立论。因为《经典释文》文本本身存在不少讹误，卢文弨《经典释文考证》对此已有辨析，敦煌发现的唐写本也可以对照说明。当然，《论语义疏》在日本传抄过程中，或有添改变乱之处，但不存在有意作伪的问题。

根本本变乱体式，自不足据，但日本传存古抄本是否保留了《论语义疏》原貌呢？答案显然也是否定的。首先，现存日本古抄本除台北故宫博物院藏盈进斋本之外，均有窜入北宋邢昺《论语正义》情形。具体方式，通常都是在皇疏之后空格，然后以“昺云”继起。高桥均据天理图书馆藏清熙园本《论语义疏》统计[①]，计有178条，其他各本大致相同。关于窜入原因，《经籍访古志》卷

① （日）高橋均：《舊抄本論語義疏について——邢昺の論語正義の竄入を中心として》，《日本中国学会報》第41集，1989年。

二云所见本两条有“里云”二字，推测邢疏原本录于纸背，后混入正文。岛田翰《古文旧书考》卷一亦主此说，云是卷子本改装线缝，不忍弃去背文，姑录之于皇疏之末。但岛田翰所见本下落不明，颇令人怀疑其说。高桥均怀疑“里云”应是“昺云”之误。据藤原赖长的日记《台记》，邢疏传入日本（1151年）之后，记事有“皇侃疏已下数部类聚之”，或是今本之源。皇疏具有集注性质，邢疏传入之后，遂补入作为一家，与《义疏》一体化。日本国会图书馆藏《论语集解》卷首《论语发题》，为足利学校第七世庠主九华和尚（1500—1578）所撰，推测邢疏是日本人所载，当时尚有不载邢疏之皇疏存在。窜入邢疏本各抄本大致无异，称呼略有不同，当有祖本存在。其次，日本古抄本不仅窜入邢疏，还有窜入朱熹《集注》甚至南宋坊刻纂图互注本内容的现象。武内义雄分析认为，日本古抄本可以是否受到朱注影响为标准，大致分作两类[①]。

那么，皇侃《论语义疏》的原本样式究竟怎样呢？杨守敬《留真谱》于室町抄本《论语义疏》跋语有云：“六朝义疏，既有此式，何以唐人《五经正义》皆不循此辙？余疑皇疏原本，亦必标起止，别为单疏。今此式亦日本人合注于疏者之所为，而删其所标起止与？惜此间钞本，审其纸墨笔势，皆不出元明之世，无从实证之耳。”即认为《论语义疏》原本样式与唐《五经正义》单疏本相同，经注不录原文，只标起止文字。武内义雄则认为原本样式应同于皇侃弟子郑灼的《礼记子本疏义》，即载录经注全文，疏文穿插其间，经、注、疏均大字单行，前后空格以示区别[②]。

今存日本古抄本样式为：经文大字、单行；疏小字、双行；集解注缩格，大字，单行；疏小字，双行。敦煌本《论语疏》（P3573）则与此差异明显，其样式为：经文大字，单行；集解注小字，双行；疏大字“此”起首，以下小字述该章要旨，接着是经文梗概，然后空格，以下是有关经文、集解注的疏。可见敦煌本分章旨与疏文，分章大致与邢昺疏一致，但有脱落混乱现象。其经文与唐石经、注疏本、日本集解本近，而与日本古抄本差异多。高桥均据此怀疑敦煌本与日本古抄本源于不同的唐抄系统[③]。李方认为日本古抄本是皇疏原本

① （日）武内義雄：《校論語義疏雜識——梁皇侃論語義疏について》，《武内義雄全集》第二卷，第429-435页，東京，角川書店，1978年。

② 同上引，第439页。

③ （日）高橋均：《舊抄本論語義疏と敦煌本論語疏》，《日本中国学会報》第52集，2004年。

样式，而敦煌本是选疏本，是讲经师讲述《论语义疏》之际的讲经提纲[①]。高桥均认为正相反，敦煌本具有提问、回答的讲述特性，日本古抄本具有记述的特性，应是从敦煌本转换而成，但是产生时代比较早，保存有源自唐抄本的文本。长泽规矩也另辟新说，推测皇疏原貌虽是单疏本形式，但此形式的抄本未有传存，日本古抄本或是源自宋刊本底本[②]。

日本古抄本《论语义疏》到底传承六朝义疏、唐抄单疏本还是宋刊本样式，目前还难以达至共识。日本学界，从武内义雄开始，致力于古抄本《论语义疏》的校勘复原，武内本《论语义疏》迄今仍是最为精善的校本。高桥均、影山辉国等学者，都是延续校勘复原的路线，主要围绕现存古抄本展开研究。其中，高桥均通过日本古抄本与敦煌本的比较分析，试图探究唐抄本的面貌。影山辉国则以调查现存抄本为职志，进行全面校勘，以补武内本之不备，完成《论语义疏》的定本。但是，正如前文所述，日本古抄本已与原本面貌大相径庭，基于现存古抄本的校订，恐怕只能复原到室町时代抄本的面貌。有鉴于此，近年有学者另辟蹊径，尝试利用日本的古典籍所见《论语》注释资料，探究《论语义疏》的面貌[③]。因为《论语义疏》自八世纪传入日本，奈良、平安时代在公卿贵族和僧侣间广为流传，文字渗透到许多日本古典籍中，通过辑佚工作，可以窥见其早期面貌。当然，这些片段的文字，是否具有代表性，还有待深入解读。

---

① 李方：《唐写本〈论语皇疏〉的性质及其相关问题》，《文物》1988年2期。

② （日）长泽规矩也撰，陈捷译：《关于〈论语义疏〉传入日本的疑问》，见前引刘玉才主编：《从钞本到刻本——中日〈论语〉文献研究》。

③ （日）高田宗平撰，简亦精译：《日本古代〈论语义疏〉受容史初探》，见前引刘玉才主编：《从钞本到刻本——中日〈论语〉文献研究》。

《世载堂杂忆》载“张之洞罢除宾师”阐释

——兼论晚清书院与幕府关系

刘　明

（湖南大学）

刘禺生所著《世载堂杂忆》有“张之洞罢除宾师”一条，大意为张之洞“废山长制度而为分校制度，师道不尊矣：废聘请馆宾而札委文案，幕宾制度永除，幕僚制度流行矣”。具体而言，张之洞废山长始于广雅书院之设分校制，成于两湖书院，及改书院为学堂即“尽废山长为监督”，“自书院改为学堂，校长教授，皆受国家任命，师尽为官，众师皆以日中为肆”。张之洞废幕宾之制则在湖广总督任上，“废去聘请之幕宾刑名师爷，刑名、钱谷，皆领以札委之文案，文案决事于本官”，“衙门从此无商榷政事之幕宾矣”[①]。此条颇言之有理，本文拟结合相关研究及史料予以阐释扩充之。

一、书院成为幕府机构

在张之洞幕府之外，清代书院山长列名幕僚者，郑天挺认为有劳重光请郑献甫主讲广州书院，刘蓉请黄彭年主讲关中书院[②]。尚小明详细统计了清代徐乾学、阮元、曾国藩、张之洞、端方等十四个重要学人幕府之幕僚，张之洞幕府之外，幕僚而兼山长者仅七人，分别为张伯行幕之蔡壁，康熙四十六年（1707）至四十八年（1709）主鳌峰书院。毕沅幕之吴泰来，乾隆四十六年（1781）前后至五十三年（1788），主讲关中书院。阮元幕之王昶，嘉庆

---

① 刘禺生：《世载堂杂忆》，中华书局，1960 年，第 47—49 页。

② 郑天挺：《清代的幕府》，《中国社会科学》1980 年第 6 期。

五年（1800）主讲诂经精舍；孙星衍，嘉庆五年（1800）至六年（1801）主讲诂经精舍；杨芳灿，嘉庆十三年（1808）主讲诂经精舍；秦恩复主讲诂经精舍；陈寿祺，嘉庆六年（1801）至八年（1803），课诂经精舍生徒[①]；然此中多有不确之处，如诂经精舍诸人皆于阮元幕中修书，因此而有诂经精舍之创立，起初亦近于文会[②]。此外，凌林煌将曾国藩次第兴复之书院视为幕府机构，如咸丰十一年（1861）于安庆兴复之敬敷书院，同治四年（1865）兴复之钟山书院、尊经书院，同治七年（1868）兴复之惜阴书院，同治八年（1869）兴复之莲池书院[③]。徐雁平认为曾国藩之幕僚而为书院山长者有周缦云、倪豹岑、薛时雨、张裕钊、梅启照等[④]。按曾国藩两江总督任上，次第兴复钟山、尊经、惜阴书院，故而诸书院事宜尽属曾国藩，如礼聘山长、送院，总督官课之命题、阅卷等，曾国藩视书院山长为“经师人师名实相付者”，“处以宾友之礼，使后进观感兴起”，于钟山、尊经送馆亦“宾主各行四拜礼”[⑤]。且此类情形为先幕僚而后出任书院山长，与张之洞将书院山长视为幕僚者情形不同。

根据陆胤的研究，张之洞之学人圈中与书院有关联者有梁鼎芬、王秉恩、杨锐、陶福祥、方功惠、朱一新、纪钜锥、屠寄、林国庚、邓绎、马贞榆、黄绍昌、黄涛、陶濬宣、王仁俊、张裕钊、谭献、汪康年、吴德潚、周锡恩、陈三立、吴兆泰、陈宗濂、关棠、邹代钧、成克襄、邓濂、张孝谦、易顺鼎、江逢辰、华蘅芳、杨楷、杨守敬、徐家幹、杨承禧、黄绍箕、陈庆年、蒯光典、钱桂笙、沈曾植、双寿、姚晋圻、胡元仪、周树模、程仪洛、陈毅、黄绍第、张锡恭、刘洪烈等四十九人。所涉之书院有端溪、广雅、两湖、经心、江汉、自强、尊经等，诸人所任之职则有山长、分校、提调、监院等。此中除陈三立“从未涉及政事，更无入幕之事”外，其余人等基本皆为幕僚。诸人除书院职之外，另有幕府诸事，如屠寄光绪十六年（1890）张之洞电招入鄂，十七年（1891）任两湖书院文学分校，兼任督幕文案。如杨楷光绪十八年（1892）冬

---

① 尚小明：《学人游幕与清代学术》，社会科学文献出版社，1999 年，第 255—317 页。

② 徐雁平：《清代东南书院与学术及文学》，合肥教育出版社，2007 年，第 144 页。

③ 凌林煌：《曾国藩幕府成员之界定及其相关组织之发展》，《大陆杂志》第 92 卷第 4 期。

④ 前引徐雁平：《清代东南书院与学术及文学》，第 144 页。

⑤ 同上引，第 271—272 页。

十月，“有武昌之行，主讲自强书院，兼办督署洋务文案”[①]。由此可见，书院成为幕府机构是张之洞幕府的重要特色，张之洞将书院打造为“吸收、安置海内一流学人的重要场所”。刘禺生即称：

> 张之洞自两广总督移节两湖，朝士趋赴者，分为数类，之洞乃以广大风雅之度，尽量招纳，以书院、学堂为收容之根据，以诗文讲学为名流之冠冕。其时有罣误失意之朝士，在两广则延揽朱一新等。在两湖延揽吴兆泰、梁鼎芬、蒯光典等。又有告假出京之朝士，在两湖如周树模、周锡恩、屠寄、杨锐、郑孝胥、黄绍箕、沈曾植、曹元弼、杨承禧等。此外如文廷式、张季直之流，皆驿通朝政，引为声授，则为广通声气之朝士矣。[②]

而之所以能如此，其前提在于张之洞对书院之控制及书院职位数量的增加。广雅书院、两湖书院等为新型书院，住院制度、分斋设学以及教学法的扩充必然导致书院在教学及管理任务的增加，由此除山长之外，有分校、提调、监院之创设[③]。

笼统而言，晚清书院山长礼聘之权为书院之主政官，主政官皆是沿袭而成，一般而言即书院创设者所居之官职。以粤省而论，大书院设山长者有应元、广雅、端溪、越华、粤秀、羊城，其山长礼聘之权多在总督、巡抚，如《申报》1892年12月20日载文称：“粤省癸巳年各书院掌教，经李筱泉制军、刚子良中丞会送关书，分别聘定。应元书院为廖泽群太史廷相，广雅书院为朱蓉生太史一新，端溪书院为何蓉裳侍御荣阶，越华书院为叶兰台太史衍兰，粤秀书院为潘仲瑜太史宝琳，羊城书院为易兰池农部学清，各山长接受关书，次第向两院宪道谢。”[④]具体而言，总督主政端溪、广雅，巡抚则主政应元、越华、粤秀、羊城，主政之权包括人事权（山长、监院）、生徒甄别权等，但主政之权力并非专有，如粮道于粤秀书

---

① 陆胤：《政教存续与文教转型——近代学术史上的张之洞学人圈》，北京大学出版社，2015年，第297-334页。

② 前引刘禺生：《世载堂杂忆》，第81页。

③ 周汉光：《张之洞与广雅书院》，文化大学出版社，1983年，第319页。

④ 《粤峤音书》，《申报》1892年12月20日，第1版。

院，盐运使于越华书院、广州知府于羊城书院，启馆、甄别等皆可代行之[①]。

书院山长之职地位尊崇、收入优渥，加以一般任期仅为一年，多随官吏之调任而更动，无稳固靠山则难以久其任，故请托之事所在多有。如道光三十年（1850）九月，曾国藩同年王东槐赴任湖南衡州知府，曾国藩书便笺称：“再岱云言：衡州府城石鼓书院山长张少衡先生学尹系伊弟业师，求兄不必更换；而莲湖书院山长欧阳沧溟先生系弟岳丈，亦求兄不必更换。此二事恐初十日忘记面说，故顺告闻”，即请托石鼓书院、莲湖书院山长之职。张之洞以儒臣自居，矢志振兴文教，对书院诸职把控颇严。以广雅书院而论，因广雅书院为其创始，故而其移督两湖之后，仍遥制广雅，离任之初即函商朱一新：“每月加课一次，将卷寄鄂评定，以觇诸生之造诣。”[②]后任总督并未更动张之洞广雅诸人，在光绪二十年（1894）之前（即朱一新任上），张氏控制着广雅书院山长礼聘之权[③]。湖广总督任上，张之洞控制及影响下的书院数量更多，如两湖、经心、黄州经古、江汉等，据陆胤统计，张之洞督鄂时期实任之书院教习总数达45人之多[④]。张之洞对礼聘山长、分校之权颇为在意，光绪二十年（1894）十月，张之洞署理两江总督，即趁机礼聘梁鼎芬为金陵钟山书院山长。谭继洵署理湖广总督，有意更动湖北一些书院人事，遭到张之洞的抵制，仅让出荆门书院一席，于谭继洵所欲礼聘之人，张之洞甚至提出：“如未订，似可婉辞。如已订，可否婉商预送明年全年修金，请其明年不必到馆，或即名为程仪。”[⑤]

二、书院教职之幕僚化

一般来说，清代愿意充当幕僚者大抵为低阶功名者“以幕救贫”，绝大部分都是秀才，一旦考中举人，则多会辞职。留任者或因无官职空缺。而一旦考

① 梁廷枏：《越华书院启馆仪注》，见邓洪波主编：《中国书院学规集成》，中西书局，2011年，第1270–1271页。

② 《菁莪化普》，《申报》1890年7月20日，第2版。

③ 苏云峰：《广雅书院（1888—1902）》，台北《近代史研究所集刊》第13期。

④ 前引陆胤：《政教存续与文教转型——近代学术史上的张之洞学人圈》，第131–136页。

⑤ 茅海建：《戊戌变法的另面——“张之洞档案”阅读笔记》，上海古籍出版社，2014年，第392–393页。

中进士，“很少会愿意再作地方官的幕僚（除非出于个人原因）”。将幕僚作为终身职业者，“是因为他们无法通过更高一级的科举考试”[①]。书院山长，则多属于高阶功名者，州县书院多为举人，更高级别的书院则多为进士，甚至如广雅书院者，四任山长皆为翰林。幕僚与山长，虽然皆为官僚士大夫阶层之职位，但两者交集有限，这一差别可以视为同一职业地位群体之中上层与下层的分化。幕府之中，幕僚与幕主之关系之总特点为，幕友在行政上并无正式地位，而只是对主官私人负责，属基于道义的宾主关系，具体而言：

> 其一，幕友往往为白身人，即本有职衔，其就幕则以白身人之资格，而非以官品之资格；其二，地方官聘请幕友，则照例须施以庄严隆重之“关书”，以示礼敬；其三，幕友纵为一白身人，主官无论身为督抚大员，宾主之间，必分庭抗礼；其四，幕友报酬不曰“薪俸”，而曰“束修”，其报酬则表示礼貌，而不尽代表数目……其五，幕友随时得与主官晤面，绝无仪注之足言。其主官纡尊降贵就教于幕友之室者，乃寻常事。因此，主官与幕友间，只有主宾之分，而绝无主属之隔，处理公事之际，宾主恒立于对等之地位。[②]

州县幕府与督抚幕府亦颇有区别，全增佑称：“于时督抚学政，颇广开幕府，礼致文人，而不尽责以公事，此等入幕之宾，其性质初不同于刑钱幕僚，此种幕府，不啻为一学府，其府主往往为学术界名流前辈，故人材之造就，于斯为盛”，其代表则有毕沅、朱筠、阮元、曾国藩、张之洞等[③]。此外，在州县官这一级，幕僚作为“朋友”“客人”甚至是“师”，与幕主之间大致处于同等地位，“盖宾客与主人，礼相抗敌，故言可行。既忝为牧令，大吏纵恭敬下士，终宜自循素分，小谦抑即，难坚行吾志”。而至督抚一级，则因地位悬殊而不免屈志[④]。如汪辉祖即专就州县之幕，其称：

---

① 瞿同祖著，范忠信、晏锋、何鹏校：《清代地方政府》（修订译本），法律出版社，2011 年，第 163-164 页。

② 全增佑：《清代幕僚制度论》（未完），《思想与时代》1944 年第 31 期。

③ 全增祜：《清代幕僚制度论》（续），《思想与时代》1944 年第 32 期。

④ 前引瞿同祖著，范忠信、晏锋、何鹏校：《清代地方政府》（修订译本），第 163-164 页。

> 夫寒士身份在乎品学，不关幕地之崇卑……欲不降其志，惟佐州县为治，庶几近之。盖书生与牧令分相当，体相敌，合则留，不合则去，品无瑕玷，学不拘迂，到处逢迎，不忧一日无馆。节镇军府，虽养尊处优，亦与所主抗礼，毕竟分位相悬，为之者非主人甚贤，计画少有龃龉，訑訑之声音颜色，常有难以为情之处。异邦远客，去之则猝无所就，降心抑气，间或不免。仆常闻而矜之，是以佐幕数十年，专就州县礼聘，州县而上，至于司抚，无不坚辞。太守去州县不远，然亦未尝就者。[①]

因此，幕僚亦可分为两类，“一类是将帅及其他大官的幕府，是比较一般性的；一是地方官署的幕友，是比较专门化的”。前一类“并不以幕为终身职业，不过一时没有相当位置，才权且在一个大员的幕里撰拟文字，运筹帷幄。遇到机缘，即出而做官”；后一类“须有专门的知识，要放弃别业，专心此道，在名师指导下，过着学徒的生活，经过长时间的训练，学成之后，由师傅或友好的推荐，在一个地方政府服务，遂以游幕为终身职业”[②]。根据尚小明的研究，学人游幕为清代普遍的社会现象，所从事者因时代不同略有差别。顺治初至康熙初主要为佐理政务及参赞戎幕，康熙中期至嘉庆末期以文事为主，如修书、著书、校书，襄阅试卷、佐理翰墨及诗酒唱和等，道光初迄宣统末则以河、漕、盐、赈、军、洋务、外交等为主，亦有古籍整理、翻译等学术活动[③]，此类幕府皆为督抚幕府。

清代总督职掌偏重于军事以及相关政务，巡抚职掌偏重于民事及文职官员的管理如刑名案件、钱粮财务、乡试等。晚期督抚职权之大增，起初是出于军事斗争之需，清政府不得不下放部分权力。此后，由于洋务事业及外交事务之需要，而直隶、两江、两广、闽浙、湖广这些沿海或沿长江省区之总督的职权所以扩增更为突出[④]。由于督抚衙门中没有庞大的行政机构，督抚权力之扩张必然导致幕府规模及职权之扩大，趋之者若骛，杜衡即称：

---

① 汪辉祖：《梦痕录余》，清刻本，第六十一—六十二叶。

② 邱陶常：《论“幕僚制度”》，《海滨》1948 年复刊第 2 期。

③ 见前引尚小明：《学人游幕与清代学术》。

④ 刘伟：《甲午前四十年间督抚权力的演变》，《近代史研究》1998 年第 2 期；杜家骥：《清代督、抚职掌之区别问题考察》，《史学集刊》2009 年第 6 期。

> 咸同军兴，各省督抚的幕中必须延揽些识时俊杰，替他们运筹帷幄……这时候督抚可以奏调各种资格的官吏，充任幕僚，也可以自由聘请，很多上自天子侍从下至布衣的人，款待他们比于师友，以彰礼贤下士之风。督抚又有权设立无数局所，以位置这班人，不受中央铨选机关的干涉。这种形势连唐代的方镇都恐怕办不到的……这种的幕友与那种专倚行政技术吃饭的幕友不可同日而语了。但是久而久之，真正为国储才的督抚也就不多，一班所谓幕友，仍旧无非是些奔走伺应承望颜色的人，以当差作官为最后目的，也并不能保持宾师的地位。到了光绪宣统之交，简直将幕职定在官制以内，自督抚以至州县衙门，一律设秘书科长……①

故而纯粹书院之职仍较幕职为优，如光绪二十二年（1896）十一月，时任翰林院编修徐世昌丁母忧，张之洞欲笼络之，二十三年（1897）张之洞发电杨锐，称："鄂省两湖、经心各书院去腊久已订妥，星海皆知。前电言徐君来必有位置者，谓请至署内，由敝处送修金耳，并无他席也。望婉商。如不来鄂，亦当每年寄送干修六百金，似可省跋涉之费。如愿来，亦照此局面"，"徐菊人如愿来鄂一游，亦甚好，不必阻，但言明非书院耳"②。

三、官师关系之重构

在书院占据教育体制及学术生产机制之重心地位的时代，士子学业的精进、书院教育的繁荣以及学术成果的生产、学术风气的转变都与书院山长有着密切的关系。官僚士大夫通过掌教书院以传道授业，为处江湖之野的一种重要方式，不仅收入优渥，而且具有极高的社会地位，与地方大吏抗礼，处宾师之间。当书院成为督抚之幕府机构，书院教职幕僚化，书院山长与地方官员由过去的"宾师"关系转变为上下级之隶属关系，"师尽为官"。这种官师关系的变化，程颂万以启馆礼为证，称：

---

① 杜衡：《中国历史上之幕职》（续），《再生》1948年第213期。

② 前引茅海建：《戊戌变法的另面——"张之洞档案"阅读笔记》，第142页。

吾忆为两湖书院坐办时，予为两湖书院肄业生，讲堂开学，张之洞中坐，经、史、理、文分校旁坐，诸生下立行礼。张之洞调两江总督，谭继洵（谭嗣同之父）以湖北巡抚护理湖广总督，行两湖书院开学礼，梁节庵为东监督，与诸分校南面上立，谭率诸生北面行拜跪礼。梁与诸分校率诸生转下，请谭上立，行答拜礼，此后不复见此礼节矣。①

据记载，广雅书院启馆时，部分仪注为生童集头门外，候接督院临院，排班打躬。院长迎入大厅（即冠冕楼下）叙坐。茶三次后，礼生禀请行礼。礼生唱督院与院长行交拜礼，四拜兴；复唱生童向院长行四拜礼，受两拜，免两拜，打三躬；复唱生童向督院行四拜礼，受两拜，免两拜，打三躬。生童揖退。督院与院长分坐，叙茶别。院长送至大堂，督院升舆回府。生童大门外候送，打三躬。送毕，随院长入院②。此仪注与道光二十一年（1841）越秀书院所定仪注基本相同③，应为当时粤省书院通行之仪注，其中宾主交拜之礼即为官—师关系之直接体现。

此种转变，其直接动机在于秩序之控制。陈庆年致信缪荃孙称：“（两湖书院）其屡次滋事，由于委员教习，所司不同，讲授管属，分为两橛。近日南皮师思得一官师合一之法，委正途候补人员充中学教习，日与讨论，又稽查拊循，与管堂通为一事，期以师法而兼官法，未知能否收效，亦未知能否做到也。”④其直接后果即为人才之逆淘汰，如刘禺生所述：“之洞又改书院为学堂，尽废山长为监督。分校、山长拂袖而去者，经心书院山长谭仲修，江汉书院山长黄翔人（黄侃之父，四川布政使），余皆降格相从，天下无山长矣。”⑤其原因如章太炎所述：“中国向来教官只是个虚名，实在施教的，还是书院里头的掌教。掌教一来不归礼部管辖，二来不是学政和地方官的属员，体统略高一点，所以有学问的人，还肯去做。如果照现在的制度，智识高的人，反做智识短浅的人的属员，看甘心不甘心呢？或者为了饭碗，也甘心了。但临了必有许多后

---

① 前引刘禺生：《世载堂杂忆》，第 47-49 页。

② 前引周汉光：《张之洞与广雅书院》，第 350 页。

③ 梁廷枏：《越秀书院启馆仪注》，见前引邓洪波主编：《中国书院学规集成》，第 1271 页。

④ 钱伯城、郭群一整理，顾廷龙校阅：《艺风堂友朋书札》，上海人民出版社，2018 年，第 1196 页。

⑤ 前引刘禺生：《世载堂杂忆》，第 47-49 页。

悔。”[①]而“降格相从”者不甚枚举，简举三例，一为辜鸿铭所记：

> 今日凡有大众聚会及宴乐事，必有颂词，竭力谄谀。与者受者均恬不知怪，古人有谀墓之文，若今日之颂词，可谓生祭文也。犹忆张文襄督鄂时，自庚子后大为提倡学堂，有好事者创开学堂，会通省当道官员、教员、学生到者数百人，有某学堂监督梁某，特撰长篇颂词，令东洋留学生刘某琅琅高读，兴会淋漓，满座肃然。[②]

一为刘禺生所记：

> 又梁节庵在鄂，领导鄂人，为张之洞建生祠于洪山卓刀泉关帝庙址。电达北京，之洞阅之大怒，急电责节庵及鄂人云，卓刀泉为明魏忠贤生祠故基，忠贤事败，折去生祠，改建关帝庙。今建予生祠于上，是视我为魏忠贤也。予教育鄂士十余年何其不学以至于此。速急销弭此举，勿为天下笑。[③]

一为蒯光典之例。蒯氏于光绪二十年（1894）入幕，光绪二十二年（1896），刘坤一还督两江，聘光典主尊经书院。二十三年（1897），张之洞聘以为两湖书院监督，因与梁鼎芬之冲突而解聘。光绪二十四年（1898）以道员发江南，两江总督刘坤一奏派总司两江学堂事务，兼领商务局，光绪二十八年（1902）参与创设南京高等学堂，按包天笑所记：

> 他初办高等学堂时，还有人讥诮他，说他闹了一个笑话，因为他向总督衙门去谢委，那时两江总督是刘坤一。人们说：委办学堂是聘任的，师道当尊，不宜谢委。但蒯说：学堂不是书院，书院请山长是用关聘的，我没有接到关聘，只有札委，应当是谢委的。[④]

---

① 章太炎:《章太炎全集·演讲集》，上海人民出版社，2015年，第141页。

② 辜鸿铭:《辜鸿铭文集》，海南出版社，1996年，第439页。

③ 前引刘禺生:《世载堂杂忆》，第58页。

④ 包天笑:《钏影楼回忆录》，生活·读书·新知三联书店，2014年，第197页。

而于教育、学术长远之不利影响甚大，章太炎即称：

> 中国学术，自下倡之则益善，自上建之则日衰。凡朝廷所闿置，足以干禄，学之则皮傅而止。不研精穷根本者，人之情也。会有贤良乐胥之士，则直去不顾，自穷其学。故科举行千年，中间典章盛于唐，理学起于宋，天元、四元兴宋、元间，小学经训，昉于清世，此皆轶出科举，能自名家，宁有官吏奖督之哉？恶朝廷所建益深，故其自为益进也。今学校为朝廷所设，利禄之途，使人苟偷，何学术之可望？且主干学校者，既在官吏，关节盈箧，膏粱之家，终在上第，窭人或不得望其门。此为使学术日衰，乃不逮科举时也。①

四、小结

张之洞通过将书院改造为幕府机构并将书院教职幕僚化，实现了对于书院这一教育机构的控制，重构了官—师关系，这一变化通过官制改革及书院改学堂成为正式制度，最终形成了“师尽为官”及官师之间上下级隶属关系，影响深远。晚清中国以幕府制度及书院制度展开的教育制度变革及其引起的官—师关系之重构为近代中国教育史上的重大变迁，同时为近代中国的教育制度变革特别是教育行政制度的建立创造了重要的前提，影响深远。

① 章太炎：《章太炎全集·太炎文录初编》，上海人民出版社，2014年，第154页。

“通经致用”与晚清书院的转型

——以张之洞创办四川尊经书院为例

魏红翎　刘　平

（成都大学　复旦大学）

明末清初的战乱令四川成为一片焦土，书院也遭到毁灭性的破坏。后来随着大量移民入川，社会经济才慢慢恢复，然而四川省在文化教育领域等方面依然落后于全国其它地区，陆续设立的一些书院包括省城最高学府锦江书院在内，规制局促，内容均以时文为务，难以造就人才，成为阻碍四川社会文化发展的一大瓶颈。

同治十三年春（1874），四川一批士绅在当地名流薛焕①的率领下上书省府，请求兴建一所大型书院，“以通经学古课蜀士”②。薛焕曾多年任职于上海、江苏、总理衙门，颇具“通商”“洋务”眼光。此举得到四川总督吴棠、学政张之洞的全力支持。次年春，尊经书院在成都落成，随即从全省三万学子中挑选一百名出类拔萃者入读。作为四川学政，张之洞对尊经书院投入了满腔热情，他延请名师，制定章程，编写指南，购置书籍，开局刻书，精心打造这座全省最高学府，更重要的是他确立了书院的发展方向和学术风貌，是当之无愧的奠基人。

在张之洞的努力下，尊经书院打破蜀中学界沉闷的气氛，成为近代四川教

---

① 薛焕（1815—1880），叙州府兴文县（今属宜宾）人。道光二十四年（1844）中举，后授江苏金山知县，历任松江知府、苏州知府、苏松粮储道、苏松太道、江苏按察使、江宁布政使、署钦差大臣办理五口通商事宜，咸丰十年（1850）任江苏巡抚兼署两江总督，旋调任通商事务大臣，后进京署礼部左侍郎，继改调工部右侍郎、都察院左副都御史等职。同治五年（1866）离职回川，旋在成都参与创办尊经书院并任第一任山长。

② 张之洞:《四川省城尊经书院记》，民国泗阳卢氏慎始基斋刻本。

育、学术、文化复兴的引擎和转折点，对该省教育文化的发展产生了非常深远的影响。此前关于尊经书院的研究偏重于张之洞的具体办学措施及其对蜀学的影响，尚未更多论述其思想渊源①。实际上，在这次办学过程中，张之洞秉持的“通经致用”思想得到了充分展现和较为全面的落实，可以视作这种伴随其终身的思想理念真正转化为社会实践的开端，而这一切也反映了晚清社会艰难转型的最初面相。

一、张之洞创办四川尊经书院

同治十二年（1873）10月，36岁的张之洞由四川乡试副考官转任四川学政，这是他在三年前卸任湖北学政后第二次出任地方官。几个月后，他便开启尊经书院的创办工作。张之洞非常赞同提议兴办书院的薛焕等士绅们的意见，大家都认识到四川教育的一大弊端就是已有书院造就人才不广，学子多空疏之人，因而兴建一座“不一样”的书院成为共识。而如何打造这种“不一样”，具体的实施方案、路径则是由张之洞来设计构建的，其设计蓝图及理念又主要体现在他撰写的《四川省城尊经书院记》《輶轩语》与《书目答问》三种论述中。

（一）《四川省城尊经书院记》

该记作于张之洞学政任满离川前（1876年12月），全文以问答形式阐释求学之目的、志向、学习方法、路径、态度、需克服之弊端、书籍借阅以及求学与科举的关系等诸多方面，总共18条、5000余字。它可视为尊经书院办学的纲领性文件，曾付梓印行，并镌成石碑置于院中，以晓谕师生。在这篇文章中，张之洞明确提出通经致用的思想。

① 近年来关于张之洞与晚清教育发展的问题是学界关注的一个热点，其中主要关注他中晚期的教育活动及思想，而对于他早期特别是创办四川尊经书院的研究相对较少。这方面的论文仅见黄新宪《张之洞与尊经书院》（《教育评论》1989年第3期）、何一民《试论尊经书院与四川士林风气的变化》（《四川师范大学学报》1991年第1期）、何俊华《张之洞与四川近代教育的萌芽》（《文史杂志》2006年第6期）、胡昭曦《振兴近代蜀学的尊经书院》（《蜀学》2008年第3辑）、李晓宇《尊经书院与近代蜀学的兴起》（《湖南大学学报》社会科学版2008年第9期）等。这些论文侧重于张之洞的具体办学措施及其对蜀学的影响。

第一条“本议”，开宗明义告知办学目的是“绍先哲，起蜀学”，希望书院能发挥学术引领作用，“学成而归，各以倡导其乡里后进，展转流衍，再传而后，全蜀皆通博之士、致用之材也。语云‘一人学战，教成十人，万人学战，教成三军’”[①]。在这里，“通博”“致用”成为人才评价的标准，书院被寄予无限厚望，“起蜀学”对当时四川学界来说是一种全新观念。

接着，张之洞提出“务本”的理念，就是学习必须要有基础、有根柢，“凡学之根柢必在经史。读群书之根柢在通经，读史之根柢亦在通经。通经之根柢在通小学，此万古不废之理也”[②]。这是“通博”概念的具体化，实际上就是要打破“专课时文”的误区，调整学习内容，拓展学习范围，引入经学、小学这些“新知”。

作为一份纲领性文件，《四川省城尊经书院记》展现了张之洞办学的基本理念，通经致用作为一种指导思想被明确提出，但并未过多阐述，因为之前的《輶轩语》有更具体的论述。

（二）《輶轩语》

《輶轩语》是张之洞专门为尊经书院学生所作的“发落语”，言“士习得失，文学利病”[③]，全面体现了其治学理念。该书分为三个部分，上篇语行，中篇语学，下篇语文，由浅入深，先论述学子的品行、为学的态度，接着言及求学的正确方法、读书的先后次序等，最后再谈写作诗文赋的要求与禁忌。

在“语行”篇中，张之洞强调要“立志远大”，他认为最远大的志向是成圣成贤，最不可取的是以考取秀才为终极目标，“自雄乡里，营营锱铢”[④]。他讥刺后者“陋哉”，这是对醉心时文的陋儒的当头一棒！在此基础上，他具体阐述“通经致用”的理念。

首先，他指出能成圣成贤的真儒与陋儒的根本区别，就在是否“讲求经济”。他认为：“扶持世教，利国利民，正是士人分所应为。宋范文正、明孙文正，并皆身为诸生，志在天下。国家养士，岂仅望其能作文字乎？通晓经术，

---

① 前引张之洞：《四川省城尊经书院记》。

② 同上引。

③ 张之洞：《张文襄公全集》卷204《輶轩语一》，中国书店，1990年，第593页。

④ 同上引，第594页。

明于大义，博考史传，周悉利病，此为根柢。尤宜讨论本朝掌故，明悉当时事势，方为切实经济。盖不读书者为俗吏，见近不见远，不知时务者为陋儒，可言不可行。即有大言正论，皆蹈《唐史》所讥高而不切之病。”[①]张之洞希望学人能胸怀天下，熟知历史，重视实务，以解决当前的实际问题为分内之事，这是他对致用思想最清晰的表述。

在“语学”篇中，张之洞进而指明实现致用的路径，那就是“读书”，他强调“随时读书，随时穷理，心地清明，人品自然正直，从此贯通古今，推求人事”，“读书期于明理，明理归于有用”[②]。而且，“读书宜读有用书”[③]，有用之书分三类：用以考古、用以经世、用以治身心者。在此标准下，他对经史、诸子、文集中书籍的价值都有点评，以示为学路径。他提出：“宜专治一经”，“治经宜有次第”，“宜读正史”，“正史中宜先读四史”，“宜读通鉴”，“宜读通考”，“读子为通经”，“读子宜求训诂看古注”，“读古集宜知体要”等[④]。从中可以清楚看出他对书籍是否致用的理解，比如他认为古人文集中奏议、考辩、记传这类载明实事的应细读，而流连风景、空发议论者不必留意。他对众人热衷的时文则不屑一顾，称“此时文体即已甚敝，愈趋愈下，将来必致一书不知，文亦不可为文，人人皆‘没字碑’矣”[⑤]。对于唐人词章、宋人繁冗论说、明代鉴赏清供之类的文字，他也多加贬斥。

《輶轩语》语言平实浅显，但“不乏切理近情之言”[⑥]，向学子阐述了何为致用以及如何实现致用，也就是如何读书，其中也列举了一些书目。不过，更为全面详尽开列书单谈论宜读何书的是《书目答问》。

（三）《书目答问》

《书目答问》作于光绪元年（1875）9月，系张之洞向学子推荐治学的书目，主要回答哪些书有价值，有价值的书中哪些版本是善本。所列书目达2400余种（含“别录”所收）。应该说，其选书标准、书籍分类方式、推荐书目都打上了

---

① 前引张之洞：《张文襄公全集》卷204《輶轩语一》，第595页。
② 同上引，第611页。
③ 同上引，第608页。
④ 同上引，第600—604页。
⑤ 前引张之洞：《张文襄公全集》卷205《輶轩语二》，第612页。
⑥ 周作人：《书房一角》，河北教育出版社，2002年，第126页。

非常明显的“通经致用”思想的烙印。

首先，对于选书标准，张之洞表示：“凡无用者、空疏者、偏僻者、殽杂者不录，古书为今书所包括者不录，注释浅陋者、妄人删改者、编刻讹谬者不录。古人书已无传本、今人书尚未刊行者不录，旧椠旧钞偶一有之、无从购求者不录。”[①]这体现了三条原则：第一是不收缺乏学术意义的书，第二是不收重出、版本不好的书，第三不收不易购买之书，这说明张之洞在推荐书目时是有意识地强调实用性。他还要求，经部之书应为“学有家法实事求是者”，史部之书应是“义例雅饬考证详核者”，子部之书当举“近古及有实用者”[②]，集部之书则选择最著名者。这些有价值的书有一个共同点：实用。可以说，“致用”本身就是《书目答问》编纂时的出发点。

其次，在具体书目的分类、推荐上，“致用”也是第一标准。以“史部”中的“地理”类为例，其子目只包括水道、边防、外纪三种，较之《四库提要》则删去了宫殿疏、都会郡县、山川、古迹、杂记、游记等，这些在张之洞看来是不切于实用的，另外他还特别强调这类书的时效性：“前代地理书，特以考经文史事及沿革耳，若为经世之用，断须读今人书。”[③]因此打破了前人地理类、政书类中以类别划分的标准，改用以时间进行划分，地理类下设：古地志、今地志；政书类下设：历代通制、古制、今制。其用意自然是希望通过古今的对比，获得对“今人”最有益的启示，博古是为了通今，是为了解决现实的种种问题。

同时，张之洞将西学书籍也纳入推荐之中。例如，对于子部中的天文算法类，便下设中法、西法、兼用中西法三个子目，收录达66种之多，其数量在子部中仅次于儒家类著作，其中兼通中西法的书有27部，纯粹的西法书有13部。对于这些“有益于经济”的西学书籍，张之洞都尽其所能加以推荐，如史部地理类中有《新译海塘辑要》10卷、《职方外纪》5卷、《坤舆图说》2卷、《地球图说》1卷、《瀛寰志略》10卷、《海国图志》100卷、《新译地理备考》10卷、《新译海道图说》15卷；子部兵家类中列上海制造局新译西洋兵书五种；子部农家类有《泰西水法》6卷。虽然从总数上看，来自

---

① 范希曾编：《书目答问补正·略例》，上海：上海古籍出版社，1983年，第1页。

② 同上引，第2页。

③ 同上引，第140页。

西方的书籍还很少，但是较之清初以来闭关锁国、排斥西方文化的做法还是体现出一种更为开放的态度，表明此时的张之洞虽然还未正面接触西方文明，但他是愿意接受新事物的，这也是后来他能迅速成为洋务运动代表人物的根基所在。

此外，在《书目答问》中，张之洞还有不少创意。他在子部儒家类中设三个子目：议论经济、理学、考订，将“议论经济”单列且置于首端，这是过去没有的，再次突显其对经世致用的推崇，希望能通过对儒学的整理，开出应对世事变化的良方。更特别的是他在附录中设“国朝著述诸家姓名略”，将当时的重要学者分为十四家，其中“经济家”列于最后，包括黄宗羲、顾炎武、包世臣、龚自珍、魏源等人。在概述这类学者特点时，他说：“经济之道，不必尽由学问”，“士人博极群书而无用于世，读书何为？故以此一家终焉。”[①]推崇之意溢于言表，显然他是将这类人定位为学者中最有价值者。

至于实现“致用”的路径，张之洞也反复强调“读书不知要领，劳而无功”[②]，“姓名略”的小序则再次指示为学途径：“由小学入经学者，其经学可信；由经学入史学者，其史学可信；由经学入理学者，其理学可信；以经学史学兼词章者，其词章有用；以经学史学兼经济者，其经济成就大。”[③]总之，破除时文禁锢，从传统文化出发，以经世致用为目标，是这个时期张之洞思想的突出特点，也是他办尊经书院的指导思想。

二、通经致用的时代共识

张之洞秉持的通经致用思想之所以能成为尊经书院办学的指导思想，并且一以贯之，是由多种因素促成的。

首先，与张之洞的倡导有关，而这又与他本人的经历及追求有关。他接受的是严格的传统教育，长期跟随父亲征战行政，出入各大幕府，使其对现实有清醒的认识，更为务实，年轻时便以“仁厚遵家法，忠良报国恩，通经为世

① 前引张之洞：《张文襄公全集》卷209《书目答问四》，第706页。
② 前引张之洞：《张文襄公全集》卷206《书目答问略例》，第626页。
③ 前引张之洞：《张文襄公全集》卷209《书目答问四》，第700页。

用，明道守儒珍”自勉[①]。

此外，还需要特别指出张氏的主张也与当时清流派的影响密不可分。张之洞入蜀前曾任翰林院教习庶吉士两年多，其间与清流人士交往甚密。那时京城活跃着一批文人士大夫，以评点时政为任，直言进谏，颇得民心，谓之“清流”。曾在张之洞幕府任职达20余年的辜鸿铭论述过清流派的意见：“当同、光间，清流党之所以不满意李文忠者，非不满意李文忠，实不满意曾文正所定天下之大计也”，“至文正所定天下大计之所以不满意于清流党者何？为其仅计及于政而不计及于教。文忠步趋文正，更不知有所谓教者，故一切行政用人，但论功利而不论气节，但论材能而不论人品。此清流党所以愤懑不平，大声疾呼，亟欲改弦更张，以挽回天下之风化也。”[②]周汉光在论及清流对张之洞的影响时也说：“张氏与其它的清流党人，对当时主外交政策的李鸿章的外交政策，深表不满。他们认为李氏……一切用人行政，但论功利，而不论气节，而且只及于政而不及于教，乃属不当。他们极力主张要重人才，尤重人才的气节，因此亦极重视教化。”[③]清流派对李鸿章的评价诚然有书生之见的成分，但其重视教育的理念却是值得肯定的，这与张之洞的见解完全契合，所以得到其大力支持。张之洞言出必行，其兴办尊经书院的举措其实就是对李鸿章等人不重教化的反动，也正因为不满对方“但论功利而不论气节”的做法，所以他要特别强调代表正统道德文化观念的“经”，以卫道士自居。纵观张之洞一生，应该说通经致用是其学术思想的基调，虽然之后倡导的中体西用令其声名远播，但究其根本仍然属于通经致用的范围。

第二，通经致用思想并非张之洞原创，而是当时一批有识之士的共同呼吁。19世纪初，清朝已经陷入深重危机，处于千年未有之变局的前夜，包世臣、陶澍、林则徐、龚自珍、魏源等先知先觉者开启了探寻救世良方的艰难历程。他们的共同之处在于反对乾嘉以来“为考据而考据”的汉学，也反对空言“玄虚之理”的宋学，而是承接明末清初徐光启、顾炎武提倡的“崇实致用”的主张，倡导经世致用，这在当时是一种清新的学术思潮，世称“经世派”。

---

① 吴剑杰编：《张之洞年谱长编》上卷，上海交通大学出版社，2009年，第23页。

② 辜鸿铭：《张文襄幕府纪闻》，《民国笔记小说大观》第一辑，山西古籍出版社，1995年，第17页。

③ 周汉光：《张之洞与广雅书院》，文化大学出版社，1983年，第67页。

他们要求“究心经世学”，直面现实，革除社会弊端。其中教育问题又是这批人关心的重中之重，他们认为人才匮乏是社会面临的最棘手问题，这个问题的严重程度，龚自珍曾描绘说“左无才相，右无才史，阃无才将，庠序无才士，陇无才民，廛无才工，衢无才商”①，全国上下各类人才极度缺乏，显出衰世之兆。因而他们大声疾呼改变教育现状，重视人才培养。林则徐说“为国首以人才为重”。龚自珍称王安石《上仁宗皇帝书》“实二言而已”，即“人才”。黄爵滋称，“人存则政举，故天下无难为之事，无难为之时，总在得有为之人”。姚莹强调，“天下之急务莫急于人才”，“人才为天下本”。邓廷桢、怡良也表示，“为政之道，有治法犹赖有治人。苟得其人，政无不洽”。吴嘉宾疾呼“多事之际，人才为急”②。

经世派不仅深刻感受到教育困境，还指出造成困境的根源正在于所学皆无用，“其造之试之也，专以无益之画饼，无用之雕虫，不识兵农礼乐工虞士师为何事”③，结果，“举天下人才尽出于无用之一途”④。这是对当时的教育制度、学术风气的清醒认识。因而他们提出为学必须经世致用，“通乎当世之务”，“以其言裨于时”⑤。

应该说，经世派是整个王朝中最有见识的一批人，他们已经认识到“山雨欲来风满楼”，社会充满危机，因此力求从固有文化中寻求救世之道，其对教育弊端的抨击也确实指示了后来教育改革的路径。需要指出的是，这些观念刚提出时，曲高和寡，龚自珍便悲叹，“侧身天地本孤绝，……即此难免群公瞋”⑥。“经世致用”思想在社会上推行，已经是鸦片战争之后的事情了，尊经书院正是其中的一个代表。

第三，尊经书院在这个时期创办，并且一定程度上能够实现经世派的愿望，与清政府的提倡是分不开的。同治光绪年间，全国开启了一波新建、修复书院的浪潮。清廷多次下诏督促各地兴办、恢复书院，据统计，“同治十三年中，全国新建书院366所，修复和重建前代书院14所；光绪朝新建书院671所，

① 龚自珍:《乙丙之际箸议第九》,《龚自珍全集》，上海人民出版社，1975年，第6页。
② 转引自萧致治主编:《鸦片战争史》下册，福建人民出版社，1996年，第743页。
③ 魏源:《默觚下·治篇一》,《魏源集》，中华书局，1976年，第37页。
④ 魏源:《明代食兵二政录叙》，见前引《魏源集》，第163页。
⑤ 龚自珍:《对策》，见前引《龚自珍全集》，第114页。
⑥ 孙文光:《龚自珍》，上海古籍出版社，1985年，第32页。

修复和重建前代书院11所。至光绪二十七年书院废止前，两朝新建和修复前代书院共计1062所。……在平均发展速度上却跃居清朝各代之榜首”①。创办于光绪元年（1875）的尊经书院正是在这样一个大背景下的产物。

清朝在这个时期积极鼓励兴办书院，有其客观历史原因。一是清中期以后，各地书院遭到重大破坏。嘉道咸时期，官员腐败严重，书院管理日渐松弛，名存实亡的情况大量出现。加之相继爆发白莲教起义、太平天国起义、云贵回民起义、陕西回民起义、安徽山东捻军起义等起义，战火之后，许多书院化成废墟。二是清廷陆续镇压各地起义，尤其是太平天国失败之后，清政府有了喘息机会，他们得以重新着手整治政教，力图巩固统治。三是鸦片战争之后，列强虎视眈眈，大清帝国岌岌可危，统治者对于人才缺乏的困境也有所认识。道光二十二年（1841），道光帝提出“士不通经，不足致用；经之学，不在寻章摘句也，要为其用者”②。他还要求翰林“在家总宜读经世之书”③。同治元年（1862），清廷再次批评翰林院只知诗文，不务实用，提出：“自明年癸亥科起，新进士引见分别录用后，教习庶吉士，务当课以实学，治经、治史、治事及濂洛关闽诸儒等书，随时赴馆，与庶吉士次第讲求，辨别义利，期于精研力践，总归为己之学，其有余力及于诗古文词者听之。”④清政府对实学的肯定为尊经书院这类学校的开办提供了政策支持。

第四，尊经书院的创立还得益于四川一批士绅的鼎力支持。他们不仅提出建院的请求，而且“觅得城南基址一处”，表示“收支、监修等事均系民捐民办”，承担了选址、筹款、建校的全过程，还允诺建成后“讲习经义并镌刻经史善本用资考据，所有一切经费议由阖省绅粮公捐分属措筹”⑤，应该说尊经书院实际是集全省民间力量建立起来的，充分体现了川人诉求。

建院的发起人薛焕曾任礼部左侍郎充总理衙门大臣，是洋务运动的积极参与者，在当时确属较有见识者。显然，他对于川省的教育状况是不满意的，所以才会在离职归乡后联络省内同道联名上书。后来他出任书院第一届山长，正

---

① 白新良：《中国古代书院发展史》，天津大学出版社，1995年，第236页。
② 《清宣宗实录》，中华书局，1986年，第343页。
③ 张集馨：《道咸宦海见闻录》，中华书局，1981年，第21页。
④ 《清穆宗实录》，中华书局，1986年，第1423页。
⑤ 吴棠：《奏为绅民请捐建尊经书院并刊刷经史以裨实学恭折仰祈》（同治十三年七月十八日），现存四川大学校史馆。

在这时云南发生“马嘉理事件”，其它官员束手无策，清廷急调他前往办理，之后事情也得到妥善解决，由此可见此人之能力。他学问并不精深，仅是举人，但他应是从自己的经历中深刻感受到必须大力培养实用之才。

时任锦江书院山长的伍肇龄也是提议者之一，他后来又担任过尊经书院的山长，他也认识到：“国朝初，建锦江书院，大抵惟科举是务，虽曰习经，涉猎而已，未有专业教者，即欲以古学倡，其如规模之未具何。”[①]从中似乎看出，他本已有改变书院学风的想法，只是条件还不成熟，因而当薛焕发起倡议时，便欣然署名。

在锦江书院学习的刘光第也抨击省内教育“正学不讲久矣”，“学校以利禄相趋骛，缙绅以文酒为旷达。龌龊之辈，墨守故封；华藻之徒，甚至害义”，对于蜀中士子愚昧、麻木、死水一潭的现状更是大加鞭挞，“莘莘济济，鱼鱼雅雅，衣冠俎豆，充牣儒林，抗议发愤之徒绝迹，慷慨悲愤之声不闻，名为士人，实败死人之不若”[②]。

同时，省内一些官员也表达了对当时学风的忧虑，布政使英祥、盐茶道黄云鹄向川督吴棠汇报时称：“查川省地方，省内向建有锦江书院，省外各府厅州县亦各分建书院，均系专课诗文，其经义古学阙焉未讲，是以各属士子能文者多，专经者少。”[③]

接替吴棠任川督的丁宝桢指出：“尊经书院之设，盖有见于当时之读书者自初入塾时，率皆人执一经，至老而卒无只字之获解”，“因特立一院以为攻经之地，俾士之入其中者，顾名思义，朝夕濡染，渐以自耻其鄙陋，而因以悟其荒经蔑古之非”，“余尝至书院课士，必进诸生而语之曰：‘生等解经，贵求心得。必得于心而后能有合于古，有合于古而后能有益于身。’”[④]

由上可见，省内一批较有见识的士绅对建院目的是有清醒的认识的，书院能在短短一年中建成招生，与他们的努力是分不开的。

综上所述，尊经书院之所以会在这时成立并以通经致用相号召，实际上是

---

① 伍肇龄辑：《尊经书院二集》，清光绪十七年成都尊经书局刻本，第 1 页。

② 何一民：《试论尊经书院与四川士林风气的变化》，《四川师范大学学报》，1991 年第 1 期，第 88–90 页。

③ 前引吴棠：《奏为绅民请捐建尊经书院并刊刷经史以裨实学恭折仰祈》（同治十三年七月十八日）。

④ 王闿运编：《尊经书院初集》，清光绪十一年成都尊经书局刻本，第 1–3 页。

天时地利人和的结果，较为安宁的社会、政策的指引、经世思想的传播、主办者的态度、地方的声音这些因素高度契合，形成和鸣，最终促成了书院的诞生。

三、尊经书院的影响

尊经书院办学共27年（1875—1902），其间一直以通经致用为旗帜，其理想是“绍先哲，起蜀学”，那么结果如何呢？

（一）惠及书院弟子，影响遍布全国

书院学生是最先受益者，廖平（1876年入院学习）后人回忆称：“先是，文襄未来时，蜀士除时文外，不知读书，至毕生不见史汉。文襄以纪、阮之学相号召，创立尊经书院，重锓五经四史，风气为之一变。”[①]廖平的同窗好友张祥龄对此变化也有切身体会，“同治甲戌南皮张先生督学，提倡纪、阮两文达之学，建书院于省会”，“川省僻处西南，国朝以来，不知所谓汉学，于是颖异之士，如饥渴之得美食，数月文风丕变，遂沛然若决江河”，“人人有斐然著述之思”[②]。学子的视野豁然开朗，效果可谓立竿见影。

当时还刻印了学生的优秀作品集，从中可以发现时事政治类的文章逐年增多，学生对左宗棠收复新疆、四川近代第一座机器制造工厂、加强海防、修筑铁路、交流通商等国家大事、社会热点问题都畅所欲言，体现出关注社会、关注时事、力求实用已经在尊经书院蔚然成风。

这种影响并不局限于尊经书院内，作为全省最高学府，其辐射带动作用非常明显。光绪十年（1884），南川知县张涛仿照建专经书院，“先后延治经史古文之学者主讲，按月课试”。光绪十九年（1893），永川县令许曾荫“以士子株守时文，鲜讲经学，仿省垣尊经体制，创立味经书院，俾肄业者专习经古”[③]。西昌县的研经书院也“仿尊经书院默浮崇实”，“一洗从来书院空疏之陋习，远

---

① 廖宗泽：《六译先生行述》，廖幼平编：《廖季平年谱》，巴蜀书社，1985年，第85页。

② 张祥龄：《翰林院庶吉士陈君墓志铭》，见前引廖幼平编：《廖季平年谱》，第16页。

③ 白新良：《中国古代书院发展史》，天津大学出版社，1995年，第251页。

近负籍从学者，络驿不绝"，"一时人才辈出，每试高捷者众"[①]。据统计，光绪朝全国新建书院671所，而四川就有76所，位居全国第二[②]，究其原因，尊经书院的引领作用不应被忽略。

不几年，省内普通民众也受到影响。"坊间则《海国图志》《瀛环志略》《校邠庐抗议》《孔子改制考》、穆勒《名学》、赫胥黎《天演论》诸书，自白首老儒，黄口学童，殆无不家喻户诵焉"[③]。

这种影响随着《輶轩语》《书目答问》的传播更是遍布全国。光绪二十一年（1895）陕西学政赵惟熙为《輶轩语》增订本作序，表示将以尊经书院为榜样："西蜀人士沐浴教泽以成其德、达其材者，正复不胜指屈"，"关中士习质直，词华稍逊蜀人，而性情之敦厚、学力之沈挚，似远过之，故至道尤易为功。使者乐其风气之纯，而可与有成也，爰取先生所以惠蜀人者，以饷秦人。"[④]李元度评价《书目答问》时也高度肯定张之洞育才之功："（学使）导先路而佐成国家作人之盛治，其收效殆不可以世计也。"[⑤]台州知府成邦幹也指出这种影响已经遍及全国，"提举学校，教育人材，蔚然为根本之计，于是乎全蜀之士乐得有人师矣。岂惟蜀士，海内通人咸矜式之"[⑥]。

（二）培养有为之士，推动社会变革

尊经书院培养的学生约有上千人，其中载入《四川省志·人物志》的就有26位，包括"为变法图强，英勇牺牲的戊戌'六君子'之一的杨锐；离经叛道、托古改制的今文经学大师廖平；力主新学的四川维新变法的核心人物宋育仁；为推翻清朝、建立民国，舍身炸死良弼，被孙中山先生授予大将军称号的彭家珍；领袖群伦、叱咤风云的辛亥革命时期的大人物吴玉章、张澜、罗纶、蒲殿俊；清代四川唯一的状元骆成骧；'只手打倒孔家店的老英雄''中国思想

---

① 刘秀兰：《清代四川书院的教学和组织管理述论》，《西南民族学院学报》1998年第2期，第203页。

② 前引白新良：《中国古代书院发展史》，第236页、247页。

③ 何一民：《试论尊经书院与四川士林风气的变化》，《四川师范大学学报》1991年第1期，第94—95页。

④ 苑书义等主编：《张之洞全集》附录四，《序跋著录》，河北人民出版社，1998年，第10756页。

⑤ 同上引，第10749页。

⑥ 同上引，第10750页。

界的清道夫’吴虞；海内外知名学者吴之英、张森楷、邵从恩、顾印愚和其他一大批社会名流”[①]。

尊经院生中又有很多后来从事教育工作，他们将较为先进的理念进行了更为广泛的传播，因此受到尊经书院直接、间接影响的学人数量是非常庞大的。真正实现了张之洞当年所期望的“学成而归，各以倡导其乡里后进，展转流衍再传，而后全蜀皆通博之士，致用之材也。语云‘一人学战，教成十人，万人学战，教成三军’”[②]。

而特别值得注意的是在戊戌变法、辛亥革命这两个影响中国命运的历史转折点上，尊经师生都站在时代的前列，发挥了极为重要的作用。

戊戌变法期间，尊经书院是四川宣传、组织维新活动的重要基地。此前廖平于光绪十四年（1888）完成《辟刘编》《知圣编》，康有为受其启发写成《新学伪经考》《孔子改制考》，奠定了维新变法的理论基础[③]。光绪十五年（1889）初，有“新学巨子”之誉的宋育仁回到母校担任山长，他迅速组织成立“蜀学会”，开办《蜀学报》，宣讲新学，地点就设在尊经书院，昔日的同学吴之英、廖平等担任主讲，《蜀学报》也由吴之英担任主笔，廖平任总纂。他们还翻印西方书籍，如《天演论》《原富》《法意》等，积极传播西方资产阶级启蒙思想。又出版《蜀学丛刊》，介绍西方议会制度、工业法规、法律以及教育制度等相关情况。还推动各地兴办新式学堂。四川的维新运动就此进入高潮。

可以说，戊戌变法期间，四川维新派人士登上历史舞台，共同实现了川内第一次大规模的近代维新思想的宣传普及活动，这次运动的发起地正是尊经书院，其中肩负领导作用的也正是书院培养出的一批学生。并且“戊戌变法维新运动开始，宋育仁与杨锐经常函电往还，积极建议”[④]，这表明四川的维新派密切关注着京城的发展进程，已经融入到整个时代的洪流之中。

如果说在戊戌变法期间，尊经书院的师生还仅是与北京遥相呼应，积极响应配合维新运动；那么在辛亥革命时期，他们已经走在了时代的最前列，引领

① 四川大学史稿编审委员会编：《四川大学史稿》第1卷，四川大学出版社，2006年，第14页。

② 前引张之洞：《四川省城尊经书院记》。

③ 参见前引廖幼平编：《廖季平年谱》，第46页、58页；胡昭曦：《四川书院史》，四川大学出版社，2006年，第377-378页。

④ 黄宗凯等：《宋育仁思想评传》附《宋育仁年谱》，西南交通大学出版社，2007年，第218页。

着中华民族，奏出了伟大变革的最强音。

宣统三年（1911），清政府不顾民众反对，悍然宣布铁路国有政策，由此在四川引发了波澜壮阔的保路运动。在这次运动中起领导作用的组织一是“四川保路同志会”，会长蒲殿俊、副会长罗纶；另一个是“川汉铁路公司股东会”，主席是罗纶，颜楷、张澜是正、副会长，他们均为尊经书院校友。在他们的宣传组织下，仅仅20天，加入“四川保路同志会”的会员已不下10万，可见其影响之广泛。之后，川督赵尔丰诱捕包括蒲殿俊、罗纶、张澜、颜楷在内的保路同志会、特别股东会负责人9人，并屠杀请愿群众，酿成“成都血案”。以此为转折，四川保路运动由爱国保路发展为反清革命。保路同志军经过艰苦卓绝的战斗，终于推翻了清政府在川的统治。这也开启了全国各地共同反抗满清专制统治的序幕，最终一举推翻清政府的腐朽统治，结束了中国数千年的王朝专制制度。在整个四川保路运动斗争中，尊经弟子都在其中发挥着重要的领导作用，是当之无愧的“保路运动之领袖，辛亥革命之先驱”，奏出了时代最强音。

（三）蜀学复兴之引擎

学界一般认为经历了明末清初的大动荡之后，蜀学一直到晚清同治光绪年间才开始复兴，造就之功就应追溯至尊经书院。雅州上南道道尹黄崇麟为吴之英的丛书作序云：“有清二百年，蜀学暗黮，恒不逮他行省”，直到张之洞“创建尊经书院，以经史词章之学，倡导后进，而湘潭王壬甫先生为之师，于是文雅彬彬，比于江浙”[①]。吴虞也说：“蜀中文献，明末以来澌灭殆尽，蔽于贴括，人不知学。至学使张公孝达来川，建立尊经书院，蜀中人士始通古学，比于齐鲁。”[②]

对于院中弟子于蜀学的贡献，学界也给予了肯定。钱基博指出：“厥后廖平治公羊、穀梁《春秋》，戴光治《书》，胡从简治《礼》，刘子雄、岳森通诸经，皆有师法，能不为阮元经解所囿，号曰蜀学。”[③]费行简也表达了类似的看法：“院生日有记，月有课，暇则习礼，若乡饮、投壶之类，三年而彬彬进乎礼乐。

① 吴洪武等校注：《吴之英诗文集》附录三，四川大学出版社，2008年，第565–566页。

② 赵清、郑城编：《吴虞集》，四川人民出版社，1985年，第36–37页。

③ 钱基博：《王闿运传》，见卞孝萱、唐文权编：《民国人物碑传集》，凤凰出版社，2011年，第355页。

其后廖平治公羊、榖梁《春秋》《小戴记》，戴光治《书》，胡从简治《礼》，刘子雄、岳森通诸经，皆有家法，未尝封于阮氏《经解》，视诂经、南菁、学海之徒曰：‘经解者，盖不可同日语。’蜀学成。”[①]他们都强调尊经弟子所治蜀学与阮元所代表的清代乾嘉学派相异，说明蜀学的独立性已被学界承认。

另据统计，清代268年间，四川285位经学家共著有经部文献约685部，但在时段分布上非常不均衡。其中同治、光绪、宣统这50年（1862—1911），增长最为迅猛，经学家达133人，著作有409部，人数约占总数的47%，著作约占总数的60%，发展之快可见一斑[②]。另外一个事实是，明清川人著作收入《四库全书》及其《总目》《存目》者，寥寥无几。而在20世纪40年代编撰《续修四库全书总目提要》时，川人著作被收录者已突破200余种（据《晚清四川地区经学家论著目录》）[③]。学者人数以及著作数量的大幅度增加，都体现出晚清蜀学进入了一个蓬勃发展期，这与尊经书院的倡导是有直接关系的。

四、“通经致用”观在晚清书院转型中的影响

光绪十年（1884），张之洞出任两广总督，四年后，他创办广雅书院。该书院承接成都尊经书院的办学理念，其礼堂楹联云：“虽富贵不易其心，虽贫贱不移其行；以通经学古为高，以救时行道为宜。”可见通经致用凭借其取得的实效成为张之洞前期政治生涯中最重要的思想主张。同时，也应注意一个事实，正是在创办广雅书院、湖北自强学堂、三江师范学堂等书院学堂的过程中，张之洞的“通经致用”思想得到升华，最终在戊戌变法时期，他撰写完成《劝学篇》，提出“中学为体，西学为用”的主张。可以说，“中体西用”正是萌生于“通经致用”之中，两者存在一种自然发展的内在逻辑。

今人谈及当年的“通经致用”不免多有讥诮[④]。凭心而论，在面对千年未有

---

① 沃丘仲子：《近代名人小传》，中国书店，1988年，第4页。

② 杨世文：《清代四川经学考述》，《西华大学学报》2010年第2期，第42页。

③ 舒大刚：《晚清“蜀学”的影响与地位》，《社会科学研究》2007年第3期，第167页。

④ 如朱维铮认为：“且不说这般见解在根本上没有超越汉代就有的‘通经致用’模式，即如说理习文从政都离不开经史考证，哪一项不是顾炎武、黄宗羲到戴震、阮元等人旧说的回声？时移世异，张之洞仍将这当作理想的治世人才，也够迂阔的。”见朱维铮：《音调未定的传统》，辽宁教育出版社，1995年，第233页。

之变局的时代，经世致用的思想成为中国社会最早的应对之策，从龚自珍、魏源最初提出时应者寥寥，到同光时期，已经成为官绅阶层的共识，推动着社会的变革，确实发挥了积极的作用。

实际上同光年间，从上海到陕西、从河北到湖南，各地纷纷设立以实学相号召的“新”书院，到19世纪90年代，这类书院至少有20所以上[①]，成为这段时期教育界的亮点，它们对于改变当地的学风都起到了积极的作用。也正因为通经致用这股清风的吹拂，学子开始脱离八股时文的束缚，逐渐关注社会现实，为接受西方思想，进行社会变革奠定了思想和社会的基础。可以说，正是在“通经致用”思想影响下，晚清书院开启了第一轮改革，也拉开了整个社会变革的序幕。

① 田正平、朱宗顺：《传统教育资源的现代转化——晚清书院嬗变的历史考察》，《厦门大学学报》（哲社版）2002年第5期，第96页。

武昌经心书院和黄州经古书院的考课和课艺[①]

鲁小俊　严五代

（武汉大学　昆明市第五中学）

清代书院特重考课，考课的主要内容是八股文和试帖诗。自阮元在杭州创设诂经精舍（1801年），在广州创设学海堂（1820年），博习经史词章的书院蔚起，成为晚清教育和文化的新景观。“士人始知八股试帖之外，尚有朴学，非以时艺试帖取科名为学也”，“士人不复于举业中讨生活，皆力臻康乾嘉道诸老之学，贱视烂墨卷如敝屣，光绪中叶以前之风气如此”[②]。咸丰同治以后，时务之学、泰西之学，也成为部分书院研习的内容。武昌经心书院和黄州经古书院，便是有名的研习经史词章、时务西学的书院。

一、经心书院和经古书院的考课成果

武昌经心书院，同治八年（1869）创设，明年建成[③]。初以经解、史论、诗赋、杂著课士，继分外政、天文、格致、制造四科，后又改为天文、舆地、兵法、算学四科。经心书院的创设，得力于时任湖北学政张之洞的主导。其后，张任四川学政和两广总督，创设成都尊经书院和广州广雅书院。光绪十五年（1889）调任湖广总督，于次年在武昌创设两湖书院，又将黄州河东书院改为

---

① 本文为国家社科基金冷门“绝学”专项《清代书院课艺整理与研究》（19VJX095）基金项目。

② 刘成禺：《世载堂杂忆》，辽宁教育出版社，1997年，第11页。

③ 杨湖樵：《经心书院述略》，见全国政协文史委编：《文史资料选辑》第99辑，文史资料出版社，1984年，第98页。

经古书院，并安排门生周锡恩掌教经古书院[①]。

将考课成果选编成册，是清代中后期书院的风尚。湖北书院的课艺总集，现今所能见到的只有6种。其中汉阳《晴川书院课艺》（同治六年刊）、江夏《高观书院课艺》（光绪十三年刊）、武昌《江汉书院课艺》（光绪二十七、二十八年刊），皆为八股文总集，这三所书院也是考课八股文的传统书院。武昌经心书院、黄州经古书院追步诂经精舍和学海堂，“读书期于明理，明理归于致用”[②]，“读书求通材”，“学期有用”[③]，是新式书院的代表。其考课题目，也以明理致用为务。两书院的考课成果，汇编为三种课艺总集[④]：

（一）《经心书院集》，光绪十四年（1888）冬仲湖北官书处刊，左绍佐序[⑤]。凡四卷：卷一、卷二经解10题49篇，卷三论著7题22篇，卷四诗赋16题46篇。作者及入选篇数情况：陈培庚13篇，张增龄12篇，周以存8篇，陈曾望7篇，杨介康、钱桂笙6篇，王家凤、黄觐恩5篇，李心地、石超、姚虞4篇，陈之茂3篇，陈嗣贤、李文藻、刘景琳、王廷儒、高崇煦、娄正寅、朱筠声、舒福清2篇，郭集琛、屈开埏、刘传镛、熊汝明、常兆璜、尹嘉楣、萧树声、严用彬、陈登庸、李文熙、夏良材、姚汝说、万綮、张极翔、石致中、杨昌萃、邱兆华、朱希文、张序宾、余培麟、徐第瀛、彭承骧、彭邦桢、陈略1篇。

（二）《经心书院续集》，光绪二十一年（1895）冬仲湖北官书处刊，谭献序。凡十二卷：卷一、卷二“说经”，29题44篇；卷三至卷五“考史”，48题89篇；卷六至卷八“著述”，34题70篇；卷九至卷十二“辞章”。入选篇数较多者：黄云魁21篇，郭拱辰19篇，钟龙瑞16篇，甘鹏云、贺汝珩15篇，朱椕春14篇，刘铭勋13篇，陈伦、雷以震、刘培钧11篇，甘葆真10篇，雷以成、周昌甲8篇，王廷梓7篇，张正钧、许钟岳、徐荫松6篇，陈鸿儒、丁彝、权量、陈则汪、黄炳琳5篇，夏先鼎、赵增典、姚汝说、刘邦骏、郭定钧、卓从乾、黄廷燮、马文炳4篇，张瑞国、周家藩、周之桢、陈鸿勋、范孟津、朱衣3篇。其他作者一二篇不等：陈问巽、余长春、陈宧、刘匹熊、张琴、王传珍、关道

---

① 黄冈市政协文史委编：《黄冈文史资料》第7辑《黄州史话》，2004年，第225页。

② 苑书义等主编：《张之洞全集》，河北人民出版社，1998年，第9797页。

③ 谭献编：《经心书院续集》序，清光绪二十一年刻本。

④ 武昌两湖书院也是新式书院，但没有课艺总集存留下来，只有少数生徒课艺，收入光绪二十二年（1896）明达学社刊行的《五大书院课艺》。

⑤ 据左绍佐序，经心书院的课艺，前山长刘恭冕曾刻一帙，未成卷，以费绌而止。

倬、李文翰、覃寿彭、程文藻、陈庆萱、汪宝增、鲁秉周、周兆奎、周世傅、陈曾寿、陈礼、邱岳、周以蕃、闻谷、陈拔莘、孟晋祺、陈元珖、刘以忠、闻廷炬、周家弼、水祖培。

（三）《黄州课士录》（经古书院课艺集），光绪十七年（1891）刊于黄郡，山长周锡恩编定，钟鹏程校字，王葆周覆校，李方豫序、周锡恩序。凡四卷：卷一“考订”13题15篇，卷二“性理”12题24篇，卷三“经济”13题21篇，卷四至卷八“词章”。作者及入选篇数情况：夏仁寿19篇，童树棠18篇，王葆心15篇，钟鹏程、梅作芙11篇，王懋官、曹集蓉9篇，闻宗谷8篇，范曾绶6篇，叶启寿、胡浩、谢椿5篇，鲁家璧、刘鹏4篇，帅培寅、王葆周、李自英、霍凤喈3篇，赵隽杭、涂廷桂、李林滋、张炳寿、王茂桓、张寿之、王树勋、黄子赑、洪席珍、程廷藻、黄巨源、毕自厚、陈庆萱、吴临翰、李鸿渚、闻廷炬2篇，殷炳楠、陈正保、童德润、周绂藻、李焱龙、戴阿鲁、毕惠康、王楚乔、许堃、石相钦、王国桢、范毓璜、王葆龢、刘镜华、余仁恭、周锦森、毕自芬、范曾绪、许集奎、萧璟、胡有焕、毛声远、余嗣勋、何楚楠、王殿华、张朗、余锦琪、阙名1篇，周锡恩拟作2篇。

《黄州课士录》周锡恩序云：“自庚寅（1890）夏迄辛卯（1891）春，诸生课作，千有余篇。兹择其尤雅，刊若干卷。”是集所收共203篇，用稿率约为20%。《经心书院集》和《经心书院续集》的用稿率无考，但择优刊登的原则是普遍性的。有文入选以上三种课艺总集的生徒，有一部分寂寂无名；也有一些人，后来在不同领域具有影响。如曾任湖北咨议局议员的进士陈培庚、著有《畏斋集》的举人陈曾望、协纂《湖北通志》的进士杨介康、掌教存古学堂的解元钱桂笙、著有《庚子避乱记》进士尹嘉榍、曾主持湖北图书馆的举人姚汝说、主修《湖北文征》的进士甘鹏云、曾任交通部次长的商科举人权量、曾任北京师范大学等校教职的进士周之桢、曾主政四川的拔贡陈宧、著有《苍虬阁诗》的进士陈曾寿、方志学家举人王葆心、曾任湖北图书馆馆长的生员毕惠康、著有《万国史述要》的举人王楚乔等等。两所书院培育人才的成就，于此可见一斑。

二、经心书院和经古书院的考课内容

两书院的三种课艺总集，编选成书时分作“经解”“著述”“诗赋”，或“说经”“考史”“著述”“辞章”，或“考订”“性理”“经济”“辞章”等类，涉及诗、赋、表、论、议、序、书、启、记、箴、铭、颂、赞等文体。综合而言，考课命题涵盖三类学问：经史之学、经济之学和词章之学。

经史题如《郑君笺〈诗〉多以韩易毛说》《千乘之国解》《纳约自牖说》《读〈郑风·风雨〉篇》《孟子之学长于〈诗〉〈书〉说》《〈春秋〉阙文说》《释蜾蠃》《祝祭于祊解》《〈荀子〉引〈诗〉考》《禹河故道迁徙考》《老子与韩非同传论》《汉武帝纪赞不言武功说》《〈五代史志〉附〈隋书〉论》《〈通鉴〉不载文人论》《羊叔子论》《书〈宋史·虞允文传〉后》《李广、程不识论》《阮籍、嵇康论》《明季东林复社论》等。“治经为先，词章亦必由经学出，乃为有本”[①]。“课士以经训文辞者，所以劝读书求通材也”[②]。经史之学为治学之本，经心书院、经古书院之名正合此意。

经济题如《保甲源流利弊说》《收铜器以救钱法议》《变武科议》《黄州险要论》《长安应建陪都议》《湖北水利策》《食货民生之本说》《海防江防论》《铁路议》《广建育婴堂说》《拟保高丽以防俄患疏》《裁驿费以养电线议论》《泰西以商耗中国，中国宜讲商税说》《长江水师参用兵轮议》《团练宜修寨堡说》等。这方面《黄州课士录》选文尤多。《世载堂杂忆》有云：“黄州课士题目，有显微镜、千里镜、汽球、蚊子船等咏；时务有拿破仑汉武帝合论、和林考、唐律与西律比较、倡论中国宜改用金本位策。张之洞见之，曰：‘予老门生，只汝一人提倡时务，举省官吏士大夫，对于中国时局，皆瞶瞶无所知，而汝何独醒也？’之洞益器重之，并嘱随带道员蔡锡勇（曾留学西洋，为之洞属下办理洋务要人），时与锡恩谈外国学问、政治、兵事、制造各种情形。”[③]晚清时务、泰西之学昌盛，经古书院可谓得风气之先。

词章题如《拟宋玉〈钓赋〉》《宋玉悲秋赋》《刘向校书赋》《惟楚有材赋》《拟庾子山〈春赋〉》《拟谢惠莲〈雪赋〉》《拟鲍明远〈舞鹤赋〉》《短镫檠赋》《拟张文献公〈白羽扇赋〉》《寒溪寺老桂赋》《梅影赋》《拟苏子瞻〈前赤壁赋〉》《拟白居易〈动静相交养赋〉》《论黄州诗绝句》《拟韩昌黎〈感春〉四首》《拟杜工部〈诸将〉五首》《拟左太冲〈招隐诗〉二首》《拟陶渊明〈读山海经〉诗》《拟谢康乐诗》《和陶〈饮酒〉诗》《拟鲍明远〈数诗〉》《大器晚成赋》《喜

① 左绍佐编:《经心书院集》序，清光绪十四年刻本。

② 前引谭献编:《经心书院续集》序。

③ 前引刘成禺:《世载堂杂忆》，第 51 页。

雨诗》《拟朱文公〈寿母生朝〉》《拟杜〈咏怀古迹〉》《拟放翁〈感愤〉诗》《拟苏子瞻〈武昌铜剑歌〉》《拟东坡〈和子由记园中草木〉诗》《拟韩孟〈斗鸡联句〉》《黄州古迹五咏》《夏日琴台游记》《叙楚国先贤》《湖北舆图山川颂》《汉上迎秋诗》《读张杨园先生全集书后》《拟韩退之〈五箴〉》《秋阴、秋雨、秋晴》《洋器四咏（显微镜、时辰表、电灯、气球）》等。词章题的主要特点，一是注重模拟前贤名作，二是多写日常题材、励志题材和地方风物，这也是书院文学训练的基本路数。

课士以经史、经济和词章，是对书院沦为科举附庸的纠偏。谭献在《经心书院续集》序中指出："国家沿明制，以四书五经义取士，而提学试有经古，春秋试有策对，钦定十三经、廿四史、九通，旁及群籍，著录四库，颁示天下学官，所以造士通圣贤微言大义之归、古今治乱兴衰之故，非不备也。而世俗之士，歆侥幸，径简易，帖括自封，房行徒究，甚至毕生未诵五经之全，里塾不睹史家之籍。人才升降，其以是乎？其以是乎？"[①]谭献所言所忧，是晚清的普遍问题。刘禺生就谈到："咸丰以至光绪中叶，人崇墨卷，士不读书。"[②]薛福成《应诏陈言疏》也说："世之慕速化者，置经史实学于不问，竞取近科闱墨，摹拟剽窃以弋科第。"他还提到前岁中式举人徐景春，不知《公羊传》为何书，以至贻笑海内[③]。经心书院、经古书院的课士方式，正是对这一风气的反拨。

放眼全国，杭州诂经精舍和广州学海堂先后创立之后，新设立的考课经史词章或时务西学的书院还有：长沙湘水校经堂（1831）、江宁惜阴书院（1838）、南昌经训书院（1840）、广州菊坡精舍（1867）、福州致用书院（1873）、成都尊经书院（1875）、上海求志书院（1876）、上海格致书院（1876）、宁乡沩水校经堂（1876）、宁波辨志文会（1879）、衡阳船山书院（1882）、江阴南菁讲舍（1884）、苏州学古堂（1888）、沅州沅水校经堂（1888）、广州广雅书院（1888）、昆明经正书院（1891）、衡山研经书院（1893）等。这些书院在书院总数中的占比仍很小，但足以引人瞩目。湖北地区，幸赖经心、经古、两湖书院，在晚清新式书院的区域版图上占有一席之地。

左绍佐序《经心书院集》有云："学术难言也，文字之于为学又难言也。

① 前引谭献编：《经心书院续集》序。

② 前引刘成禺：《世载堂杂忆》，第 11 页。

③ 马忠文、任青编：《中国近代思想家文库·薛福成卷》，中国人民大学出版社，2014 年，第 49 页。

课试之作，不必有所感而生，有所积而后发也，其于文字又难言也。然而量才评力，非此不能得其勤惰明蔽之迹，是又不可以已也。寻其勤惰明蔽之迹，因而致之，而奋发磨砻之事随之以起，人材又往往出于其间，作兴之机，将于是乎在。”①书院课艺是一种命题作文，与通常的“抒情”“言志”之作有别，其主要价值在于思想、学术、文学和举业的训练。不过，即便是“不必有所感而生，有所积而后发”的命题作文，其间也可以有“情怀”存焉。这“情怀”，一是时代感，二是地域性。

三、经心书院和经古书院课艺的时代感

晚清社会，时局动荡，民生问题严重。以八股文训练为主要事务的书院，很难将时代感怀融入考课命题。但经心书院、经古书院这类研习经史词章、时务西学的书院，考课也可以贴近时代脉搏。其方式一为“显”，一为“隐”。

贴近时代脉搏之“显”者，发表议论，建言献策。所论可以是具体实务，也可以是重大制度问题。

《黄州课士录》所收《拟保高丽以防俄患疏》，当是有鉴于国事日危，“俄情叵测”，山长周锡恩拟定该题，以考察生徒对国情的关注和思考。生徒王懋官先从北东南西四个方向，陈述俄国的领土范围。四面之中，惟东向无所阻碍，直至黑龙江与太平洋交界之处，“较之中华，拓两倍焉，然其心究无厌也”。而俄国三面环海，因其为“寒冷之地”，“急需者，海口耳”。三个口岸中，其余两处开拓难度极大，“舍高丽其谁”；再往前推进，高丽不支，唇亡齿寒，“俄人之窥伺中原，不得不先图高丽”，“高丽毗邻辽沈，逼近京师，一旦有事，则根本易摇”，故保高丽才能保中华。至于具体策略，要守住三个关卡：一是戍兵全庆二道，“故日本无所肆其毒”；二是设军于江华岛，“以杜其分师旁袭，又保高丽之奇兵也”；三是死守平壤，“则王京无西南之援”。又如《广建育婴堂说》，乃有感于当时影响颇大的“丹阳教案”，加之“溺女乃楚中恶俗，伤天害理，君子痛心”，山长拟定这一题目，极具现实意义。生徒钟鹏程对建设育婴堂提出了详细策略，周锡恩赞赏有加，评点称其“意周法密，布施此文，胜于黄金买祇陀园也”。

---

① 前引左绍佐编:《经心书院集》序。

科举制度发展到清代后期，弊端尤多。如何改革选士制度，也是书院考课的重要选题。《经心书院集》中的《科举论》，《经心书院续集》中的《九品中正得失论》《宋十科举士法议》《明代察典得失论》，《黄州课士录》中的《变武科议》等文，或考察历史流变，或针砭现实问题，对于科举制度何去何从，提出了一些有启发意义的看法。不过，生徒所作也不乏简单化的思路。如《经心书院续集》所收周昌甲《求志篇》称："三代圣贤，设生今日，未尝不习科举，但不过本其所蕴，出其所素定，必不沾沾于得器之计。"在作者看来，科举的根本问题在于士子应试的心术不纯。他倡导"学圣贤之学，比志圣贤之志"，试图用道德建设拯救科举之弊，其不切于实用可知。

贴近时代脉搏之"隐"者，藉拟古悲秋之幽情，寄托遭逢大变局之感怀。

其表现，一是多拟杜之作。学习杜诗，自与其典范价值相关；而另一层意义，当是晚清社会状况，与杜诗的背景多有相似之处。《经心书院集》有《拟杜工部〈诸将〉五首》，《经心书院续集》有《拟杜〈咏怀古迹〉》组诗、《〈诸将〉拟杜》组诗。《诸将》作于唐代宗大历元年（766），其时安史之乱虽已平息，边境之祸尚未根除，杜甫忧从中来，社稷安危，念兹在兹。书院师生模拟杜诗，既是训练写诗技能，个中亦有异代知音之感。如《〈诸将〉拟杜》第二组中的第一首：

十年戎马靖妖氛，海国新传警报闻。镇日惊惶思旧将，晨星零落几雄军。师连齐鲁窥边月，路入蓬瀛拥阵云。异类披猖终破灭，须收后效继前勋。（黄震魁作）

结尾表达了肃清异敌、还我太平的信心。拟杜诸诗，内容和思想都接近原诗，这是一种跨越时空的响应。《经心书院续集》又有《拟放翁〈感愤诗〉》，"何时再下平戎诏，踏碎黄河夜夜冰"（陈伦作），追步放翁，也与模拟老杜一脉相承。

二是多悲秋之作。本来悲秋是中国文学的常见题材，书院师生的悲秋感怀，似乎又有一种特别的焦虑感。《经心书院集》中，有《宋玉悲秋赋》。《经心书院续集》中，周昌甲《汉上迎秋诗》序云："仆居江城已三载矣，感春华之易落，悲秋序之频更，虑时日增而德不进也。"权量《汉上迎秋诗》其一云：

微凉初逗汉江头，回首乡关乐未休。竹几山明浑见画，糟床酒熟不知愁。霜寒粳稻肥黄蟹，水冷芙蓉净白鸥。随分耕渔堪自适，无端做客惹悲秋。

本是其乐融融的做客访友，稻香蟹肥，白鹭悠飞，可悲秋之感，依然无端生发。其三云："丹心欲共灯花结，白发偏随漏水长"。周昌甲《汉上迎秋诗》："慷慨曾几时，朝华夕就槁"，"毋待时日蹉，须鬓嗟潦倒"。水祖培《霜华赋》："底事渐惊双鬓改，长安不见怅长江"。诸如此类，频现悲白发之叹。生徒皆为青年，山长却让他们写这种"老气横秋"的题目。这里也许有"为赋新词强说愁"的写作训练之意，同时也许还有学业未成的焦虑，以及遭逢千年未有之大变局的局促和不安。

四、经心书院和经古书院课艺的地域性

课艺的地域性主要体现在两个方面，一是地方文学史的建构，二是地方风物的体验。经心书院在武昌，经古书院在黄州，书院师生对于两地的文化和风物多有留意。

书院考课通常多模拟之作，通过模拟来训练写作技能。而乡邦先贤，又往往成为重要的模仿对象。对于书院师生而言，乡邦先贤具有距离上的亲近感，从而可以产生更为直接的激励意义。《经心书院集》有《拟宋玉〈钓赋〉》,《黄州课士录》有《拟〈大言〉〈小言〉赋》，这是学习楚国文学家宋玉。《经心书院续集》有《拟庾子山〈春赋〉》，这是模拟曾任郢州别驾（治所在今武昌）的江陵人庾信。苏轼虽不是荆楚人士，但他贬谪黄州期间，留下了宝贵的文学遗产，也成为书院师生主要的致敬对象。《经心书院续集》有《拟苏子瞻〈前赤壁赋〉》,《黄州课士录》有《拟苏子瞻〈武昌铜剑歌〉》《拟东坡〈和子由记园中草木〉诗》等。

不仅模拟前贤，书院师生还尝试通过品评前贤，建构地方学术史、文学史。《经心书院续集》有《叙楚国先贤》（朱楙春作），模拟朱育《会稽对》，以主客问答的形式，追述楚地卓有成就的先贤。其叙考据之学，有铎椒、邓粲、欧阳元、崔遵之；义理之学，有周敦颐、朱震、赵复、周尧卿、冀元亨；词章之学，有屈原、宋玉、黄香、刘珍等。类似的还有《拟辑〈湖北诗征〉序例》（雷以震作），称屈原为"万世祖师"，认为"天下文章莫大是乎"；而后依次论述宋玉、景差、庾信、杜甫、孟浩然、潘大临、"三袁"、钟惺等作家的渊源

关系，可谓“湖北诗史”。

《黄州课士录》中的《论黄州诗绝句》，共134首，涉及宋代、明代、清代的九十多位黄州诗人，其中又以本朝人居多。这组论诗绝句，首论宋代潘大临：

柯山葱倩画图开，风雨重阳句自裁，屈宋以来犹崛起，苏黄而外此奇才。（梅作芙作）

奇才久已重庭坚，风雨重阳思惘然。千载七言人脍炙，好诗原不在多传。（夏仁寿作）

南圃东湖次第开，江山点缀要奇才。催租偶败重阳兴，终得苏髯句法来。（黄子勗作）

三首绝句赞赏潘大临的奇才，遥想他与苏黄的交集，特别称道名句“满城风雨近重阳”。论及的宋代诗人还有何颉之、林敏功、来敏修、夏倪等四人。所论明代诗人，有董朴、陈溱、田重器、何景明、王廷陈、王一鸣、王一翥、李文祥、吴良吉、陈仁近、张步云、邓楚望、王同道、寇学海、易之贞、瞿九思、汪美、汪勋、朱期至、周宏禴、梅国桢、石昆玉、瞿甲、杨大鳌、杨晋、袁希夔、吴亮嗣、邱齐云、梅之焕等43人。如论何景明云：“信阳复古振群英，当代謡哇尽废声。俊逸参军谁妙悟，一篇明月忆平生。”（王葆周作）论寇学海云：“一篦溪水绿鳞鳞，游子诗曾各惜春。藜杖湿扶花外雨，风情想见寇山人。”（梅作芙作）所论清代诗人，按顺治、康熙、雍正、乾隆、嘉庆、道光、咸丰、同治、光绪诸朝排列，有顾景星、刘子壮、李炳然、张希良、王材任、金德嘉、舒逢吉、潘焕龙、熊五纬、陈锦、范昌棣等近40人。如论潘焕龙云：“三载校书居秘阁，十年相马遇燕台。何如老作闲伴去，四树梅花一笑开。”（范毓璜作）论熊五纬云：“一腔忠义寓于诗，抱负宏深欲济时。选句欲嫌方志略，寥寥只载刺猫诗。”（石相钦作）这组《论黄州诗绝句》，论及宋至清末90多位诗人，可作“黄州诗史”来读。山长拟定、生徒写作这类题目，不仅可以拓展对地方文学的认知，更重要的是有助于培植赓续文化命脉的使命感。

课艺的地域性还体现在多写地方风物。这里有自然风物，如《黄州课士录》中的《羊山草木诗》（山长周锡恩作），吟咏盆松、蕉、乌柏、柿子、月季、枯杨、竹、姜，可谓黄州的“羊山植物志”。《寒溪寺老桂赋》中，鲁家璧“秋到武昌，空山忽香”一句，为山长所激赏，评点有云：“‘秋到武昌’八字，涵盖他人千句万句。正如祖咏成‘林表明霁色’，便可投卷而出也。”更多的是人文风物，如《经心书院续集》中的《江城五月落梅花赋》《湖北舆图山川颂》《夏日游琴台记》《楚学祠碑》《卓刀泉铭》《洪山祭罗忠节公文》，《黄州课士录》中的《寒溪寺老桂赋》《青云塔赋》《黄州古迹五咏》（王元之竹楼、韩魏公读书堂、苏子瞻乳母墓、秦少游海棠桥、杜子皇饥凤轩）等。《湖北舆图山川颂》中，陈则汪赞美湖北山川“宿应翼轸，富甲东南”，“险可御强，泽及无涘”，自有一种生于斯土的自豪。

《黄州课士录》附录“题辞”，作者有30多人，包括王懋官、霍凤喈、钟鹏程、程廷藻、鲁家璧、王楚乔、余春凤、范曾绶等。有生徒，也有官员和乡绅。由此，书院山长、书院生徒和地方官绅，围绕课艺总集，构成了一个命题、答题、阅读、品评的体系。其中最能引起共鸣的，就是乡邦意识。如余锦琪题辞：“炳灵江汉英，蕲黄堪领袖。”闻宗谷题辞：“沅芷湘兰屈宋思，满腔忠爱郁离奇。二千年奉乡先辈，一卷嵚崟续楚辞。”毕惠康题辞：“自从茂叔讲筵开，铸就英英绝世才。一代鸿文今让楚，须知桃李赖人栽。”这种乡邦意识，最简明的表述就是“惟楚有才”，《经心书院集》中即有一篇题为《惟楚有才赋》（杨介康作）。前有乡邦名贤，今有书院师生，乡邦之兴，国家之兴，意在斯乎，意在斯乎！

五、结语

因张之洞的主导和支持，武昌经心、黄州经古两书院，追步杭州诂经精舍和广州学海堂，以明理致用为宗旨，不课八股试帖，专课经史词章、时务西学。当日书院考课的成果，大多已经不存于世。幸赖《经心书院集》《经心书院续集》《黄州课士录》，今人可略知当日考课之情形。两书院的考课命题，涵盖经史之学、经济之学和词章之学[①]。同时注重融入时代感怀和乡邦意识，不仅培植生徒的学问之基、经世之才，也激发生徒的责任感和荣誉感。在晚清多元化的书院生态中，两书院博习经史词章、时务西学，成为具有广泛影响的著名书院。

---

① 《经心书院集》《经心书院续集》中的考题，偏于“古学”而较少时务西学，是因为两集的编刊时间（1888、1895年），早于经心书院改设外政、格致等科（1897年）。

中法战争期间张之洞在粤军事建设及其建筑活动的开展

彭长歆
（华南理工大学建筑学院）

从19世纪中期开始，法国开始侵入清朝的藩属国越南，双方矛盾日渐加深。光绪九年十一月（1883年12月），法国交趾支那舰队司令孤拔（Am，d，e Anatole Pros-per Courbet，1827—1885）率法军进攻驻扎在越南红河三角洲北圻的清军，中法战争爆发。时任山西巡抚的张之洞因主张坚持作战并提出合理的军事策略被任命为两广总督，主导两广对法作战。

因应军事防御的需要，张之洞在战时和战后开展了大量的军事建筑活动。战争期间，张之洞大修防御工事，建造了许多新式炮台和配套建筑；战后，张之洞致力于两广军事工业和军事教育的发展。通过反思中法战争得失，张之洞撰写了《筹议大治水师事宜折》，系统、完整地阐述了他的军事思想，也成为他日后军事建筑活动开展的任务书和行动纲领。

一、防御工事的建造

甫上任，张之洞立即着手整顿广东省防。他与湘军老将、兵部尚书彭玉麟，以及前两广总督、淮军老将张树声等一道积极备战。通过调查，张之洞将广东防御分为省防、琼防、廉防、潮防四处，分别对应省城、琼州（今海南）、廉州、潮州四个方向，并认为省城广州的防御最为重要且难度最大。广州之外，海南、廉州、潮州等地海疆辽阔，防不胜防，张之洞确定弃岸防强陆防的策略。他要求各地驻军日夜监视海岸，并督促架设电报线路加强联系。因防守严密，战争期间法国军舰虽多次抵近广州、钦州、廉州海面窥探军备，终告放弃。相对第一、二次鸦片战争期间广州城均被攻破的历史，张之洞以充分的准备，弭战无形，奠定了坚实的防守基础。

历史上，西洋列强均曾乘船进入广州，作为船只由外海狮子洋进入广州的必经水道，省城以下至虎门海口炮台的建设向为地方军政当局所重视，并将其作为省城防御的门户。鸦片战争前，虎门海口已先后建成炮台一批，其中，水道东侧有南山、镇远、威远、靖远诸炮台及位于最南端、海口前沿的沙角炮台；西侧则有上横档岛炮台和下横档岛炮台。各炮台炮位众多，两岸江底还设有暗桩铁链，号称“金锁铜关”。虽严密布防，上述各炮台及其他防御工事却仍然在第一、二次鸦片战争中为英军或英法联军攻破尽毁。

为避免重蹈覆辙，张之洞决定水陆兼备、重重设防。张将广州防卫分为海防三路，陆防二路。其中，海防三路包括前路、中路和西南路，选择自然天险和河道要害处设防。前路以虎门水道为防御重心，外有沙角、大角、蒲州炮台前出，在水道东西两侧据守。内有威远和上横档、下横档炮台；中路以黄埔水道为防御重心，珠江至此因长洲岛中分为北航道（又称前航道）和南航道（又称后航道）。黄埔水道两侧炮台密布，北有鱼珠炮台，南有沙路炮台，设长洲炮台居中策应南北；西南路以防御南航道为中心，张之洞在距城十里南石头村，及距城四十里两河口（东为石壁村、西为五斗村）分别驻军设防。陆防则分东路和西路，分别防御鱼珠、增埗两个方向的登陆。张之洞对虎门、黄埔、鱼珠三处防御最为看重，由彭玉麟、张树声及他本人分别负责，连同城郊各炮台和要塞，并要求增购新型洋炮，加强炮台守卫兵力和掩护兵力，布置水雷地雷，组织办理团练，雇募沙艇阻断内河等，形成以珠江口至广州之间层次鲜明的防御体系。

炮台建设是张之洞防御的核心。他在勘查虎门炮台时发现，旧有各炮台布置极不合理，“背山平水，留烟收弹”①，且数量稀少，漏洞极多。张之洞将虎门炮台的建设作为防御工程的第一步。实际上，在张上任前的三月，前任张树声已会同文蔚就添筑虎门、黄埔等处炮台事宜上奏说明，并于光绪十年

① 张之洞：《敬陈海防情形折（光绪十年九月初三日）》，见苑书义等主编：《张之洞全集》，河北人民出版社，1998年，第249页。

（1884）四月开始建造，张之洞抵任后继续修筑，当年十月竣工。其中，沙角共筑炮台13座，包括：修复内沙角旧台1座；捕鱼山筑台4座、仑山筑台2座、奇山筑台1座、归藏山筑台1座、白鹤山筑台2座、穿鼻湾筑台2座。又大角分筑炮台5座，包括：修复内大角旧台1座；二角筑台1座，浮洲筑台3座[①]。炮台建设“参用西法”，除炮池设计以配合。各炮台均配备药库、兵房，并设暗道联系。

在德军顾问的帮助下，张之洞完善了他的军事工程知识，并用于指导新建炮台的设计。光绪十一年（1885）春，有鉴于省城防区水陆辽阔，炮少台单，无法策应，张之洞决定加强珠江河道各要塞炮台的建设。与上一年相比，此时的张之洞对各要塞防御漏洞及用炮方法已谙熟于心，在同年撰写的《筹议大治水师事宜折》中，张之洞详细介绍了西方炮台发展的现状及炮台布局的特点：

> 西式之台不一，或尖或圆，或盖或露，或作联堡、子堡，或陆路当冲作大炮垒，可以启闭往来。或水路当冲作浮炮台，可以迎头击敌。此两式最得力而费太重，或以铁、或以石，或以红毛坭，铁最坚而最费，遽难仿造。……考西人之论炮台法式甚多，其浅显而紧要者均有数条，一、山坳岭曲，隐蔽击敌不宜孤露；一、台外须作坦坡，不得壁立；一、扼要处须有数台犄角，不宜聚炮于一台；一、连台多作犬牙形，以便两台炮力相接夹击，名曰十字火，谓两炮交会成十字形；一、后台不宜背山，以免敌弹反击；一、台上不宜多人，以免多伤摇众；一、台上炮堂不宜宽，以防炸弹坠落；一、后台宜有回击小炮，以防敌袭；一、台旁登岸处，宜作濠堤，伏连响快炮、快枪，以防敌人舢板登岸。[②]

在上述思想指导下，张之洞在光绪十一年（1885）初春至六月间新增或改造炮台10余处。其中：前路虎门，于沙角增台4座，威远增台3座，并调整旧

① 张之洞：《续修沙角等处炮台片（光绪十年十月二十六日）》，见前引苑书义等主编：《张之洞全集》，第261页。

② 张之洞：《筹议大治水师事宜折（光绪十一年九月初五）》，见前引苑书义等主编：《张之洞全集》，第359页。

炮8门至山势较高处，下横档岛增台1座，大角增台2座；中路黄埔，于鱼珠狮山筑台2座、蟹山增台1座，沙路以外马鞍山增台2座。

在布局上，张之洞讲求火力配置的系统性、层次性及自身的安全性。他将新购16门德国克虏伯21生特后膛炮布置在新增炮台中，并使新、旧炮位相互策应，构建了严密的火力网。其中如长洲炮台，由四缝炮台、旧西岗炮台、白兔岗炮台、白鹤岗炮台、大坡地炮台、新西岗炮台和蝴蝶岗炮台共7座炮台组成，分别建在长洲岛东南方向的7个山岗上，全长近2公里，成扇面形，由北向南依次排列，各炮台之间距离不等，所配置的炮数量和炮位大小，亦因地势而不同。各炮阵地均有辅助设施，如兵勇宿舍、弹药库等，其建筑均为拱顶、厚壁、砖石结构，水泥荡面（图1）。炮台常驻官兵千余人。所置洋

图1　修复后的长洲白鹤岗炮台（摄于2014年）
左上：炮台全景；右上：炮池；左下：下掩式官厅；右下：炮巷

炮为德国克虏伯厂所造。包括长洲炮台在内，所有炮台设计均全部采取西法作露天式，以灰沙洋泥层层舂筑。炮台附近均布置暗道、兵房和弹药库等辅

助用房，并于滨海地势开阔处加筑濠墙[①]。

西方建筑材料和技术的应用是张之洞炮台建设的特点之一。从光绪十年（1884）开始，水泥（其文称作洋土或红毛坭）这一西方建筑材料被采用以增强炮位掩体的强度，但因水泥数量不多[②]，早期只能以三合土形式，混合灰砂、砖石、洋泥，层层舂筑形成。后期这一状况得到极大的改善，暗道、药房、兵房等开始采用砖石拱券技术建造，但主要材料仍为本地青砖或石材（图2）。自鱼珠炮台开始，西式硬红砖得到广泛应用。其暗道两侧为混凝土捣筑，券顶及入口门脸采用西式硬红砖，但在砌筑方式上仍中西兼用（图3），表现出建筑技术从传统向近代过渡时期的特点。

图2　长洲白鹤岗炮台巷口（从残缺处辨识青砖拱券及三合土护墙）（2014年摄）

① 张之洞：《添建炮台军械所片（光绪十一年七月初一日）》，见前引苑书义等主编：《张之洞全集》，第331–332页。

② 张之洞前任张树声在“筹办广东海防情形折”中曾提议抢修虎门威远、上下横档岛及沙角炮台等，但也指出各炮台旧存洋土已不多。详见张树声《筹办广东海防情形折》，见沈云龙主编：《张靖达公奏议》，文海出版社，近代中国史料丛刊第23辑，第195–205页。

图3 黄埔鱼珠炮台巷口（2014年摄）

张之洞炮台建设的另一突出特点是西式建筑语汇的运用。不同于早期炮台建筑的中国风貌，始于光绪十年（1884）的炮台修筑均以西方古典柱式和该时期本地工匠惯用的广东巴洛克风格装点暗道出入口及官厅、兵房建筑，其细微差别在于早期墙面为粉饰，各种线脚也以传统工艺塑造，如上横档官厅（图4）、东台入口（图5）；后期则直接外露红砖作为装饰，并以水磨工艺对红砖进行装

图4 上横档岛官厅遗址（拱券以上为修复）（摄于2008年）

饰细节的加工，如光绪十年（1884）七月建成的鱼珠台入口，以及光绪十一年（1885）建成的蟹山台（图 6）、狮山台（图 7）等。这些西方建筑造型与炮池内的西式大炮一道，以形式和内容的统一，反映了张之洞军事防御设施建设的整体策略，即学习西方先进军事技术，从而实现洋务建设以夷制夷的根本目的。

图5　上横档岛东台巷口（按原样修复）（摄于2008年）

图6　黄埔蟹山炮台巷口（摄于2014年）

图7　黄埔狮山炮台巷口（摄于2014年）

二、广东军事战略的提出

光绪十一年二月（1885年4月），中法战争结束，朝廷开始检讨战争得失。战争中陆战战绩较佳，而马尾等海战失利对朝廷震动很大，普遍的观点认为，如果海军得力，海陆相互支援，中国将会处于更加有利的位置。在战后的检讨中，洋务派大臣纷纷就海防发展提出自己的主张，其中尤以左宗棠《请旨敕议拓增船炮大厂》和李鸿章《仿造西法创设武备学堂》两份奏折最为详细。为集思广益，慈禧太后要求李鸿章、左宗棠、彭玉麟、穆图善、曾国荃、张之洞等人各抒己见、筹议上奏。光绪十一年（1885）九月初五，张之洞呈奏《筹议大治水师事宜折》，对未来广东军事发展作出规划。

实际上，早在战争结束后不久，张之洞已有未雨绸缪之举。光绪十一年（1885）五月二十五日，张之洞上奏《筹议海防要策折》，以其在战争中的实际感受提出海防三策：张认为"储人才"、培养训练有素的军事人才和技术人员为首要，计划以张树声所办博学馆为基础开设水陆学堂，招募西洋教习讲授水、陆战法，以及翻译、测绘及电学、化学、重学、气学、光学等，其他与军事相关技艺如制造火药甚至水泥等均可分门讲授；其次为“制器械”。张以战争中外购军火花费巨大、且受制于人为例，建议开设军事工厂制造船舰、枪炮及弹药；张同时认为“开地利”为军事工业发展的基础，建议选择合适矿场开设煤矿、铁矿，为炼铁提供原料。张认为三策应相济为用，他说：“有人才而后器械精，有煤铁而后器械足。有煤铁、器械，而后人才得以尽其用。”①与此同时，张之洞还提出了在广东实施上述设想的方法与计划，并建议及早开办。

从总体来看，《筹议大治水师事宜折》是《筹议海防要策折》的深化与扩展。张之洞从分地、购船、计费、筹款、定银、养船、修船、练将、船厂、炮台、枪械等11个方面论述了广东海防发展的战略。其中，“分地”一节，张之洞主张将全国海疆划分为北洋、南洋、闽洋、粤洋四个海防防区，建立各属舰队。“练将”一节，明确了在广东创办水、陆学堂的计划，并希望朝廷划拨训练舰一艘，通过教学与实际训练相结合培养将才。“枪械”一节，张之洞计划将机器、军火两局合并为制造局，并为了方便水运和督察，统一在城西增埗设厂制造枪弹、火药。修理鱼雷、试造浅水兵轮等则归属黄埔雷局。并计划一旦筹有经费，即成立船局等等。与此同时，张之洞还提出了具体的时间计划：“期以一年半而铸枪炮成，两年而炮台备，三年而水师立，五年而水师大备。”②

在经历了早期的敷衍后，张之洞的战略构想最终得到了朝廷的重视。在对《筹议大治水师事宜折》的御批中，张的建议被认为可以采纳，慈禧要求先办北洋水师，然后逐年兴办其他各舰队，并要求海军衙门一旦经费落实，对张之洞的其他建议也应次第推广办理。

在随后的几年里，张之洞按部就班，不断实践他的构想。光绪十一年（1885）冬，黄埔船局利用前两广总督刘坤一购入的黄埔船坞造浅水兵轮获得成功；光绪十三年（1887），位于黄埔、珠江河道北侧的牛山炮台建成，共有新式炮台7座及兵房、暗道、弹药库等，又光绪十五年（1889）琼州炮台、炮堤

---

① 张之洞：《筹议海防要策折（光绪十一年五月二十五日）》，见前引苑书义等主编：《张之洞全集》，第311页。

② 张之洞：《筹议大治水师事宜折（光绪十一年九月初五日）》，见前引苑书义等主编：《张之洞全集》，第360页。

及廉城炮台建成，连同已有各炮台，广东海防炮台建设日臻完善；为明晰广东海防地理及配置，张之洞于光绪十二年（1886）设海图馆绘制广东海图，并亲率测绘人员复核，最后形成《广东海图说》一本，包括《总图》《广东全省海口总图》《四路海口总图》及各分图等；光绪十三年（1887）五月，枪弹厂在番禺石井（今广州白云区石井乡）建成；同一时期，张之洞在黄埔长洲创办水陆师学堂；光绪十五年（1889）七月，张之洞上奏"筹建枪炮厂折"，准备依照德国图纸在距广州西北40余里的石门兴建厂房，创办枪炮厂，惜因张调任湖广总督最后实现于汉阳。一系列军事设施的建造、军事工业的创办及军事教育的开展，十分高效地践行着张之洞广东军事发展的战略。至张离任前，《筹议海防要策折》《筹议大治水师事宜折》所描绘的广东军事发展图景已初具轮廓。

军事建设的开展也直接或间接地推动了张之洞在粤任职后期洋务建设从军事向民用的转变，以及广东民族工业的发展。从动机来看，购买机械、大炮需用巨量经费，除少量由朝廷拨给外，张之洞不得不多方筹措予以解决。创办广东钱局、制订实施广州长堤计划，以及筹设织布局、炼铁厂等，在塞漏卮、争洋利的同时，成为解决财政支出的重要手段。为使钢铁材料来源多元化，供应价格不受制于西人，张之洞对于民间办矿采取了比较开明的态度，予以鼓励或支持。为鼓励商民开矿冶炼，张之洞曾奏请朝廷解除历来不准铁斤、铁器"下海"的禁令，又奏准对在海南岛集资开矿者暂免征税，允许其视情况生产，以降低成本、抑制洋货。张之洞军事工业建设也对广东工业技术的发展起到了重要的推动作用。光绪初年，广州、南海等地已经开始有若干机器缫丝、船舶修造、机器制造、轮船运输等方面的商办企业，如陈启源的继昌隆缫丝厂、陈植榘的裕厚昌缫丝厂、陈淡浦的陈联泰机器厂、梁定荣的广德泰轮船公司等。后因张之洞大造军舰，培养了一批熟悉机器制造与维修的工匠，对广东商办造船工业和机器缫丝业的再续发展起到了重要的技术支持。从这方面来看，张之洞洋务运动的开展在一定程度上促进了民族工业在广东的发展，为民族资本主义的发展创造了客观条件。

三、工程技术及洋务人才的招募

广东早期洋务建筑活动已有工程技术人员的参与。因早开风气，清末广东子弟学习西洋技术者不乏其人，温子绍[①]即其中的代表。同治十二年（1873），两广总督瑞麟创办机器局，委温子绍为总办，成为广东洋务建设的主要实施机构。光绪八年（1882），两广总督张树声在黄埔长洲创办实学馆，校舍规划即由善后海防局会同机器局共同谋划[②]。机器局职员因具备绘图能力，相信是该校舍设计真正的实施者。但长期以来，因为观念守旧、财力匮乏，广东早期洋务建设坚持不用西洋技术人员，造成洋务发展缓慢、技术固步自封的局面。

作为两广军政主官，张之洞对广东洋务引进技术不力十分不满。在他看来，广东机器局自成立后仅能够仿造蚊子船等西洋武器数种，成绩大弱于津、沪、闽各局等。张遂决定对广东机器局进行彻底清查，选员觅将，重新整顿[③]。或因为此，张之洞甚至借口开缺机器局总办温子绍[④]，为改革机器局扫清了人员配置上的障碍。

为完善和提高海防作战技巧和军事工程技术，张之洞决定招募西洋技师。张认为："外洋将弁，类皆出身学堂，练习有素。现当讲求海防之际，必须有洋弁为之教习，则兵勇、工匠人等，易得窾要。"[⑤]在张之洞看来，"各国武备，近以德国最精。而且亲睦中华，确有协助之诚"[⑥]。在驻德公使李凤苞（1834—1887）的帮助下，德国海军部同意选派四名军事顾问来粤。其中，雷芬、郎概、赖格三人于光绪十年（1884）十月二十一日抵粤，马驷于十二月二十一日抵粤。另有赴欧使臣许景澄招募的柏庐、欧披次两人于光绪十一年（1885）四月初七

---

① 温子绍（1834—1907），字飏园，广东顺德人，自幼喜欢钻研西方机器制造技术。后受聘为山东巡抚丁宝桢筹办海防。同治13年（1874年）捐官为花翎候选员外郎，加捐三品衔江苏试用道。因在十三行联泰号首次试制国产后膛七响连环快枪成功，温子绍被两广总督瑞麟委任广东军装机器局总办。光绪五年（1879年），温捐资仿造"蚊子船"（一种炮艇），是中国人自主生产的第一艘近代化机械远洋军舰，该船被命名为"海东雄"，并在广东水师服役近30年。

② 张树声：《筹议设立西学馆事宜折》，见前引《张靖达公奏议》，第285–286页。

③ 张之洞：《筹议大治水师事宜折（光绪十一年九月初五）》，见前引苑书义等主编：《张之洞全集》，第360页。

④ 张之洞：《特参不职文武各员折（光绪十一年正月十九日）》，见前引苑书义等主编：《张之洞全集》，第279–280页。

⑤ 张之洞：《雇募德弁片"（光绪十一年五月二十五日）》，见前引苑书义等主编：《张之洞全集》，第314页。

⑥ 同上引。

抵粤，以及在籍候选道何献墀在香港招募的威勒西于光绪十年（1884）十月十六日抵粤。至此，共有7名德军顾问担任教习，在武器使用、地图测绘、炮台建造、挖掘战壕、电线架设、武器修理等方面提供帮助。

同一时期，张之洞还招募了一些中国幕僚或工程技术人员，其中包括辜鸿铭和詹天佑。

辜鸿铭（1857—1928）（图8），祖籍福建省同安县，生于南洋英属马来西亚槟榔屿。1870年，辜鸿铭被送往德国学习科学。后以优异的成绩被英国爱丁堡大学录取。1877年获得文学硕士学位后，辜鸿铭转赴德国莱比锡大学等著名学府研究文学和哲学。1880年辜鸿铭结束学业返回槟城。在清末洋务派重要官员、外交家、维新思想家马建忠（1845—1900）的影响下，辜的思想发生重大转变，他开始学习中国文化，并致力于"中国学"的传播，将许多中文典籍翻译成英文。1885年，辜鸿铭前往中国，随即担任张之洞的幕僚长达二十年。他一边帮助张之洞统筹洋务，一边精研国学。因熟谙西洋科学、语言兼及东方华学，对张之洞在粤建设及思想体系的构建发挥了重要的作用。

图8 辜鸿铭肖像

詹天佑（1861—1919）（图9），祖籍江西婺源，入籍广东南海。幼年就学于私塾，1872年，考取幼童出洋，随容闳及首批幼童三十人赴美，先后就读于美国康奈狄克州威士哈芬小学和纽哈芬希尔豪斯中学。1878年考入耶鲁大学雪菲尔德理工学院土木工程系并专习铁路工程，1881年以优异成绩毕业，随即回国，被派往福州船政局后学堂学习海军轮船驾驶，次年以一等第一名毕业，并被派往扬武号兵舰操练。1884年2月至10月，詹天佑受聘担任福州船政局后学堂教习，10月被张之洞招募，在黄埔广东博学馆（后改名广东水陆师学堂）、水雷局任教习至1888年离任。

图9 詹天佑（前排中）与同僚在广东博学馆合影
图片来源：《詹天佑系列明信片》

作为张之洞招募安置中、西技术人员的机构，广东博学馆及随后广东水陆师学堂承担了军事教学、地图测绘及军事工程设计等工作。光绪十一年（1885），张之洞委派水雷局教习詹天佑选带测绘学生、洋务委员辜鸿铭带领洋兵，与相关官员前往各海口进行勘测工作①。其工作内容除海口地理特征及防御现状外，还要求对未来军事部署包括码头、船坞、电房、炮台、兵房等选址作出规划，甚至还要求对工程材料如石、沙、土的来源进行调查。光绪十二年（1886），张之洞设海图馆，并亲率人员对詹天佑等人绘制的海图作出复核。由于招募人员多集中在广东博学馆、鱼雷局等后期创建的洋务实体，从中可以判断，广东洋务建筑的设计职能已从早期机器局转由前者办理了。

① 张之洞：《札委各员测绘海口图说（光绪十一年十一月初四日）》，见前引苑书义等主编：《张之洞全集》，第2478页。

由于大量工程技术人员的招募，技术官员的出现是张之洞时期的另一重要特点。一个很明显的对比是炮台题额的变化。光绪十年（1884）夏，张之洞甫上任，正值前任张树声奏请修建的番禺上下横档岛炮台建成，其中东台炮巷门额题为“广东巡抚部院倪　两广总督部堂张　署广东水师提督方　建”。至光绪十一年（1885）夏，张之洞主持修建狮山、蟹山、鱼珠新式炮台，炮巷题额“钦命两广总督部堂张　钦命广东巡抚部院倪　记名总兵署广州协锐勇巴图鲁邓安邦督造　绘图监造同知衔陈棨熙”字样（图10）。其中陈棨熙拥有“绘图监造同知”官职，说明该时期广东官府已具备一定的设计力量，并需要进行设计团队的管理。更为重要的是，由于名列地方军政大员之后，技术官员的身份和地位较之一年前，显而易见有了本质的提高，这在道器观念依在的晚清社会尤显可贵，或可说明张之洞等晚清士大夫在洋务思想的影响下有关道器观念的嬗变。

图10　蟹山炮台巷口题额（摄于2014年）

四、结语

张之洞因中法战争派任广东，战争期间他在广东开展的一系列军事工程建设。在加强广东军事防御力量的同时，张之洞对西方现代工程技术有了初步的了解，包括硬红砖、水泥等西方建筑材料和拱券等西方建筑技术的应用等，这些经验和知识对战争结束后张之洞在粤洋务建设起到了技术支持的作用。他在长堤建设中就明确提到对“红毛泥”（即水泥）的使用，是清末洋务建设中最早使用水泥的记载之一，其相关奏折还反映出对工程技术的高度熟悉，说明早期军事工程建设对其知识储备的影响。为开展军事工程建设，他延聘各类工程技术人员，形成了具有官方性质的工程设计结构，为广东工程技术的发展奠定了人才基础。更为重要的是，他构想了广东军事发展战略，推动了清末洋务建筑活动的开展，其中大部分成为清末广东洋务建设的重要成果。总而言之，张之洞在中法战争期间的军事工程建设虽为军事，却影响深远，既是张之洞本人有关现代工程技术认知形成的关键时期，也对广东建筑技术的近代化起到了重要的推动作用。

广雅书局刻书编年

廖　粤　罗志欢
（暨南大学）

一、《广雅丛书》收录各本起止

广雅书局自清光绪三十年（1904）停办后，广雅板片屡遭损毁，民国间徐绍棨根据这些板片编印了《广雅丛书》（以下简称《丛书》），保存了广雅书局刻本之精髓，使得一些重要的广雅本得以流传至今，影响甚大。据徐绍棨在《丛书·总序》中所言："自光绪晚年，书局停办，光阴荏苒，已十余年矣，况经桑海之变，斯文遭厄"，"冠冕楼已片瓦无存，斯局虽岿然存在，然板片坌积，颠倒错乱，瞻望前尘，盖有不堪回首者。"①

光绪三十三年（1907），广东提学使于式枚建立板片储藏所，广雅书局、学海堂、菊坡精舍、应元书院等机构停办后，其书版多存放于此，这些板片随时印刷流布，以嘉惠士林。关于广雅书局停办后之大致概况，于氏在《广东提学使详报粤督重兴广雅书局推广办法文》中略有述及："迨光绪二十九年以书院改学堂，学海、菊坡俱经裁改，所刊书板遂归并于广雅书局，惟其时广雅款绌，书籍久已停刊，虽两院旧藏已并，精英荟萃，而百家善本未能陆续开雕，板片置之高阁，房舍日以荒芜，时学务处以其旷废，禀请为之经理，并借其地为该处办公之地，嗣该处改作学务公所，广雅局事仍附属于所中，归其办理。"②考察《丛书》各本及补录各本所见，光绪三十年（1904）至光绪三十二年（1906）

① 《广雅丛书》第1册，总序第1页，陈建华、曹淳亮编：《广州大典》，广州出版社，2008年。

② 于式枚：《广东提学使详报粤督重兴广雅书局推广办法文》，《并州官报》，1909年第96期，第10页。

广雅书局没有刻书的记录，至光绪三十三年（1907）方有刻书之记录，这与广雅书局停办时间甚为吻合。宣统间，虽有于式枚等人力图“重兴”“推广”，并重订章程，但较之前的刻书不可同日而语，广雅书局刻书日渐式微，直至停止。

民国六年（1917），广东省图书馆收集原广雅书局的板片，由时任广东省立图书馆馆长徐绍棨主持，历经两年完成整理并编印出版。徐氏云：“棨于民国六年董理图书馆事，勉竭驽钝，从事清理，殚二年之力，略有条绪。今择其板式一律者凡一百五十余种，汇为《广雅丛书》。”[①]据《广州大典》本统计，其收书153种，其中经部26种、小学11种、杂著17种、史学92种、集部7种。

《丛书》各书牌记多标明刊刻时间、原底本类型。书前有序，后有跋，个别还有校勘记。刊刻时间最早为光绪十三年（1887）的《史记志疑》等书，最晚为光绪二十七年（1901）的《小学集解》等书，前后跨度14年。底本类型有原稿本、传钞本、家刻本、传刻本、自刻本、明刻本、遗书本、丛书本等，反映了广雅书局刊刻底本来源的多样性。序跋以说明该书编纂的过程、宗旨、体例，以及诸家对此书的评价等方面。马瑞辰的《毛诗传笺通释》自序云：“历时十有六年，书成，三十二卷，将遍质之通人，遂妄付诸剞劂，初名毛诗翼注，嗣改传笺通释，述郑兼以述毛，规孔有同，规杜勿敢党同伐异，勿敢务博矜奇，实事求是，祇期三复乎，斯言穷愁箸书，用志一经之世守。”[②]萧穆在萨英额的《吉林外记》一书的跋中给予该书高度评价，同时指出了该书的不足之处：“其书十卷，分门别类，均有条理，自序云‘事必征实，言皆有据，实能副之’，特其足迹未能全境周到，所记亦不无疏略，与研斋之书亦约略相等。”[③]《丛书》中个别书目还附有校勘记，通过校勘记基本反映了校勘人员对此书的讹误之处进行订正、增补。例如何翰章在《輶轩使者绝代语释别国方言笺疏》校勘记中云：“《聘礼记》注今‘涞易’之间，案注疏本作‘莱易’”，“《史记·李广传》：‘不系刁斗以自卫’，案评林本、汲古阁本，‘系’俱作‘击’。”[④]吴翊寅结合广雅书局刊刻的《十六国春秋纂录校本》，通过对比王谟的《汉魏

① 前引《广州大典·广雅丛书》第1册，总序第1页。

② 前引《广州大典·广雅丛书》第1册，第362页。

③ 前引《广州大典·广雅丛书》第29册，第194页。

④ 前引《广州大典 广雅丛书》第5册，第463页。

丛书》本与鲍氏的《太平御览》本，罗列了大量关于王氏与鲍氏著录的异同之处。如吴氏在校勘记中说道："北服丁零，王谟《汉魏丛书本》无'北'字"，"自是十三月而生渊，鲍本、王本并作'十五月'"，"立高祖以下三宗五祖之神，主而祭之，鲍本无'高祖以下'四字，王本作'三祖五宗'。"[①]此种言语不胜枚举，可证广雅书局校勘之精审。

二、《广雅丛书》未收之广雅本

《丛书》收书凡153部，与广雅书局所刊刻之书对比，有过半的书籍并未收录。其中缘由，徐绍棨在《丛书·总序》中略有述及："其板有残缺，如赵一清之《三国志补注》、钱大昕之《诸史拾遗》"，"因修补尚须时日，不为列入。若《诸史纪事本末》及《读史方舆纪要》《天下郡国利病书》等，则因卷帙浩繁，别为印行，亦不列入。"[②]广雅书局自停办后，图书板片多遭损毁，部分板片更是残破不堪，这是造成《丛书》收录不全的最主要原因。笔者查阅各公私藏书目录及相关书目数据库，初得《丛书》未收之广雅本凡122部，刊刻时间最早为清光绪十三年（1887）所刻《律法须知》等书，最晚为清宣统二年（1910）所刻《调查湖北南洋劝业会报告书》等书，前后时间跨度23年。内容涵盖经、史、子、集、丛等部类，如经部之桂文灿《经学博采录》，史部之李吉甫《元和郡县志》，子部之英国伟烈亚力《数学启蒙》，集部之汪藻《浮溪集》，丛书之"纪事本末汇刻"等等。

值得注意的是，虽然广雅书局于光绪三十年（1904）停办，但通过补录可见，直到宣统二年（1910）仍有广雅本面世，只是数量大为减少。知见者有《调查湖北南洋劝业会报告书》等著述。可见广雅书局停办后仍有少量的刻书业务，且刊刻内容多与时事有关，这与传统的经史子集大为不同，颇有与时俱进的特点。广雅书局为粤省重要的出版机构，其后期之业务与时局密切相关，如英人撰写的《泰西新史揽要》、德人撰写的《临阵管见》等，这些书籍均与时局有莫大的关系。

---

① 前引《广州大典　广雅丛书》第24册，第6-387页。

② 前引《广州大典·广雅丛书》第1册，总序第1页。

三、《广雅丛书》编年及补录

凡例

1. 本编年以时间为线索，按年月顺序编排广雅书局所刻书，以揭示同一时期刻书的数量以及各书的联系，展现刻书史事较完整的历史面貌。

2. 著录书目信息包括书名、卷数、著者、版本、类别等。

3. 排序依据主要为卷首牌记并参考《广州大典》之著录。无具体刊刻时间者，则依书中序跋所署时间，无序跋者参考其他文献记载，其他文献无载者，统归“无确切年/月份”。

4.《丛书》未收之广雅本亦依刊刻时间补录于各年之后，凡无确切刊刻时间者，统一著录于“刻书时间待考”一类。

光绪十三年（1887）

九月

1. 史记志疑三十六卷附录三卷　（清）梁玉绳撰　（史学）

十月

2. 汉书辨疑二十二卷　（清）钱大昭撰　（史学）

3. 史记天官书补目一卷　（清）孙星衍撰　（史学）

十二月

4. 大戴礼记解诂十三卷　（清）王聘珍撰　（经类）

5. 补三国艺文志四卷　（清）侯康撰　（史学）

[补录]

6. 律法须知二卷　（清）吕芝田撰　清光绪十三年广雅书局刻本

7. 全上古三代秦汉三国六朝文七百四十六卷　（清）严可均撰　清光绪十三年至十九年广雅书局刻本

8. 通鉴纪事本末二百三十九卷　（宋）袁枢撰　清光绪十三年广雅书局刻本

9. 明史纪事本末八十卷　（清）谷应泰撰　清光绪十三年广雅书局刻本

光绪十四年（1888）

二月

10.毛诗传笺通释三十二卷　（清）马瑞辰撰　（经类）

11.后汉书辨疑十一卷　（清）钱大昭撰　（史学）

12.续汉书辨疑九卷　（清）钱大昭撰　（史学）

四月

13.补续汉书艺文志一卷　（清）钱大昭撰　（史学）

八月

14.尔雅补注残本一卷　（清）刘玉麐撰　（经类）

15.愈愚录六卷　（清）刘宝楠撰　（杂著）

16.后汉书注又补一卷　（清）沈铭彝撰　（史学）

九月

17.尚书伸孔篇一卷　（清）焦廷琥撰　（经类）

十二月

18.禹贡班义述三卷附汉麋水入尚龙溪考一卷　（清）成蓉镜撰　（经类）

19.释谷四卷　（清）刘宝楠撰　（小学）

20.句溪杂著六卷　（清）陈立撰　（杂著）

21.史表功比说一卷　（清）张锡瑜撰　（史学）

22.史汉骈枝一卷　（清）成孺撰　（史学）

23.汉书人表考九卷补一卷附录一卷　（清）梁玉绳撰　（史学）

24.晋书校勘记五卷　（清）周家禄撰　（史学）

25.宋州郡志校勘记一卷　（清）成孺撰　（史学）

[补录]

26.宋史纪事本末一百零九卷　（明）冯琦撰　光绪十四年广雅书局刻本

27.元史纪事本末二十七卷　（明）陈邦瞻撰　光绪十四年广雅书局刻本

28.近思录集注十四卷　（宋）朱熹（宋）吕祖谦撰　（清）江永集注　清光绪十四年广雅书局刻本

29.魏郑公谏续录二卷　（元）翟思忠撰　清光绪十四年广雅书局刻本

光绪十五年（1889）

无确切月份

30.礼记天算释一卷　（清）孔广牧撰　（经类）

31.春秋规过考信三卷　（清）陈熙晋撰　（经类）

32.汗简七卷　（后周）郭忠恕撰　附汗简书目笺正一卷　（清）郑珍笺正（小学）

33.汉碑征经一卷　（清）朱百度撰　（小学）

34.刘氏遗书八卷　（清）刘台拱撰　（杂著）

35.学诂斋文集二卷　（清）薛寿撰　（杂著）

36.广经室文钞一卷　（清）刘恭冕撰　（杂著）

37.先圣生卒年月日考二卷　（清）孔广牧撰　（杂著）

38.三国志辨疑三卷　（清）钱大昭撰　（史学）

39.三国志考证八卷　（清）潘眉撰　（史学）

40.楚汉诸侯疆域志三卷　（清）刘文淇撰　（史学）

41.诸史考异十八卷　（清）洪颐煊撰　（史学）

42.历代史表五十九卷　（清）万斯同撰　（史学）

[补录]

43.广东海图说　（清）张之洞撰　清光绪十五年广雅书局刻本

44.读书丛录七卷　（清）洪颐煊撰　清光绪十五年广雅书局刻本

光绪十六年（1890）

八月

45.史记三书正讹三卷　（清）王元启撰　（史学）

九月

46.易林释文二卷　（清）丁晏撰　（经类）

十月

47.小尔雅训纂六卷　（清）宋翔凤撰　（小学）

无确切月份

48.毛诗后笺三十卷　（清）胡承珙撰　（清）陈奂补　（经类）

49.尔雅匡名二十卷　（清）严元照撰　（经类）

50. 说文本经答问二卷 （清）郑知同撰 （小学）

51. 輶轩使者绝代语释别国方言笺疏十三卷 （清）钱绎撰 附校勘记一卷 （清）何翰章撰 （小学）

52. 三国志旁证三十卷 （清）梁章钜撰 （史学）

光绪十七年（1891）

一月

53. 春秋述义拾遗八卷首一卷附河间刘氏书目考一卷 （清）陈熙晋撰 （经类）

54. 毛诗天文考一卷 （清）洪亮吉撰 （经类）

55. 急就章考异一卷 （清）庄世骥撰 （小学）

二月

56. 三国职官表三卷 （清）洪饴孙撰 （史学）

57. 中兴小纪四十卷 （宋）熊克撰 （史学）

三月

58. 吴氏遗著五卷附录一卷 （清）吴夌云撰 （杂著）

59. 韩集补注一卷 （清）沈钦韩撰 （清）胡承珙订 （集部）

四月

60. 陈司业遗书三卷 （清）陈祖范撰 （杂著）

61. 补晋兵志一卷 （清）钱仪吉撰 （史学）

62. 补十六国疆域志十六卷 （清）洪亮吉撰 （史学）

五月

63. 后汉郡国令长考一卷 （清）钱大昭撰 （史学）

64. 魏书校勘记一卷 （清）王先谦撰 （史学）

65. 新旧唐书互证二十卷 （清）赵绍祖撰 （史学）

六月

66. 后汉三公年表一卷 （清）华湛恩撰 （史学）

七月

67. 屈原赋注七卷通释二卷音义三卷 （清）戴震撰 （集部）

八月

68. 三国纪年表一卷 （清）周嘉猷撰 （史学）

九月

69. 五代纪年表一卷 （清）周嘉猷撰 （史学）
70. 宋史艺文志补一卷 （清）倪灿撰 （史学）
71. 补辽金元艺文志一卷 （清）倪灿撰 （史学）

十月

72. 补五代史艺文志一卷 （清）顾櫰三撰 （史学）

十一月

73. 补三史艺文志一卷 （清）金门诏撰 （史学）

十二月

74. 仪礼古今文异同疏证五卷 （清）徐养原撰 （经类）
75. 仪礼私笺八卷 （清）郑珍撰 （经类）
76. 轮舆私笺二卷 （清）郑珍撰 附图一卷 （清）郑知同绘 （经类）
77. 汉书注校补五十六卷 （清）周寿昌撰 （史学）
78. 后汉书注补正八卷 （清）周寿昌撰 （史学）
79. 后汉书补注续一卷 （清）侯康撰 （史学）
80. 三国志补注续一卷 （清）侯康撰 （史学）
81. 三国志注证遗四卷补四卷 （清）周寿昌撰 （史学）
82. 宋辽金元四史朔闰考二卷 （清）钱大昕撰 （史学）
83. 补后汉书艺文志四卷 （清）侯康撰 （史学）
84. 补三国疆域志二卷 （清）洪亮吉撰 （史学）
85. 补东晋疆域志四卷 （清）洪亮吉撰 （史学）
86. 补梁疆域志四卷 （清）洪齮孙撰 （史学）

无确切月份

87. 孟子赵注补正六卷 （清）宋翔凤撰 （经类）
88. 晋宋书故一卷 （清）郝懿行撰 （史学）
89. 后汉书补表八卷 （清）钱大昭撰 （史学）
90. 补宋书刑法志一卷 （清）郝懿行撰 （史学）
91. 食货志一卷 （清）郝懿行撰 （史学）

［补录］

92. 诸史拾遗五卷 （清）钱大昕撰 清光绪十七年广雅书局刻本
93. 三史拾遗五卷 （清）钱大昕撰 清光绪十七年广雅书局刻本

94.读史举正　（清）张熷撰　清光绪十七年广雅书局刻本
95.轮舆私笺二卷　（清）郑振珍撰　光绪十七年广雅书局刻本
96.能改斋漫录十八卷　（宋）吴曾撰　光绪十七年广雅书局刻本
97.国朝柔远记二十卷　（清）王之春撰　清光绪十七年广雅书局刻本
98.经思一卷　（清）陈祖范撰　清光绪十七年广雅书局刻本
99.掌录二卷　（清）陈祖范撰　清光绪十七年广雅书局刻本
100.十六国疆域志十六卷　（清）洪亮吉撰　清光绪十七年广雅书局刻本

光绪十八年（1892）

七月

101.史记毛本正误一卷　（清）丁晏撰　（史学）

八月

102.南北史表七卷　（清）周嘉猷撰　（史学）

九月

103.晋书校勘记三卷　（清）劳格撰　（史学）
104.国语翼解六卷　（清）陈瑑撰　（史学）

十月

105.亲属记二卷　（清）郑珍撰　（杂著）

无确切月份

106.汉志水道疏证四卷　（清）洪颐煊撰　（史学）

光绪十九年（1893）

七月

107.周易解故一卷　（清）丁晏撰　（经类）
108.十七史商榷一百卷　（清）王鸣盛撰　（史学）

九月

109.史记索隐三十卷　（唐）司马贞撰　（史学）

无确切月份

110.补元史艺文志四卷　（清）钱大昕撰　（史学）
111.范石湖诗集注三卷　（清）沈钦韩撰　（集部）

［补录］

112.通鉴长编纪事本末一百五十卷 （宋）杨仲良撰 清光绪十九年广雅书局刻本

113.易汉学考一卷易汉学师承表一卷汉置五经博士考一卷 （清）吴翊寅撰 清光绪十九年广雅书局刻本

114.曼陀罗花室诗一卷 （清）吴翊寅撰 清光绪十九年广雅书局刻本

光绪二十年（1894）

二月

115.春秋公羊注疏质疑二卷 （清）何若瑶撰 （经类）

116.汉书西域传补注二卷 （清）徐松撰 （史学）

117.两汉书注考证一卷 （清）何若瑶撰 （史学）

118.金史详校十卷末一卷 （清）施国祁撰 （史学）

119.廿二史札记三十六卷补遗一卷 （清）赵翼撰 （史学）

120.苏诗查注补正四卷 （清）沈钦韩撰 （集部）

三月

121.元史氏族表三卷 （清）钱大昕撰 （史学）

四月

122.廿二史考异一百卷 （清）钱大昕撰 （史学）

七月

123.诗集传附释一卷 （清）丁晏撰 （经类）

十月

124.书蔡传坿释一卷 （清）丁晏撰 （经类）

125.白田草堂存稿八卷 （清）王懋竑撰 （杂著）

126.后汉书补注二十四卷 （清）惠栋撰 （史学）

127.晋书地理志新补正五卷 （清）毕沅撰 （史学）

128.晋书地道记一卷 （晋）王隐撰 （清）毕沅辑 （史学）

129.十六国春秋纂录校本十卷 （后魏）崔鸿撰 （清）汤球辑 附校勘记一卷 （清）吴翊寅撰 （史学）

无确切月份

130.释名疏证八卷续释名一卷补遗一卷 （清）毕沅撰 附校议一卷（清）吴翊寅撰 （小学）

131.史记月表正讹一卷 （清）王元启撰 （史学）

132.史记注补正一卷 （清）方苞撰 （史学）

［补录］

133.变雅堂遗集文集八卷诗集十卷附录二卷 （清）杜浚撰 清光绪二十年广雅书局刻本

134.眠琴阁诗钞七卷 （清）史悠咸撰 清光绪二十年广雅书局刻本

135.曼陀罗花室集 （清）吴翊寅撰 清光绪二十年广雅书局刻本

光绪二十一年（1895）

二月

136.礼书纲目八十五卷首三卷 （清）江永撰 （经类）

137.无邪堂答问五卷 （清）朱一新撰 （杂著）

138.历代地理沿革表四十七卷 （清）陈芳绩撰 （史学）

十月

139.说文引经证例二十四卷 （清）承培元撰 （小学）

140.十六国春秋辑补一百卷年表一卷 （清）汤球撰 （史学）

十一月

141.新校晋书地理志一卷 （清）方恺撰 （史学）

无确切月份

142.续唐书七十卷 （清）陈鳣撰 （史学）

143.大金集礼四十卷 （金）张玮等撰 附校勘记一卷 （清）缪荃孙撰 校刊识语一卷 （清）廖廷相撰 （史学）

［补录］

144.唐六典三十卷 （唐）玄宗李隆基撰 （唐）李林甫注 清光绪二十一年广雅书局刻本

145.周易象传消息升降大义述一卷 （清）吴翊寅撰 清光绪二十一年广雅书局刻本

光绪二十二年（1896）

二月

146.少室山房集六十四卷　（明）胡应麟撰　（杂著）

九月

147.钦定历代职官表七十二卷　（清）纪昀等撰　（史学）

148.廿一史四谱五十四卷　（清）沈炳震撰　（史学）

[补录]

149.白香亭诗三卷　（清）邓辅纶撰　清光绪二十二年广雅书局刻本

150.平平言四卷　（清）方大湜撰　清光绪二十二年广雅书局刻本

151.诗薮内编六卷外编四卷杂编六卷　（明）胡应麟撰　清光绪二十二年广雅书局刻本

152.少室山房笔丛四十八卷　（明）胡应麟撰　清光绪二十二年广雅书局刻广雅书局丛书本

光绪二十三年（1897）

二月

153.九史同姓名略七十二卷补遗四卷　（清）汪辉祖撰　（史学）

[补录]

154.历代通鉴纂要九十二卷　（明）李东阳撰　清光绪二十三年广雅书局刻本

光绪二十四年（1898）

一月

155.东晋南北朝舆地表二十八卷　（清）徐文范撰　（史学）

[补录]

156.四书章句十九卷　（清）朱熹撰　清光绪二十四年广雅书局刻本

157.建炎以来朝野杂记甲集二十卷乙集二十卷首一卷　（宋）李心传撰　校勘记五卷　（清）孙星华撰　清光绪二十四年广雅书局刻武英殿聚珍版丛书本

158.劝学篇二卷　（清）张之洞撰　清光绪二十四年广雅书局刻本

光绪二十五年（1899）

［补录］

159. 融堂书解二十卷　（宋）钱诗撰　清光绪二十五广雅书局重编校刻本

160. 元和郡县志四十卷　（唐）李吉甫撰　清光绪二十五年广雅书局刻本

161. 元丰九域志十卷　（宋）王存撰　清光绪二十五年广雅书局刻本

162. 舆地广记三十八卷校勘记二卷　（宋）欧阳忞撰　清光绪二十五年广雅书局刻本

163. 后山诗注十二卷　（宋）陈师道撰　清光绪二十五年广雅书局刻本

164. 易说六卷　（宋）司马光撰　清光绪二十五年广雅书局刻本

165. 易原八卷　（宋）程大昌撰　清光绪二十五年广雅书局刻本

166. 猗觉寮杂记二卷　（宋）朱翌撰　清光绪二十五广雅书局刻本

167. 易象意言一卷　（宋）蔡渊撰　清光绪二十五广雅书局刻武英殿聚珍版书本

168. 麟台故事五卷拾遗二卷考异一卷　（宋）程俱撰　清光绪二十五年广雅书局刻武英殿聚珍版丛书本

169. 涑水纪闻十六卷　（宋）司马光撰　清光绪二十五年广雅书局刻本

170. 西汉会要七十卷　（宋）徐天麟撰　清光绪二十五年广雅书局刻武英殿聚珍版丛书本

171. 东汉会要四十卷　（宋）徐天麟撰　清光绪二十五年广雅书局刻本

172. 五代会要三十卷校勘记一卷　（宋）王溥撰　清光绪二十五年广雅书局刻本

173. 唐会要　（宋）王溥撰　清光绪二十五年广雅书局刻本

174. 明会要八十卷　（清）龙文彬撰　清光绪二十五年广雅书局刻本

175. 涧泉日记三卷　（宋）韩淲撰　清光绪二十五广雅书局刻本

176. 邺中记一卷　（晋）陆翙撰　清光绪二十五年广雅书局刻武英殿聚珍版丛书本

177. 朝野类要五卷　（宋）赵升撰　清光绪二十五年广雅书局刻武英殿聚珍版丛书本

178. 敬斋古今黈八卷　（元）李冶撰　清光绪二十五年广雅书局刻武英殿聚珍版丛书本

179.考古质疑六卷　（宋）叶大庆撰　清光绪二十五年广雅书局刻武英殿聚珍版丛书本

180.涑水记闻十六卷　（宋）司马光撰　清光绪二十五年广雅书局刻武英殿聚珍版丛书本

181.小畜集三十卷外集残本八卷拾遗一卷　（宋）王禹偁撰　清光绪二十五年广雅书局刻武英殿聚珍版丛书本

182.公是集五十四卷拾遗一卷　（宋）刘敞撰　清光绪二十五年广雅书局刻武英殿聚珍版丛书本

183.攻媿集一百十二卷拾遗一卷　（宋）楼钥撰　清光绪二十五年广雅书局刻武英殿聚珍版丛书本

184.牧庵集三十六卷　（元）姚燧撰　附录年谱一卷　（元）刘致撰　清光绪二十五年广雅书局刻武英殿聚珍版丛书本

185.畿辅安澜志五十六卷　（清）王履泰撰　清光绪二十五年广雅书局刻武英殿聚珍版丛书本

186.傅子一卷　（晋）傅玄撰　清光绪二十五年广雅书局刻武英殿聚珍版丛书本

187.宋朝事实二十卷　（宋）李攸撰　清光绪二十五年广雅书局刻武英殿聚珍版丛书本

188.金渊集六卷　（元）仇远撰　清光绪二十五年广雅书局刻武英殿聚珍版丛书本

189.止堂集十八卷　（宋）彭龟年撰　清光绪二十五年广雅书局刻武英殿聚珍版丛书本

190.简斋集十六卷　（宋）陈与义撰　清光绪二十五年广雅书局刻武英殿聚珍版丛书本

191.西台集二十卷　（宋）毕仲游撰　清光绪二十五年广雅书局刻武英殿聚珍版丛书本

192.蒙斋集二十卷　（宋）袁甫撰　清光绪二十五年广雅书局刻武英殿聚珍版丛书本

193.净德集三十八卷　（宋）吕陶撰　清光绪二十五年广雅书局刻武英殿聚珍版丛书本

194.絜斋集二十四卷　（宋）袁燮撰　清光绪二十五年广雅书局刻武英殿

聚珍版丛书本

195. 文定集二十四卷 （宋）汪应辰撰 清光绪二十五年广雅书局刻武英殿聚珍版丛书本

196. 毗陵集十六卷 （宋）张守撰 清光绪二十五年广雅书局刻武英殿聚珍版丛书本

197. 柯山集五十卷 （宋）张耒撰 清光绪二十五年广雅书局刻武英殿聚珍版丛书本

198. 浮沚集九卷 （宋）周行己撰 清光绪二十五年广雅书局刻武英殿聚珍版丛书本

199. 浮溪集三十二卷 （宋）汪藻撰 清光绪二十五年广雅书局刻武英殿聚珍版丛书本

200. 四库简明目录二十卷 （清）广雅书局编 清光绪二十五年广雅书局聚珍版丛书本

201. 河朔访古记三卷 （元）葛逻禄乃贤撰 清光绪二十五年广雅书局刻武英殿聚珍版丛书本

202. 帝范四卷 （唐）太宗李世民撰 清光绪二十五年广雅书局刻武英殿聚珍版丛书本

203. 农桑辑要七卷 （元）司农司撰 清光绪二十五年广雅书局刻武英殿聚珍版丛书本

204. 瓮牖闲评八卷 （宋）赵升撰 清光绪二十五年广雅书局刻武英殿聚珍版丛书本

205. 春秋繁露十七卷 （汉）董仲舒撰 清光绪二十五年广雅书局刻本

光绪二十六年（1900）

无确切月份

206. 尔雅注疏本正误五卷 （清）张宗泰撰 （经类）

207. 朱子语类日钞五卷 （清）陈澧辑 （杂著）

208. 辽史拾遗二十四卷辽史纪年表一卷西辽纪年表一卷 （清）厉鹗撰 附辽史拾遗补五卷 （清）杨复吉撰 （史学）

209. 元史译文证补三十卷 （清）洪钧撰 （史学）

210. 建炎以来系年要录二百卷 （宋）李心传撰 （史学）

211.战国策释地二卷 （清）张琦撰 （史学）

212.吉林外记十卷 （清）萨英额撰 （史学）

213.黑龙江外记八卷 （清）西清撰 （史学）

214.离骚汇订四卷 （清）王邦采撰 （集部）

215.屈子杂文笺略二卷 （清）王邦采撰 （集部）

［补录］

216.读史方舆纪要一百三十卷附录四卷 （清）顾祖禹撰 清光绪二十六年广雅书局刻本

217.天下郡国利病书 （清）顾炎武撰 清光绪二十六年广雅书局刻本

218.数学启蒙二卷附对数表 （英国）伟烈亚力撰 清光绪二十六年广雅书局刻本

219.三才略三卷 （清）蒋德钧撰 清光绪二十六年广雅书局刻本

220.辽史纪事本末四十卷首一卷 （清）李有棠撰 清光绪二十六年广雅书局刻本

221.左传纪事本末五十三卷 （清）高士奇撰 清光绪二十六年广雅书局刻本

222.屈子六帙 （战国）屈原撰 （汉）王逸章句 （宋）洪兴祖补注 （宋）朱熹集注 （清）林云铭评 （清）朱翼辩 （清）王邦采辑 清光绪二十六年广雅书局刻本

光绪二十七年（1901）

四月

223.人范六卷 （清）蒋元辑 （杂著）

九月

224.小学集解六卷 （清）张伯行辑注 （杂著）

［补录］

225.金史纪事本末五十二卷首一卷 （清）李有棠撰 清光绪二十七年广雅书局刻本

226.广雅书院藏书目录七卷附广雅书院同舍录一卷广雅书院诸生课题一卷 （清）廖廷相撰 清光绪二十七年广雅书局刻本

227.御制全唐文一千卷 （清）杜堮撰 清光绪二十七年广雅书局刻本

228.钦定全唐文一千卷目录三卷 （清）董诰等纂 清光绪二十七年广雅书局刻本

光绪二十八年（1902）

［补录］

229.孟子要略五卷 （宋）朱熹撰 （清）刘传莹辑 （清）曾国藩按 清光绪二十八年广雅书局刻本

230.泰西新史揽要二十四卷 （英）马恳西撰 （清）蔡尔康译 清光绪二十八年广雅书局刻本

231.皇朝札记述略四卷 （清）赵翼撰 清光绪二十八年广雅书局刻本

232.周礼政要二卷 （清）孙诒让撰 清光绪二十八年广雅书局铅印本

光绪二十九年（1903）

［补录］

233.圣谕广训一卷 （清）康熙皇帝撰 清光绪二十九年广雅书局刻本

234.临阵管见九卷 （德）斯拉弗司撰 （美）金楷理译 （清）赵元益笔述 清光绪二十九年广雅书局刻本

光绪三十三年（1907）

［补录］

235.中国江海险要图志二十二卷首一卷补编五卷 （英）海军海图官局编 （清）陈寿彭译 清光绪三十三年广雅书局石印本

光绪三十四年（1908）

［补录］

236.禁烟牍存不分卷 （清）广雅书局编 清光绪三十四年铅印本

宣统元年（1909）

237.广雅书局书目 （清）广雅书局编 清宣统元年广雅书局刻本

238.敦煌石室记一卷 （清）罗振玉撰 清宣统元年广雅书局铅印本

宣统二年（1910）

239.调查湖北南洋劝业会报告书不分卷　（清）杨汝梅撰　清宣统二年广雅书局铅印本

刻书时间待考

240.易释四卷　（清）黄式三撰　（经类）
241.易纬略义三卷　（清）张惠言撰　（经类）
242.易学象数论六卷　（清）黄宗羲撰　（经类）
243.孟子刘注一卷　（汉）刘熙撰　（清）宋翔凤辑　（经类）
244.潜研堂说文答问疏证六卷　（清）薛传均撰　（小学）
245.广潜研堂说文答问疏证八卷　（清）承培元撰　（小学）
246.幼学堂文稿一卷　（清）沈钦韩撰　（杂著）
247.东塾遗书九卷　（清）陈澧撰　（杂著）
248.汉书人表考校补一卷　（清）蔡云撰　（史学）
249.补晋书艺文志四卷附录一卷补遗一卷　（清）丁国钧撰　附刊误一卷（清）丁辰撰　（史学）
250.辽金元三史同名录四十卷　（清）汪辉祖辑　（清）汪继培补　（史学）
251.西魏书二十四卷附录一卷　（清）谢启昆撰　（史学）
252.晋书辑本四十三卷　（清）汤球辑　（史学）
253.晋纪辑本七卷　（清）汤球辑　（史学）
254.晋阳秋辑本五卷　（清）汤球辑　（史学）
255.汉晋春秋辑本四卷　（清）汤球辑　（史学）
256.三十国春秋辑本十八卷　（清）汤球辑　（史学）
257.太常因革礼一百卷　（宋）欧阳修等撰　附校识二卷　（清）廖廷相撰　（史学）
258.楚辞天问笺一卷　（清）丁晏撰　（集部）
［补录］
259.乾象通鉴一百卷　（清）李季撰　清光绪广雅书局绿格抄本
260.广雅书局史学丛书目录　（清）吴翊寅编　清光绪广雅书局刻本
261.广学类编十二卷　（英）唐兰孟编　（清）任廷旭译　清光绪广雅书

局刻本

262.伊江笔录二卷 （清）吴熊光撰 清光绪广雅书局刻本

263.刘端临先生遗书八卷 （清）刘台拱撰 清光绪广雅书局刻本

264.曾诂训堂藏书总目一卷 （清）曾钊撰 清光绪广雅书局校钞本

265.经学博采录十二卷 （清）桂文灿撰 清光绪广雅书局钞校本

266.弇山堂别集一百卷 （明）王世贞撰 清光绪广雅书局刻本

267.郑堂读书记七十一卷 （清）周中孚撰 清光绪广雅书局抄本

268.通志堂经解一千八百卷 （清）纳兰性德撰 清光绪广雅书局刻本

269.东塾读书记佚稿 （清）陈澧撰 清光绪广雅书局刻本

270.水经注西南诸水考三卷三统术详说四卷摹印述一卷 （清）陈澧撰 清光绪广雅书局刻本

271.绘图缀白裘十二集四十八卷 （清）玩花主人辑 （清）钱德苍增辑 清光绪广雅书局石印本

272.汉书人表考补一卷 （清）梁玉绳撰 汉书人表考校补一卷 （清）蔡云撰 清光绪广雅书局刻本

273.广雅丛刻二十三种 （清）广雅书局编 清光绪广雅书局刻本

274.纪事本末汇刻八种 （清）广雅书局辑 清光绪广雅书局刻本

275.三国志补注六十五卷 （清）赵一清撰 清光绪广雅书局刻本

附录

“张之洞与广雅书院（局）暨中国近代文化教育转型”研讨会综述

黎俊忻
（广州大典研究中心）

2019年11月9日，由广州市委宣传部、广州市文化广电旅游局、广州市教育局、广州市社会科学界联合会主办，广州大典研究中心、广东广雅中学承办，中华书局古联（北京）数字传媒科技有限公司协办的“张之洞与广雅书院（局）暨中国近代文化教育转型”研讨会，在广东广雅中学举行。来自北京、上海、湖北、贵州、江苏、广西等全国各地的专家，和本地中山大学、暨南大学、华南师大等高校学者以及相关研究人员，连同广雅教育集团师生共约150人左右参加了此次研讨会。

9日上午研讨会开幕式环节，由广州市文化广电旅游局副局长、党组成员柯显东主持。广州市人大常委会主任、广州大典研究中心名誉主任、《广州大典》主编陈建华，广州市教育局副局长华山鹰，张之洞后人、德睿科教集团总裁张家粤在开幕式上致辞。主旨报告环节，由广州市社会科学界联合会副主席郭德焱主持。广雅中学校长叶丽琳，湖北大学历史文化学院教授何晓明，北京大学物理系教授、广雅书院著名生徒汪鸾翔后人汪端伟，《广雅书院长卷》编著者、广雅中学校友戴国雄分别作专题发言。当日下午为研讨会两个分论坛，共24位专家参与发言并进行相关学术讨论。在随后举行的闭幕环节，两个分论坛的代表分别介绍和总结了各自研讨情况。最后，陈建华主任作研讨会总结讲话并宣布研讨会闭幕。本次研讨会得到新闻媒体广泛关注，增加了研讨会的知名度和影响力。据统计，共18家省内外媒体参与报道。《广州日报》《信息时报》《新快报》等传统纸媒，均在头版或主要栏目显眼位置，发布研讨会有关新闻。

新华网、搜狐、今日头条、中国社会科学网等全国性网站，刊载研讨会信息占全部报道50%以上。社交媒体广雅中学公众号、新浪微博也有相关报道，在互联网中转发传播。

一、举办本次研讨会的目的和意义

举办本次研讨会，是为贯彻落实习近平总书记广东考察重要讲话精神，围绕《粤港澳大湾区发展规划纲要》赋予广州“培育提升科技教育文化中心功能”的城市定位，传承弘扬广州优秀历史文化。研讨会围绕晚清重臣张之洞督粤期间创办的广雅书院（局）在中国近代教育和文化转型中的作用，进行广泛探讨；同时结合地方社会历史，深入研究广雅书院与广雅书局在广州文脉传承上发挥的重要作用而展开。研讨会旁及众多议题，不仅延续了中国近现代教育、军事等制度转型等关键问题的讨论，在史料挖掘、史实辩证，以及地方史专题研究上也有推进与贡献。

陈建华同志指出，今年是张之洞逝世110周年，本次研讨会在广雅中学召开，意义非同寻常。张之洞创办广雅书院，倾注大量心血，为两广士子的课业和前途，乃至两广文脉与社会风气带来积极而深远的影响。与广雅书院同年创办的广雅书局，所刊刻《广雅丛书》为晚清广州版丛书的代表。《广州大典》中收录了大量广雅书院、书局相关文献，对了解张之洞督粤时期的史实以及他思想的转变有很大的作用。此次研讨会，既是体现中华民族文化自信，彰显岭南文化开放、包容、创新、务实的特点，也是对张之洞在近代史的地位新的认识，对广雅书院、书局所留下典藉与文化作新的回顾与考量。他表示，希望此次研讨会能推动张之洞与广雅书院相关学术研究，推动岭南文化事业的发展，为共建人文湾区、发挥广州乃至广东的文化底蕴作努力。

华山鹰同志指出，广州是岭南地区历史悠久的文化名城，明清时期更是书院林立，学风浓郁。张之洞所创办的广雅书院，是引领广州教育改革创新的重要窗口。广雅书院历经变迁，成为今天的广雅中学，是广州教育发展的生动写照，体现这座古老城市的厚重底蕴和兴教乐教的风范。他表示，希望各位领导和专家继续关心和支持广雅中学及广东教育的发展，也希望广雅中学以更高的站位、更大的担当，努力办出与城市发展定位相匹配的一流教育，传承文脉，锐意奋进。

张家粤先生指出，其高祖张之洞先生在近代的历史变局中，推新政、兴实业、练新军，建书院，制定新学制。所办书院学堂，不少成为今天大学、中学等著名教育机构前身，为我国教育近代化打下良好基础。其中在广州创广雅书院，培养两广士子，以中西结合的课程，培养人才无数。他表示，作为后辈承其遗泽，致力教育事业，也是在传统文化与西方文化的冲突中，不断寻求更适用于中国的人才培养机制。

广雅中学为此次研讨会的召开，由叶丽琳校长带队，克服酷暑，精心组织拍摄制作出《见贤思齐　博古通今——张之洞与广雅》宣传短片，其中展示广雅中学保留的大量文物及照片，亦有对张之洞后人的专访等珍贵访谈录影。叶校长在专题发言中表示，在古色古香、保存晚清书院建筑部分规制与景观的广雅中学校园，先贤的教诲犹在耳旁，敬仰之心常在。张之洞当年为创办广雅书院，从选址、经费、斋舍安排，到课业设定，无不尽心。广雅中学校园内有冠冕楼、山长楼、圣贤桥，处处是文化积淀带来的厚重感。现存的张之洞手书“莲韬”二字，也是时常提醒学子注重内在学养与品德积淀。广雅100多年来，薪火相传，文脉相承。随着国家发展，广雅中学及广雅教育集团也将与时俱进，培养更多品学兼优的人才。

湖北大学何晓明教授是张之洞研究名家。早在20世纪80年代，他和著名学者冯天瑜合作推出《张之洞传》。在专题演讲中，何教授指出，张之洞对于中国传统教育的本质、优长和根本缺陷，有着深刻的体验、认知和批判自觉。宦海沉浮数十年，更锻炼了他洞悉弊端、鼎革制度、切实行政的胸怀、眼光和手段。张之洞对于教育、近代工业的建设理念，是在广东形成的。在创办广雅书院之时，张之洞虽然尚未对中西结合的教育制度作充分的实践，但已思考科举改良的方向。这一重大的思想转变，奠定了后来在湖北充分实践的基础。在张之洞的学制改革中，我们基本可以看出与后来民国乃至当下教育制度一脉相承的关系。他在教育近代化方面的贡献居功至伟，其精神值得我们继承和发扬。

汪端伟教授表示，作为广雅书院首批生员汪鸾翔的后人，今天能在此分享一些资料和观念，感到非常荣幸。汪鸾翔曾以广西第一名的成绩考取广雅书院学额，入读后师从梁鼎芬、朱一新等名士，于中西学问皆有接触，成就其毕生学养之根基。他的诗作中有大量关于广雅书院的记载，多为以往史料所未见。汪鸾翔得到张之洞及书院中大儒赏识，很可能参与《劝学篇》编写。后来他在京司职教育，负责教科书审定，任新式学堂教务长，均贯彻“中学为体，西学为用”之主张。他所藏张之洞、梁鼎芬书札遗墨，其余如团扇、画作，均见汪鸾翔与师友交往遗痕，亦足见广雅书院为培养文化精英起到巨大作用。

戴国雄老师回顾了他编撰《广雅书院长卷》、倡议召开研讨会的心路历程。他指出，由于各种历史原因，广雅书院历史资料支离破碎，造成一些学者对广雅书院历史资料误记、误传，误导了读者与后来引用者，相关研究也因此未能全面深入进行。作为广雅校友，出于历史使命感与文化责任感，他拼尽晚年心力，搜集张之洞与广雅书院有关珍稀资料。他认为，广雅书院在广州的书院史上有承前启后的意义，也是张之洞教育改革的重要实践。广雅书院招收培养两省生源，成就卓著。书院藏书楼冠冕楼藏书丰富，并且生员在学成辞别书院之际赠阅重要典籍，对于提升本地学术水平起重要作用。现时《广雅书院长卷》系列已编成10020多页正附卷二十卷赠阅专用精装印刷专卷、10420多页正附卷二十卷《〈广雅书院长卷〉（校正卷）》电子版本、700页一卷《〈广雅书院长卷〉（校正卷）中的广雅书院资料检索指引》，在本次研讨会上赠与参会单位。

二、研讨会的主要内容

9日下午的分论坛，分为“近代书院与学术转型”“张之洞与晚清士风”“广雅书院与近代教育”“广雅书院（局）与近代出版、藏书及其他”四大部分。内容既相互关联，也有所侧重；既有较为宏观的论述，也有深入的个案研究。结合专家的论文内容和现场发挥，增补部分已提交论文作书面发言的专家观点，研讨会大致可分为以下几个板块：

（一）近代书院与学术转型

武汉大学鲁小俊教授、昆明市第五中学严五代先生研究指出，自阮元设诂经精舍和学海堂后，习经史词章的书院蔚然成风，至清末亦有时务、泰西之学进入书院研习范围。张之洞任湖北学政期间设武昌经心、黄州经古两书院，两书院考课命题，涵盖经史之学、经济之学和词章之学，尤其是加入很多时事、军事、实务的内容，同时注重融入时代感怀和乡邦意识。不仅培植生徒的学问之基、经世之才，也激发生徒的责任感和荣誉感。这使两书院在晚清的教育史上留下重要的一笔。

中山大学李绪柏老师关注张之洞与东塾学派关系。此段渊源始于张之洞与广东著名学者陈澧的神交。陈澧长期担任学海堂学长，是阮元事业继承者，由他领衔汇聚本地文人而成东塾学派，在全国学界声誉日隆。陈澧弟子桂文灿、谭宗浚等在京师与张之洞多有接触。张之洞在1879年陈澧70大寿时寄赠贺寿楹帖，彼此惺惺相惜。究其原因，在于二人稳健、笃实的学风相近，理念相通。后来张之洞办广雅书院、书局，得东塾门人有力支持。张之洞督鄂时期，也有大量东塾门人在两湖书院任教。东塾学派因张之洞的推动而流布中原。两者可谓相辅相成、相得益彰。

复旦大学刘平教授与成都大学魏红翎教授合写关于四川尊经书院的文章。他在发言时指出，张之洞一直受到传统思想和教育的影响，他以通经致用及经邦济世的理念，进行了很多改革。尽管晚清一些举措比如办新军、建铁路，推动了中国的近代化和清朝的衰亡，但经手官员的初衷不在此，结果也有很多意外因素非人力可控。整体而言，张之洞和外国西方事物的不断接触当中，其出发点是要维护清廷统治。

武汉大学姜海龙老师表示，张之洞受到晚清“保存国粹”话语的影响，在湖北创办存古学堂，是20世纪以来中国传统文化拥护者延续本民族文化的“逆流”努力。这一主张，实际上在《劝学篇》关于“中学”的讨论中已显现。新政期间，张之洞参与制定癸卯学制，规划新式学堂，亦在课程安排上强调中学，“以存国文，端士风”，培养中学为本兼通西学的高材生。

贵州师范大学王进老师从政治学的角度梳理中国古代关于“学术”的含义，讨论晚清变法时期，包括广雅书院第二任院长朱一新在内倾向保守的翼教派对维新派的批评。他指出，中国古典的“学术”与“心术”强调学习和思考的途径与方法。健康的政治端赖于正常的心灵秩序。翼教派认为由于这一品格的丧失败坏，维新派的改革纵有好的动机，却只能导致政治秩序的瓦解和政治品质的堕落。尽管今天看来这种看法立场守旧，但不能忽视中国的政治秩序有赖于程朱理学成为官方哲学及对政治秩序的深刻探讨之上。

华南师范大学历史文化学院杨锦銮老师，同样从政治哲学的角度来探讨《劝学篇》中张之洞展示的中西文化观。他认为《劝学篇》成书于变法高潮阶段，其宗旨不在引入“西用”，而是维护“中体”，以对抗和消除以民权为核心的西方政治学说，以文化观从属于政治观，这在客观上阻碍了中学革新和西学传播。

广州大典研究中心常务副主任刘平清先生剖析了“中体西用”发明权问题与《劝学篇》的写作策略。他指出，在张之洞之前，很多官员学者已经提出与“中体西用”非常接近的说法。但百年以来，一提到“中体西用”，人们首先想到的就是张之洞。这与梁启超把“中体西用”发明权归在张之洞名下有关。张之洞推出《劝学篇》，非常注重写作策略。从《劝学篇》的谋篇布局、内容推敲、读者对象和出版时机的选择，以及对可能导致的社会影响的预判，都充分说明张之洞精于宦术、巧于趋避，既希望推进中国的变革，又明显不同于康梁的稳健作风。

（二）张之洞与广雅书院治理

中山大学历史学系李吉奎教授关注广雅书院首任院长梁鼎芬。梁氏早期充两广督署幕客，1885年因参劾李鸿章被罢黜，回到广州老家，时与学术界朋辈诗酒交往。张之洞欣赏其才气，对他颇为器重，更兼梁氏作为后辈，对张之洞亦恭谨适度，于是张之洞任他为广雅书院院长。梁氏继承了陈澧调和汉宋，不参与门户之争的学风，与广雅书院精神高度契合。在李瀚章接任粤督后，梁氏离开广州。后获张之洞聘任，主两湖书院讲席，并参其幕府。

暨南大学历史系冀满红教授同样关注梁鼎芬与张之洞的关系。梁氏早年因弹劾李鸿章辞官归广州。张之洞作为清流派领袖之一，对梁氏有赏识之意，任命梁氏在惠州创办丰湖书院，梁氏亦不负所望。后梁氏调任端溪书院主讲，在任期间编印刊刻《端溪丛书》。再后执掌广雅书院，在管理上推行新旧兼陈的教育制度。梁氏在任期间不但搜罗大量丛书，还作为广雅书局总校之一，刊刻《广雅丛书》。张之洞与梁鼎芬，彼此相互成就，为广东教育作出极大的贡献。

广州市人民政府参事李哲夫先生谈到张之洞的教育事业及教育思想的转变。他指出，在维新变法过程中，张之洞务实的作风与他所在的位置，决定了他会选择在操作层面上阻力最小、最有可能实现和见效的方法，这也贯穿到他对教育的改革上。《輶轩语》与《劝学篇》，代表了张氏从传统学院教育到主张“中学为体，西学为用”的转变。

广东轻工职业技术学院丁玲老师关注到广雅书院的文学教育。张之洞创办广雅书院之初，要求诸生在专业之外兼修词章之学，后来又专立文学一门，自始至终都重视文学教育。他主张“清真雅正”，“有理、有情、有事”，引导健康文风的养成，推动文学书籍的刊印和传播，培养文行兼美的人才。

（三）张之洞与晚清士人培养

中山大学历史系安东强教授认为晚清的叛乱对四川文教冲击甚巨，张之洞任四川学政时，深感当地士子读书不得门径，对科场的规则与禁忌亦不甚了了，因此写作《輶轩语》帮助士子过科名这一关。后来四川本地士子中举人数增加，为张之洞赢得了更多的名气与地位，这也使张之洞的思想得以更有效传播，起到匡正士风的作用。

华南师范大学历史文化学院宋德华教授关注《輶轩语》与《劝学篇》所折射出来张之洞教士准则的变化。他认为二书均强调德行是做人行事的首位，也是培养士人的不二之途。在此上面，《輶轩语》更多是针对科举考试劝人立德，《劝学篇》因变法大潮兴起，则强调一切德行以拥戴服从朝廷为尺度。张之洞仍是忠君卫道思想贯穿始终，意在筑牢藩篱，严防异端，其变实为不变。学问之道则是张之洞极为关注且有研习心得之事，《輶轩语》只言中学，《劝学篇》则大谈西学，形成中西结合、中体西用的格局。科举也须消除积弊，彻底改革。但是后来科举停废，清廷覆亡，张氏的许多想法在当时没有真正实现。

广州工程技术职业学院程大立研究馆员结合广东书院历史，对张之洞督粤期间兴办书院的举措提出自己的看法。他认为，张之洞督粤之前，本地书院斋舍不足、课程设置偏于时文等缺点，导致书院教习不能有效监督生员，“规矩松弛，士气不扬”。张之洞从保障经费、整饬风气、延聘大师三个方面着力来确保广雅书院教学质量，也借此为示范，推动广东全省的书院乃至文教事业。

广雅中学两位老师热烈讨论张之洞办学思想对广雅书院的影响。赵娜娜女士梳理张之洞“经世致用”的思想，比如他希望广雅书院培养的士子能够“阐明圣道，砥砺名节，博古通今，明习时务，期于体用兼备，储为国家桢干之材”，体现出他从现实问题出发，思考培养“中体西用”实用型人才的教育方针。王欢洁女士谈到张之洞廉洁观念对广雅书院的历史影响。张之洞在创办广雅书院时，已提出“士习以廉谨厚重为主，不取嚣张”，认为培养士子品行修养非常重要，这种思想贯穿张之洞一生。

（四）关于广雅书局刊刻图书及相关文献版本考证

北京大学刘玉才教授关注到皇侃《论语义疏》的传播与流变，指出该书是中国南北朝时期义疏体解经的重要文献。由于北宋《论语正义》成为官学定本，

《论语义疏》于南宋中期在国内失传。但在历史机缘之下，《论语义疏》于八世纪传入日本，清乾隆年间回流中国，引起乾嘉学界的关注。在广州，以阮元为首的学海堂诸子对《论语义疏》有非常多的讨论。受此影响，广雅书院曾以《皇氏论语义疏真伪考》为课题试生徒，桂坫、祁永膺、傅维森等指出书中后人增改与伪改之处，认为是书真伪掺杂，日本传存古抄本体例改动颇多，不能视为完全保留原貌。

暨南大学图书馆罗志欢研究馆员、廖粤先生，就广雅书局在30余年间刻印的图书作编年与考证。考证《广雅丛书》中最早刻印的图书是在光绪十三年（1887），收录之书153种，刊刻而未收录之书亦有100余种。由于部分图书无法找到原件，以及刻印版片溃烂，未可尽录。

广东省地方志馆林子雄馆长考察广雅书局所在地南园。南园是广州私人结社的起源，元末孙蕡等人建抗风轩，并结为诗社，此后南园一直是本地文人学者活动场所，先后建起或成立大忠祠、广雅书局、广东图书馆、广东省立编印局等等，在文学创作、图书出版、文化教育方面具有深远的历史意义。

武汉大学欧阳敏老师认为张之洞创办广雅书局的心态，主要还是着眼于通过“劝学”以正人心，通过传统出版来维持儒家道统。而译书局出版图书则是“西用”，体现他对时局的反应。

苏州大学邹桂香老师以广雅书院藏书为例来探讨我国近代书院藏书的演变。她指出晚清新式书院，在书院管理、课程设置等方面，体现出改革先声。广雅书院在藏书理念、藏书来源、文献类型等方面具备了诸多“现代性”要素，呈现出有别于历代书院藏书的新面相。这在中国藏书史上是值得深入研究讨论的。广雅书院教育从科举应试转向求新知、重实学，其藏书在理念上“择取有用、兼采并蓄”，在来源上广泛接收官书局本和江南制造局译书，增加了多语种和报纸杂志收藏，藏书目录与制度日趋完善。这与晚清的学术转型息息相关，为后来图书馆事业和教育革新打下基础。

广西桂林图书馆林艳红老师关注广雅书院、广雅书局与晚清广西文化建设这一课题。广雅书院不少广西籍生员毕业返乡从事教育，改变了广西传统教育落后的状况。近代广西出现新式学堂体用学堂，仿效广雅书院模式，课程涵盖中西，直到民初停办，期间培养大量新式人才。桂垣书局由广西巡抚马丕瑶创办，得到广雅书局所刊印的大量书以及学海堂、菊坡精舍图书。除省城外，马氏还在广西多个县城设藏书楼，为广西近代图书馆事业打下基础。可以说广雅书院、广雅书局对广西的文化教育，影响非常深远。

（五）张之洞与晚清幕府相关议题

上海社会科学院历史研究所李志茗研究员指出，幕府是清代官员很重要的辅助，主要由地方督抚自行组建。进入民国后，幕府在现代国家的框架下被制度化，变成秘书处、办公室之类的机构。在张之洞担任督抚时，废除原来幕宾制度，改用幕僚，直接委派留用或奏调的道、守、丞、令等属员办理文案处事件，又明确规定他们的职责、分工、待遇等，将幕府打造成政府机构。李志茗以张之洞幕府属吏赵凤昌为例，通过分析赵凤昌这样出身低微的人，在晚清特殊的环境下实现人生逆转，又在中国近代化大潮中起到一定作用，来折射出当时幕府改革与洋务运动的多面与特殊性。

湖南大学刘明先生从清末民初刘禺生所著《世载堂杂忆》出发，认为在张之洞之前，官员幕僚与书院山长两者关系并不密切。张之洞在创建广雅书院期间废除山长制，把书院的职能渐渐引向幕府机构，从而实现对书院的控制。其结果是使书院教职幕僚化，他们与地方官员的关系从“宾师”转变为上下级的隶属关系。至张之洞就任湖广总督，进而废除幕宾制。此举虽存在不良影响，但为近代中国教育制度变革特别是教育行政制度的建立创造了重要前提。

（六）张之洞在广东军事方面的建设

本次研讨会亦收到关于张之洞在军事建设方面的论文。华南理工大学建筑系彭长歆教授提到张之洞修整省城的军事防卫，建成“海防三路，陆防二路”体系，在珠江口至广州间层层设防。张之洞主持综合运用中西建筑材料与技术修筑炮台，又在《筹议海防要策折》提出以育人才、制器械、开地利为特点的广东军事发展战略。这些思想得到清廷洋务派的重视，推动了近代军工、造船、民用轻工业乃至相应制度的发展，也培养出大批近代专业人才。

暨南大学图书馆许艳青老师从《广东海图说》来谈张之洞建设广东海防的思路。张之洞认为广东海域对外为外洋边境，对内为沿海七省门户，有着重要战略地位。张氏在是书中详细记录了珠江口各个海港和岛屿位置，梳理了炮台及兵营的情况，体现了他的近代海防战略思想。

会期虽然只有短短一天，专家们在积极讨论、各抒己见中，提出了张之洞相关研究的前沿地带和深入方向。

其一在于史料的发掘整理。众所周知，资料是文史研究的基础。张之洞研究基础不可谓不丰厚，但具体到一时一地，比如广雅书院相关史料存在很多空白，广雅书局图书、版片散佚极多，许多重要文献失落。这一方面是因地方文献资料过去不易引起重视，另一方面也因搜集难度大，导致部分研究流于空泛甚至存在讹误。此次研讨会展示了戴国雄老师历经多年搜集的广雅书院资料，也让更多广西生徒资料、广雅相关人物后人藏品、散佚图书及其考证得以公布。这种实证式呈现的资料，使相关讨论既立足于地方，又纳入近代史研究的宏大框架，于近代史料发掘具有典范意义。

其二在于论题的开拓深化。张之洞作为晚清封疆大吏，其生命轨迹和人事交往复杂曲折，在不同程度上影响了中国近代史的走向。截至目前，研究者过多集中于讨论他在教育、近代工业上的贡献，且有大量应景之作，无助于客观充分地理解张之洞彼时处境。张氏出身为清廷士子，应对内忧外患始终以维护清廷统治为目标，这是他的基本立场，无损于今人对他的评价。张氏对秘密社会的镇压，对社会民生的安排，他与京官、幕僚之间的关系，晚年仕途失意时的境况，目前都缺乏深入的探讨，在今天资料迭出的情况下，应该能出更多优秀研究成果。

三、研讨会的主要特点

此前国内举办过张之洞相关专题研讨会，其余关于中国社会近代转型的研讨会亦多为学界所倡。不过相较之下，本次研讨会仍自有其特色，兹叙如下：

一、专业性强。作为近代史研究的热门领域，张之洞研究一直备受关注，积累的资料和成果非常深厚，但聚焦到广雅书院、书局尚属少有。本次研讨会展示讨论了不少新材料，如戴国雄先生带来的广雅书院生徒日课、汪端伟教授展示的先人遗物，均为过去学界稀见，极大地填补了相关领域资料空白，且有助于订正过去学者因资料缺失所导致的错误。

二、参会范围广。本次研讨会邀请到来自湖北、上海、武汉、北京等各地的专家学者，与本地文史专家交流讨论。所涵盖的学科以历史学为主，亦涉及文学、教育学、文献学，乃至建筑学等方面的讨论。共收到参会文章40余篇，其中不少涉及张之洞研究的学术前沿问题，如上海社科院李志茗研究员所谈张之洞幕府，复旦大学刘平教授提到张之洞与广东社会控制的议题，中山大学李吉奎教授关于梁鼎芬的研究引发与会专家的广泛讨论。参会人员既包括八十高龄的知名学人，亦有成果迭出的中青年学者，显示近代史与地方史研究代代接力，后继有人。

三、形式多样。本次研讨会由广州大典研究中心与广雅中学承办，为学界所少见，也带来很多意想不到的收效。如会场安排有相关文献展，并附有广州大典研究中心与广雅中学的简介，让与会专家更直观地了解广雅书院办学和书局刻书，对广东地方文化教育的深远影响，也了解到《广州大典》所收录地方文献的重要性。其中广州大典研究中心送展包括《广州大典总目》、《〈广州大典〉研究》集刊、《〈广州大典〉与广州历史文化研究论文选编》、《地方文献保护与整理出版研讨会论文集》,《广州大典》所收《广雅丛书》《无邪堂问答》等。

在研讨之暇，到会专家参观广雅中学校园，考察广雅书院所遗留的碑刻、匾额，漫步于前人为书院生徒所营造的优美园林胜景，在感受文人士子们的风雅遗响之余，也更深切地体会到张之洞创办书院时的良苦用心。广雅中学乃至广雅教育集团的教师与学生，广泛参与会务引导、研讨学习，促进了他们与学界的亲密接触以及对广雅校史的更深了解。广州大典研究中心人员，通过此次研讨会加强了与相关单位及专家的联系，并积极参与讨论与提问，既宣传了《广州大典》，也增强了大典中心在学术界的影响力。

后　记

有清一代，自顺治四年（1647）第一任两广总督到任至宣统三年（1911），264年间共有92任总督，80余人担任过此职位，有些人担任过两次甚至三次。其中知名度比较高的总督有阮元、林则徐、邓廷桢、李鸿章、刘坤一、张之洞等。阮元、林则徐、邓廷桢、张之洞入选南粤先贤56人行列。

张之洞是第79任两广总督，光绪十年（1884）闰五月廿二日到任，至光绪十五年（1889）七月十二日离任。督粤五年期间，张之洞政绩赫赫，突出表现在积极备战，启用老将冯子材抗法，取得镇南关大捷；洋务事业小试其端，包括筹建水师，建造军舰，创办军工企业，开办水陆师学堂；积极理财，整顿地方治安，保护华侨利益，开发海南等方面。开设广雅书局、创办广雅书院，其实是张之洞在政事之余的雅兴，但恰恰是他的这些文治之举影响更为深远。

广雅书院几经历史变迁，一直是广东重要的教育机构，是今天广东乃至全国名校广雅中学的前身。广雅书局为粤省有书局之始，其刻本精髓于民国年间由徐绍棨汇集成为《广雅丛书》。2005年广州市启动《广州大典》编纂后，《广雅丛书》整体收入《广州大典》之中，成为《广州大典》的重要组成部分。

为深入研究揭示张之洞及其创办的广雅书局和广雅书院在中国近代史上发挥的重要作用，2019年11月9日，“张之洞与广雅书院（局）暨中国近代文化教育转型”研讨会在广雅书院旧址广雅中学举行。研讨会基本情况已在本书综述中提及，这里不再赘述。

研讨会的举办，要感谢时任广州市人大常委会主任、广州大典研究中心名誉主任、《广州大典》主编陈建华同志的关心与指导。在研讨会筹备期间，广州市委宣传部副部长、市社科联党组书记兼主席曾伟玉同志多次召集相关部门和单位负责人，进行安排部署。广雅中学作为研讨会承办单位之一，叶丽琳校长、龙国华书记、庾志成主任等做了大量的精心准备。中心黎俊忻博士在同事们的积极协助下，配合我本人承担了不少会务工作，会后又联系参会作者对所提交的论文进行修订编排。国家图书馆出版社为本论文集的出版提供了许多便利。特此鸣谢各方面的帮助！

刘平清

2020年10月20日